Stefan Mörsdorf

Milane im Wind

Auf den Jakobswegen durch Lothringen

Auf den Jakobswegen
durch Lothringen

Bibliografische Information der Deutschen Nationalbibliothek
Die Deutsche Nationalbibliothek verzeichnet diese Publikation in der Deutschen Nationalbibliografie; detaillierte bibliografische Daten sind im Internet über http://dnb.d-nb.de abrufbar.

Fotos: Catrin Raber, Stefan Mörsdorf, privat
Gestaltung, Satz: Thomas Störmer, Marpingen
Lektorat, Korrektorat: Tanja Brehm, Tanja Endres-Klemm, Peter Treitz
Schriften: Anna, Caslon
Druck: BuchDruck 123

ISBN: 978-3-941095-69-4

Mögest Du die Kraft haben,
die Richtung zu ändern,
wenn du die alte Straße
nicht mehr gehen kannst!

IRISCHER SEGENSSPRUCH

Im Juli 2012 platzt ein Blutgefäß in meinem Kopf. Ich überlebe knapp, jedoch mit der Prognose »Schwerstpflegefall«. Aber aufgeben ist keine Option. Ich kämpfe mich zurück ins Leben. Schritt für Schritt. Nach drei endlos langen Jahren mit Fortschritten und Rückschlägen, wage ich die ersten kleinen Spaziergänge. 100 Meter, 200 Meter, dann der erste Gang in mein Dorf.

Und im April 2016 starte ich zusammen mit 30 Freunden meine erste Pilgeretappe im Kloster Hornbach bei Zweibrücken. In Altheim angekommen, beschließe ich weiter zu pilgern. Langsam reift die verrückte Idee, es vielleicht zu Fuß bis nach Metz schaffen zu können. Schritt für Schritt. Am Tag der Deutschen Einheit im Jahr 2016 stehe ich vor der Kathedrale Saint Etienne in Metz. Ein Wunder!

Meine Eindrücke und Erlebnisse schreibe ich in einem Mutmachbuch auf: »Schritt für Schritt«.

Das Pilgern geht weiter. In den darauffolgenden beiden Jahren durchquere ich das weite und weithin unbekannte Lothringen. Mit »Milane im Wind« lege ich nun den zweiten Band meiner Pilgerreise vor. Es beschreibt meinen Weg von Metz bis vor die Tore von Dijon.

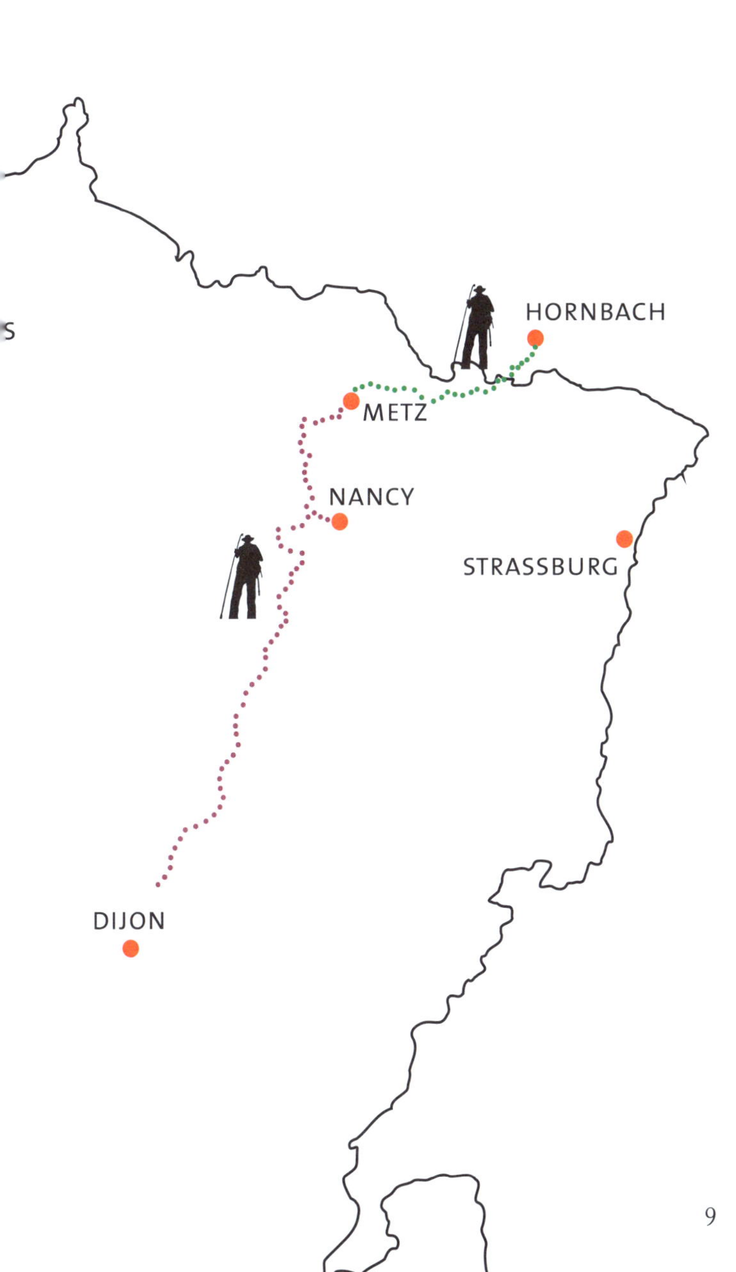
S
HORNBACH
METZ
NANCY
STRASSBURG
DIJON

ERSTES KAPITEL

in dem ich zusammenfasse,
was bisher geschah und erzähle, wie ich mit Freunden
von einer 2000 Jahre alten Badewanne aus
in die Pilgersaison 2017 starte
und bis zur Wiege Europas laufe

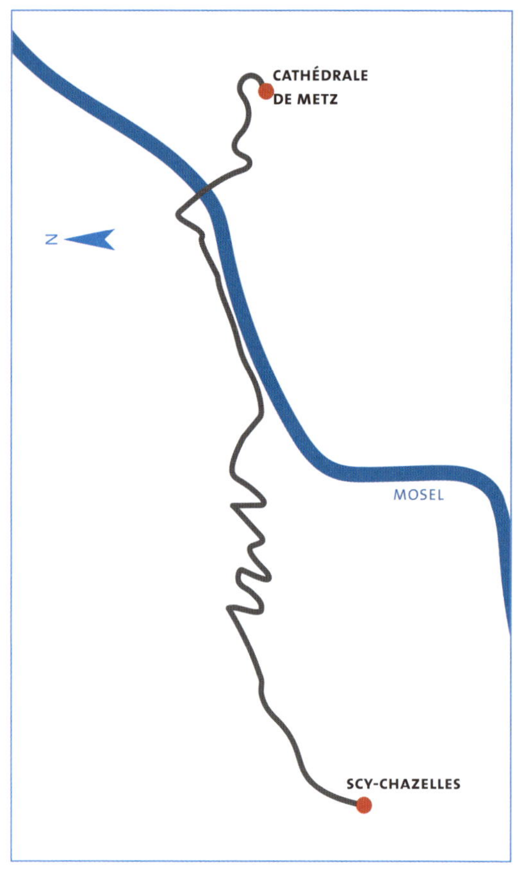

»Dein neues Buch kann ja heiter werden!«, schreibt mir mein Freund Otmar als Antwort auf mein allabendliches Pilgerbulletin und trifft damit den Nagel auf den Kopf. Ja, »heiter« stimmt! Und so wird auch dieses Buch werden. Keine Dramatisierung und keine Beschönigung, sondern unaufgeregte Beschreibung meines Abenteuers! Und heitere Gelassenheit beschreibt meinen Seelenzustand am besten. Trotz allem! Oder gerade deswegen? Aber alles der Reihe nach.

Was bisher geschah:
Im Juli 2012 platzt in meinem Kopf ein Blutgefäß und ich überlebe die Blutung im Stammhirn nur knapp. Aber ich überlebe! Und die verheerend schlechten Prognosen, »... wird immer ein Schwerstpflegefall bleiben!«, treten nicht ein. Auch wenn zu Anfang fast nix mehr geht.
Ich gebe nicht auf, sondern ich will leben. Möglichst noch vier Jahrzehnte. Aktiv und selbstbestimmt! Wenigstens aber, um der Verantwortung für unsere Kinder Moritz und Elisabeth gerecht zu werden.
Den Rest des Jahres 2012 und die ersten Monate des Jahres 2013 verbringe ich in Kliniken und Reha-Einrichtungen. Überall treffe ich auf engagierte und kompetente Menschen. Ärzte, Therapeuten, Pflegepersonal. Weihnachten 2012 schmücke ich meinen Rollator mit Christbaumkugeln, Lametta und elektrischer Beleuchtung. Klinikkoller und Heimweh quälen mich mehr als meine Spastik – und schon die ist arg. Doch im Frühjahr 2013 bin ich wieder daheim.
Es folgen drei Jahre, in denen ich langsam wieder auf die Beine komme. Mein Radius wird größer. Schritt für Schritt kämpfe ich mich ins Leben zurück – fahre wieder Auto, nehme meine Arbeit in der Europäischen Akademie Otzenhausen wieder auf, Haus- und Gartenarbeit, soviel und soweit es geht.

Tagtäglich und oft bis an die Grenze meiner Leistungsfähigkeit, manchmal auch darüber hinaus, »trainiere« ich. Zunächst vier-, dann dreimal in der Woche habe ich Physio- und Ergotherapie. An den therapiefreien Tagen übe ich alleine. Der Fortschritt ist eine Schnecke. Aber immerhin schleicht sie in die gleiche Richtung. Erste kleine Spaziergänge folgen. Aus 100 Metern werden 200, und dann – endlich – mein erster Spaziergang ins Dorf: eineinhalb Kilometer!

Im Herbst 2015 schaffe ich schon vier Kilometer, auch wenn es in der Folge Tage dauert, meine Spastik wieder einigermaßen in den Griff zu kriegen. Und dann im April 2016 ist es soweit: Zusammen mit rund 30 Freunden laufe ich meine erste Pilgeretappe. Wir starten am Grab des Heiligen Pirminius in Hornbach und erreichen nach fünfeinhalb Kilometern Altheim. Mehr auf dem Zahnfleisch als auf zwei Beinen, aber die erste Etappe ist geschafft. Schon wenige Tage später gehe ich weiter. Dieses Mal allein.

»Mal schauen, wie weit ich komme?« Noch ist es unvorstellbar, dass ich es bis Metz schaffe. Erst als ich schon weit in Lothringen bin, reift der Plan, 2016 Metz zu erreichen. Und es gelingt. Am Tag der Deutschen Einheit 2016 stehe ich vor der Kathedrale St. Etienne. Stolz wie Oskar.

Wenige Wochen zuvor war die Idee entstanden, meine Erlebnisse aufzuschreiben und es entsteht ein Mutmachbuch, das ich »Schritt für Schritt« nenne, und das ich im März 2018 auf der Leipziger Buchmesse vorstelle. Das Buch wird ein Erfolg und im Winter 2018 tingele ich von Autorenlesung zu Autorenlesung. Doch: Wer sich auf seinen Lorbeeren ausruht, trägt sie definitiv am falschen Körperteil! Und so pilgere ich weiter 2017 von Metz bis Neufchâteau, 2018 von Neufchâteau bis kurz vor Dijon und 2019 weiter durch Burgund.

Auf geht's! FOTO CATRIN RABER

Davon erzählt dieses Buch. Alles, was ich niedergeschrieben habe, ist wirklich geschehen und noch so manches mehr. Und auch dieses Buch ist wieder eine Mischung aus meinen Gedanken und Erlebnissen, der reichen Geschichte und Kultur der durchpilgerten Landschaften und ihrer grandiosen Natur.

Von Metz nach Scy-Chazelle

Endlich geht es weiter. Kaum konnte ich es erwarten. Im Herbst bin ich in Metz angekommen und noch immer trägt mich die Welle der Euphorie! Nie, nie, nie hätte ich geglaubt, es wieder soweit zu schaffen! Zur ersten Etappe der neuen Pilgersaison hatte ich eine Einladung mit meinem Schatten-Selfie, das auch den Titel meines ersten Buches schmückt, illustriert und verschickt. Um neun sollte es mit der Heiligen Sonntagsmesse in der Kathedrale losgehen und pünktlich um neun Uhr sind auch alle eingetroffen, die an diesem Tag mitpilgern wollen. Doch die Messe beginnt erst um zehn Uhr. Ich hatte mich in der Uhrzeit vertan. Besser eine Stunde zu früh, als eine Stunde zu spät. Und so nutze ich die gewonnene Zeit, um meine Begleiter miteinander bekannt zu machen und eine kurze Einführung in die Baugeschichte der Kathedrale zu geben:

Nahe des Eingangsportals steht das monumentale tonnenschwere Taufbecken aus rot-violettem Porphyr, das aussieht wie eine Badewanne. Es ist eine Badewanne! Ursprünglich stand diese Badewanne in den römischen Thermen. Napoleon wollte sie als Geschenk für seine Josefine mitnehmen. Aber es gelang dem Bischof, den Kaiser zu überzeugen und das Taufbecken hier in der Kathedrale zu belassen. Die dunkelrote Badewanne ist aus einem drei Meter langen Porphyrblock herausgearbeitet. Porphyr ist ein sehr hartes Vulkangestein (ein sogenanntes intermediäres Ganggestein, wie die Geologen es bezeichnen), das sich nur sehr schwer bearbeiten lässt. Der Sandstein, aus dem das Portal der Kathedrale besteht, ist im Vergleich dazu weich wie Butter. Umso bemerkenswerter, dass es den Römern gelungen ist, daraus eine Badewanne zu meißeln.

Unsere Pilgergruppe steht im Halbkreis um die Badewanne, so, als ob wir jeden Moment Eltern und Paten mit einem Täufling auf dem Arm erwarten würden. Aber das Bild täuscht. Es findet heute keine Taufe statt und die Wanne ist mit einem groben Bretterverschlag abgedeckt. Offensichtlich, um Bubenstreiche zu erschweren.

»Lieber ein Frosch im Hals, als eine Kaulquappe im Weihwasserbecken«, pflegte unser früherer Pastor Walter Becker zu sagen, wenn er erkältungsbedingt mit belegter Stimme predigte. An ihn muss ich in dieser Situation denken, und daran, dass in dieser monumentalen Badewanne nicht nur eine Kaulquappe, sondern eine ganze Blauwalpopulation Platz finden könnte.
In den zurückliegenden Wochen habe ich viel über Metz und seine Kathedrale gelesen und recherchiert. Und es gäbe noch viele bemerkenswerte Schätze an diesem altehrwürdigen Ort zu zeigen, doch widerstehe ich der Versuchung, unsere Pilgergruppe mit einem meiner mehrstündigen Kurzreferate zu bespaßen und schlage stattdessen vor, die Stunde bis zum Beginn der Heiligen Messe mit einem Kaffee zu überbrücken.
Auf dem Weg dorthin kommen uns mehrere Pfadfindergruppen entgegen. Auf dem belebten Place Saint Jacques finden wir ein Straßencafé und entschließen uns, draußen zu sitzen. Die Frühlingssonne scheint und streichelt Körper und Seele. Aus meinem Rucksack ziehe ich einen kleinen Quader Jaumont-Sandstein und setze meine Geologie-Vorlesung fort. Georg Schütz, ein ehemaliger Kollege aus dem Landesdenkmalamt, hatte mir vor einigen Jahren diesen Stein geschenkt, als der Landtag des Saarlandes saniert wurde. Seither weiß ich, dass die Steine des Landtages aus dem gleichen Steinbruch stammen wie die Steine der Kathedrale Saint Etienne.
Und noch ein weiteres Gebäude unseres Landes ist aus dem gelben »Sonnenstein« gebaut: Das Schloss Halberg, einst vom »Hüttenbaron« Freiherr von Stumm in Auftrag gegeben, heute Verwaltungssitz des Saarländischen Rundfunks. Seine leuchtend gelbe Farbe ist im Laufe der Jahre allerdings unter einer schwarzen Patina verschwunden.
Die Zeit vergeht wie im Flug und schon müssen wir uns sputen, um wieder pünktlich zum Beginn der Messe in der Kathedra-

le zu sein. Diese ist erstaunlich gut mit jungen Leuten besetzt und jetzt erfahren wir auch den Grund für die zahlreichen Pfadfinder im Stadtbild: Das jährliche Pfadfindertreffen findet an diesem Sonntag statt und beginnt mit einem Festgottesdienst. Der Bischof macht einen aufgeweckten und frischen Eindruck; leider verstehe ich nicht alles in seiner lebhaften Predigt.
Normalerweise betrete und verlasse ich die Kathedrale durch den Eingang an der Nordseite. Doch heute ist sogar das Hauptportal geöffnet. Die Pfadfindergruppen mit ihren Wimpeln und Fahnen ziehen geschlossen nach draußen. Wir folgen ihnen und ich erkläre kurz das reiche Figurenprogramm des Eingangsportals, das erst seit Ende des 19. Jahrhundert den Eingang der Kathedrale ziert.
Der Umbau des Portals fand auf Veranlassung von Wilhelm II. statt und wurde von seinem Freund und kaiserlichen Dombau-

Vor dem Hauptportal der Kathedrale Saint Etienne.
FOTO CATRIN RABER

Wo heute friedlich ein Brunnen plätschert, rollten während der französischen Revolution die Köpfe. FOTO CATRIN RABER

meister Paul Tornow und dem lothringischen Steinmetz Dujardin ausgeführt. Tornow war mit einem Schiffweiler Mädchen verheiratet und kam immer mal wieder in meine Heimatgemeinde Schiffweiler zu Besuch. Und natürlich ließ sich auch Wilhelm II. als Figur im Portal verewigen. Nachdem dann 1940 die deutsche Reichsarmee in Metz einmarschierte, entfernten die Nazis den für Wilhelm II, so typischen Schnurrbart! Eine weitere der so zahlreichen Geschichten in der reichen und wechselvollen Geschichte von Metz.

Über den Place d'armes laufen wir los und streben der Mosel zu. Der Platz de la Comédie liegt bereits auf der kleinen Weideninsel, einer der fünf Moselinseln. Hier verweilen wir einen Augenblick in der Aprilsonne. Dort, wo heute friedlich ein Brunnen plätschert, stand in den Revolutionsjahren 1793 und 1794 die Guillotine und es spielten sich schreckliche Szenen ab. Auf dem Place d'égalité wurden 33 Menschen geköpft – andere

Quellen sprechen sogar von 64 Menschen, die hier hingerichtet wurden. Auch in Saarbrücken rollten zur gleichen Zeit Köpfe: Jakob Lohmüller und Nickel Huppert waren beide nassauische Ortsvorgesetzte, heute würde man sagen Ortsvorsteher. Sie wurden am 11. Dezember 1793 von einer mobilen Guillotine auf dem Schlossplatz in Saarbrücken geköpft.

Der Platz wird geprägt von zwei dominanten Gebäuden: Der Präfektur und dem Theater. Das Schauspielhaus ist das älteste Theater Frankreichs, das bis heute bespielt wird, und hat im Laufe seiner jahrhundertelangen Geschichte eine ganze Reihe illustrer Besucher gesehen. Zu den besonders schillernden gehört zweifelsohne Giacomo Casanova, der sich jedoch weniger für das Theater als vielmehr für eine blutjunge Schauspielerin interessierte. Ob sein Engagement im Jahr 1762 erfolgreich war, bleibt im Dunkel der Geschichte …

In der Präfektur war ich einige Male zu Gast, um über die saarländisch-lothringische Zusammenarbeit und das Atomkraftwerk Cattenom zu sprechen. Eine kuriose Begebenheit ist mir besonders in Erinnerung geblieben. Am Ende eines solchen Gespräches, wir waren schon bei abschließender Plauderei und dem Austauschen der Gastgeschenke angelangt, erwähnte der Präfekt, dass er ein deutsches Lied kennen würde und ließ sich nicht lange bitten und hub an, mit kräftiger Stimme zu singen. Schon nach wenigen Takten erkannte ich, dass es sich um ein martialisches deutsches Soldatenlied handelte! Nicht nur, weil vor der Tür schon die deutschen Journalisten warteten, unterbrach ich ihn. Unhöflich zwar, aber die einzige Möglichkeit, um diplomatische Verwicklungen zu vermeiden!

Mein Freund Gerhard Vigener war bereits am Vortag mit seiner Frau Roswitha aus der Pfalz angereist und hatte sich im Theaterhotel eingebucht. Die Nachtruhe sei massiv gestört worden durch Obdachlose, die sich in der Tiefgarage niedergelassen und lautstark Party gemacht hätten. Er habe dann die Hotelleitung um ein anderes Zimmer möglichst im zweiten Stock gebeten und dieses auch erhalten. Dort habe man dann zwar die Obdachlosen nicht mehr gehört, aber da ihr Zimmer jetzt unmittelbar unter dem Dach lag, hätten Stadttauben die Ruhe mit kräftigem Gurren gestört …

Wir laufen weiter und lassen den Temple Neuf linker Hand liegen. Metz hatte das Glück oder das Pech, die Lieblingsstadt von Wilhelm II. zu sein. Auch diese protestantische Kirche ist ein Geschenk Wilhelms II., in den ersten Jahren des 20. Jahrhunderts erbaut. Wir queren einen weiteren Moselarm, vorbei an Befestigungsanlagen, die Saarländer sofort an Saarlouis und den überaus produktiven Militärbaumeister Vauban denken lassen. Natürlich hat der auch Metz mit seinen charakteristischen Befestigungen gesichert. »Die übrigen Garnisonen des Königreiches schützen die Provinz, Metz aber schützt den Staat«. Dieses Zitat Vaubans unterstreicht die enorme Bedeutung von Metz als Garnisonsstadt. Eine Rolle, die es bis zum heutigen Tag innehat. Schritt auf Tritt begegnet man Militärbauten, die das Gesicht der Stadt prägen. Wer gerade das Sagen in dieser Stadt hatte, sorgte für Militärbauten: Seit spätrömischer Zeit war Metz eine befestigte Stadt.

Wir verlassen sie und gehen auf dem asphaltierten Treidelpfad zwischen dem wilden Teil und dem schiffbaren Moselarm. Ein Blick auf die Karte zeigt, dass der Radweg den Namen von Charles le Temeraire trägt. Karl der Kühne oder besser Karl der Tollkühne. Und genau diese Tollkühnheit kostete dem letzten der burgundischen Herzöge das Leben, als er 1477 in der Schlacht von Nancy fiel, ohne einen männlichen Erben zu hinterlassen. Seine Tochter Maria wurde damit zur »besten Partie« ganz Europas. Sowohl der französische Thronfolger wollte sie heiraten als auch der künftige Kaiser des Heiligen Römischen

Reiches. Schließlich machte der Habsburger das Rennen. Eine Heirat mit weitreichenden Folgen!

Meine Patentante Marliese, die ihre Freundin Ursel mitgebracht hat, erzählt anekdotenreich von ihren gemeinsamen Reisen. Obwohl sie schon langsam auf ein Alter von achtzig Jahren zugeht und fast kein Englisch spricht, hat sie sich in den letzten Jahren zu einer Weltenbummlerin entwickelt. Seit dem frühen Tod ihres Mannes reist sie jedes Jahr mit ihrer Freundin in aller Herren Länder. Gerade berichtet sie von einer abenteuerlichen Schottlandreise nach Edinburgh und findet in Heinz einen aufmerksamen Zuhörer. Der war ebenfalls gerade dort und hat das Geburtshaus von Robert Louis Stevenson besucht, über den er sein nächstes Buch schreibt. Aufmerksam höre ich zu und mache mir klar, dass ich mit der Gruppe Schritt halten kann.

An diesem sonnigen Sonntagmorgen sind viele Menschen unterwegs. Radfahrer und Jogger, Familien mit Kindern, Angler und Spaziergänger, Jung und Alt. Nach einer guten Stunde rasten wir ein erstes Mal. Die Sitzbänke sind Vandalen zum Opfer gefallen und wir lassen uns auf den Resten nieder. Zwar nicht bequem, aber besser als gar nix. Eine Banane, ein belegtes Brot und ein Stück Schokolade, vor allem aber Wasser und nach einer Viertelstunde geht es weiter.

An einer Schleusenbrücke queren wir den Kanal und gehen nun in den Ort hinein. Ban le Saint Martin, seltsamer Name für diesen Ort im Speckgürtel von Metz am Fuß des Mont St. Quentin. Der Name stammt aus dem frühen Mittelalter. Der Merowingerkönig Sigibert gründete hier um 650 ein Benediktinerkloster, das auch seine Grablege war. Damit ist das Kloster fast so alt wie »mein« Kloster in Tholey, das ausweislich des sogenannten Grimo-Testamentes bereits 632 bestand. Ursprünglich eine königliche, also reichsunmittelbare Abtei, kam sie zu den Herzögen von Lothringen, wurde in der ersten Hälfte des

15. Jahrhunderts mehrfach zerstört und notdürftig wieder aufgebaut, bevor sie 1552 vollständig unterging.
Die Vororte gehen unmittelbar ineinander über und sind zu einem einzigen großen Siedlungsbrei verschmolzen. Longeville heißt der nächste Ort und wir gehen an langen Garnisonsgebäuden vorbei. Herausforderungen, aber auch Chancen für den Städtebau. Die Rocques-Kaserne ist ein Ensemble eindrucksvoller Bauten wilhelminischen Baustils, in dem sage und schreibe zeitweilig 20.000 Infanteriesoldaten untergebracht waren. Zunächst deutsche Soldaten, nach 1918 dann französische. Heute bewohnen Studenten einen Teil der ehemaligen Kaserne, junge Leute aus ganz Europa. Das Erasmus-Programm der Europäischen Union zeigt Wirkung. Neue, bessere Zeiten!
»Du gehst besser!« Drei Worte, mit denen mein Freund Heinz Günnewig meine Entwicklung auf den Punkt bringt. Mit Sprache weiß Heinz umzugehen. Schließlich ist er Professor für Literatur und schreibt dicke und inhaltsschwere Bücher, zumeist über die Autoren der Klassiker der Kinder- und Jugendbuchliteratur. Doch im Leben ist er eher still und zurückhaltend. Umso schwerer wiegt sein Befund: »Du gehst besser!«, sagt er, während wir nebeneinander herlaufen. Ich weiß es, natürlich weiß ich es, dass es besser, viel besser geht als noch vor einem Jahr und doch tut es gut, es von ihm zu hören. Weil er ein sorgfältiger Beobachter ist. Aber auch weil ich sicher weiß, Heinz würde so was nie sagen, wenn es nicht so wäre! Ich gehe besser, deutlich besser, aber noch nicht wirklich gut. Trotzdem bin ich von Herzen froh und dankbar, dass ich so weit gekommen bin. Auf dem Jakobsweg genauso wie auf meinem Lebensweg und der Herausforderung, mit meiner Behinderung zurecht zu kommen!
Und während wir nebeneinander laufen, fällt mir auf, dass ich gehen und schauen kann und sogar reden. Das war vor einigen Monaten noch anders. Wollte ich nach etwas schauen, als ich

den Blick durch die Landschaft streifen ließ oder etwas sagen, musste ich stehen bleiben. Gleichzeitig ging gar nichts, sondern es brachte mich aus dem Gleichgewicht. Die Bergsteigerlegende Luis Trenker konnte noch mit fast 100 Jahren strammen Schrittes bergan gehen und dabei gleichzeitig Pfeife rauchen, ein Liedchen trällern und ein Fernsehinterview geben. Aber erstens bin ich an Pfeifenrauchen nun wirklich nicht interessiert, und zweitens habe ich ja auch noch viele Jahrzehnte Zeit, bis ich fast 100 bin! Einstweilen trainiere ich erst mal Gehen und Gucken sowie Gehen und Reden. Soviel Multitasking reicht fürs Erste!

Unser Tagesziel Scy-Chazelles liegt auf einem Hügel und wir gehen nun auf einem Gehweg entlang der Straße hangaufwärts. Auch hier fließt die Bebauung der ehemals eigenständigen Dörfer ineinander, ohne dass das Ende der einen und der Anfang der neuen Ortschaft zu erkennen wäre. Ihren dörflichen Charakter haben die geschichtsträchtigen Orte längst verloren und sind zu verstädterten Vororten im Metzer Speckgürtel mutiert.

»Noch knapp zwei Kilometer bis zum Ziel.« Franz-Josef Warken hat mit seinem Smartphone und seiner App unseren Weg fest im Blick. Das schaffe ich, auch wenn die Spastik zugenommen hat und ich inzwischen weniger leicht gehe. Eine Ruhebank kommt wie gerufen und eine kurze Pause, kombiniert mit der restlichen Schokolade, hilft die Spastik zu senken. Nun gehe ich ohne zu reden und konzentriere mich auf meine Schritte, die ich in Gedanken zähle. Alle 100 Schritte bleibe ich stehen und verschnaufe kurz. Inzwischen sind wir am Mittelhang angelangt und haben einen schönen Blick auf Metz und das Moseltal. Inmitten großer parkartiger Gärten stehen prächtige Villen.

Den Friedhof von Scy-Chazelles lassen wir links liegen. Paul Tornow, der Architekt und Freund des Kaisers, liegt hier begraben und eigentlich wollte ich auch sein Grab besuchen. Doch beschließe ich, mit meinen Kräften hauszuhalten und mich auf den weiteren Weg zu konzentrieren. Nach einer weiteren halben Stunde erreichen wir den Ortskern von Scy-Chazelles. Hier hat der Ort nun wieder eine dörfliche Anmutung und wird geprägt durch die Mairie und die Dorfkirche, deren Anfänge ins Hochmittelalter reichen. Beeindruckend ist vor allem der Blick, den man von der baumbestandenen Esplanade auf Metz und das Moseltal hat. Die Kathedrale zeichnet sich im Weichbild der Stadt heraus und ich stelle mir diese Szenerie bei Nacht vor. Die Kathedrale wird wegen ihrer üppigen, über Jahrhunderte hinweg geschaffenen und ergänzten Kirchenfenster auch die »Laterne Gottes« genannt. Hier ist der Platz, um an einem lauen Sommerabend den Sonnenuntergang über dem Moseltal zu erleben und die Laterne Gottes leuchten zu sehen. Aber nicht heute.

Ohnehin bin ich jetzt das Schlusslicht unserer Gruppe und ich vermeide jetzt auch kleinere Umwege, um Kräfte zu sparen. Ein Schild weist den Weg zum »Maison Schuman«, das wir auch nach zehn Minuten erreichen. Das Anwesen, in dem Robert Schuman lebte, arbeitete und 1963 auch starb, ist schlicht und bescheiden. Keinerlei Pomp oder gar Protz. Es strahlt Ruhe und Bescheidenheit aus und passt damit gut zu diesem Kind unserer Heimat, das so Großes geleistet hat.

1886 wurde er in Luxemburg als Sohn eines Lothringers und einer Luxemburgerin geboren und besaß die deutsche Staatsangehörigkeit. Seine Muttersprache war Deutsch oder besser Moselfränkisch, und Französisch lernte er erst in der Schule. Sein Abitur legte er in Metz ab und studierte dann in Bonn, München und Straßburg Jura. Anschließend promovierte er in Berlin. In Metz eröffnete er eine Rechtsanwaltskanzlei. Als Lothringen mit dem Versailler Vertrag wieder zu Frankreich kam, bekam der junge Schuman die Französische Staatsangehörigkeit und wurde wenige Jahre später als Abgeordneter in die französische

Nationalversammlung gewählt. Im Krieg wurde Schuman von der Gestapo verhaftet, konnte jedoch fliehen und versteckte sich in einem Kloster im unbesetzten Süden Frankreichs, wo er sich der Résistance anschloss.

Nach dem Krieg wurde Robert Schuman dann erneut Abgeordneter der französischen Nationalversammlung und bald wurde er Finanzminister, Ministerpräsident und schließlich französischer Außenminister.

In einer Zeit, in der die weltpolitische Lage äußerst angespannt war und der Eiserne Vorhang Europa in zwei Hälften teilte, setzte er sich entschieden und mutig für eine deutsch-französische Annäherung ein. Keine fünf Jahre nach Kriegsende legte er zusammen mit seinem Mitarbeiter Jean Monnet den Plan für die europäische Montanunion vor. Konrad Adenauer stimmte zu und Frankreich, Deutschland, Italien und die Beneluxstaaten bildeten die Montanunion. Die Keimzelle der Europäischen Union war geboren.

Politik hat immer mit Menschen zu tun. Robert Schuman und Charles de Gaulle waren genauso wie Konrad Adenauer Katholiken mit einem festen Wertegerüst, das ihnen half, die tiefen Gräben zu überwinden. Es war keineswegs selbstverständlich und zwangsläufig, dass es kam, wie es kam. De Gaulle, Schuman und Adenauer legten durch ihre entschlossene und mutige Politik den Grundstein für die längste Friedensperiode, die Europa je gekannt hat.

Das war die Basis für die europäische Einigung und damit für das erfolgreichste Friedensprojekt der Weltgeschichte. In den Geschichtsbüchern und den offiziellen Reden gilt der erste Staatsbesuch am 14. September 1958 als der Grundstein der deutsch-französischen Beziehungen. Konrad Adenauer besuchte Charles de Gaulle in dessen Privathaus in Colombey-les-Deux-Églises. Beide verstehen sich sofort prächtig. Doch wird übersehen, dass dieses nicht das erste Treffen war. Schon zehn Jahre früher, genau am 8./9. Oktober 1948, trafen sich Robert Schuman und Konrad Adenauer heimlich und inoffiziell in Bassenheim nahe Koblenz. Schuman war noch keine drei Monate französischer Außenminister und es sollte noch ein Jahr dauern, bis Konrad Adenauer zum Bundeskanzler gewählt wurde. Ort der Begegnung war das alte Grafenschloss im Schlosspark von Bassenheim, in dem der französische Gouverneur von Rheinland-Pfalz, General Claude Hettier de Boislambert residierte. Auch Adolf Süsterhenn, der später im Auftrag Adenauers mit Johannes Hoffmann in Gräfinthal die »Saar-Frage« verhandeln sollte, und der rheinland-pfälzische Ministerpräsident Johann Peter Altmeier, der das Treffen eingefädelt hatte, stießen am zweiten Tag dazu. Das Treffen blieb geheim und sollte es auch bleiben, bis Adenauer 1965 auf der Frankfurter Buchmesse seine Memoiren »Erinnerungen« vorstellte. Zu spät! Die Geschichtsbücher waren schon geschrieben. Der Erfolg hat bekanntlich viele Väter. Es schmälert die Verdienste General de Gaulles keineswegs, aber Robert Schuman hatte als erster und zehn Jahre vor de Gaulle den Grundstein für die deutsch-französische Aussöhnung gelegt.

Die Europäer der ersten Stunde erbrachten den Beweis: Friede ist möglich und machbar. Aus Erzfeinden können Freunde werden! Europa ist das erfolgreichste Friedensprojekt der Geschichte! Bei allen Schwierigkeiten trägt dies bis heute und darüber hinaus. Die europäische Idee muss nicht neu erfunden werden, nur weil sie 70 Jahre alt ist, sondern sie muss gelebt werden! Weitere 70 Jahre und länger!

Die kleine Wehrkirche steht symbolisch für weniger friedliche Zeiten. Aber wann waren die Zeiten schon friedlich? »Frieden ist kein natürlicher Zustand zwischen den Menschen«, schrieb bereits 1775 Immanuel Kant in seiner Schrift »Zum ewigen

In der Wehrkirche aus dem 12. Jahrhundert ruhen die sterblichen Überreste von Robert Schuman. FOTO CATRIN RABER

Frieden«, »er muss gestiftet werden.« Oft genügten nichtige Anlässe. Der »Apfel-Krieg« war ein solcher Krieg im 15. Jahrhundert:

1427 entluden sich die zahlreichen Spannungen im Metzer Land aus einem lächerlichen Anlass. Die Abtei Saint-Martin-lès-Metz befand sich in der Abhängigkeit des Herzogs von Lothringen. Als aber der Abt von St. Martin einen Korb Äpfel ernten und ihn nach Metz in die Stadt bringen ließ, machte der lothringische Herzog Charles II. seine Ansprüche geltend, die der Metzer Magistrat umgehend zurückwies unter Hinweis auf die ihm eingeräumten Freiheiten und Privilegien. Daraufhin erklärte der lothringische Herzog den Metzern den Krieg, der sich schnell ausweitete. Charles II. fand Unterstützung bei den Herzögen von Bar, dem Markgraf von Baden und dem Markgraf

von Bayern. Insgesamt standen 1000 Reiter und 20.000 Fußsoldaten unter seinem Befehl.
Trotz der drückenden Übermacht bot ihnen die Stadt Metz erfolgreich die Stirn. Die Söldner zogen daher plündernd und brandschatzend durch das Metzer Land, das ihnen keinen Widerstand leistete. Leidtragend war wieder einmal mehr die Landbevölkerung. Zwei Jahre später – Land und Leute waren erschöpft und kriegsmüde – folgte ein Waffenstillstand. Schließlich wurde ein Frieden in Metz verkündet, in dem Charles II. auf seine Ansprüche an den Äpfeln verzichtete. Der Apfel-Krieg war vorbei.
Es war nicht der erste und sollte bei weitem nicht der letzte Krieg sein, der unsere Region heimsuchte. Was heute skurril, ja fast putzig anmutet, war im Spätmittelalter jedoch bittere Wirklichkeit, unter der vor allem die kleinen Leute zu leiden hatten. Während die Metzer Stadtbevölkerung durch wehrhafte Verteidigungsanlagen, nicht zuletzt durch die Stadtmauer, geschützt war, suchte die Landbevölkerung in den Kirchen Zuflucht und baute diese zu Wehrkirchen aus, die wenigstens vor marodierenden Söldnern Schutz boten. Gerade im Metzer Land entstanden zahlreiche solcher Wehrkirchen.
Die Ruhebänke vor dem Haus kann ich nun gut gebrauchen. Leider gibt es kein Café in der Nähe. Einträchtig und geschwisterlich teilen wir die Äpfel auf, die Franz-Josef Warken aus seinem Rucksack zaubert. Nach kurzer Beratung kommen wir zu dem Entschluss, zurück nach Metz zu fahren. Vigeners wollen nicht zu spät zu Hause sein, auch Bianca hat noch Bierköniginnen-Verpflichtungen am Abend.
An der Rezeption des Maison Schuman bestelle ich Taxis und wir nutzen die Wartezeit, um die kleine Wehrkirche zu besuchen, wo der große Europäer bestattet ist. Dieses Kirchlein ist dem heiligen Quintinus gewidmet, einem Heiligen des

Die Väter Europas: Alcide de Gaspari, Robert Schuman, Jean Monnet und Konrad Adenauer. FOTO CATRIN RABER

3. Jahrhunderts. Wir wissen kaum etwas über ihn, nur dass es ein römischer Bürger war, der ab 245 in Gallien, besonders in und um Amiens, missionierte und zur Zeit der Christenverfolgungen in der Kaiserzeit Diokletians und Maximians in Gallien den Märtyrertod erlitten haben soll. Immerhin sind nicht nur etliche Kirchen, sondern auch eine Stadt und ein Berg nach ihm benannt.

Vor der Kirche erinnert ein Denkmal an die großen Europäer. Inmitten der lebensgroßen Statuen machen wir ein Erinnerungsfoto und treten in die kleine romanische Wehrkirche ein, die bereits seit 1863 unter Denkmalschutz steht. Ich mag diese

FOTO CATRIN RABER

kleinen romanischen Kirchen. Ihre schnörkellose Massivität strahlt kraftvolle Ruhe und Festigkeit aus. Auch das passt zu Robert Schuman. Eine würdevolle Gedenkstätte für einen großen Mann! Wir stehen im Chor der Kirche vor seiner schlichten Grabplatte. Leise bete ich ein »Vaterunser«! Kurz überlege ich, meinen Psalm zu singen. Doch wir sind nicht alleine in der Kirche und so will ich die Ruhe und Andacht an diesem besonderen Ort nicht stören.

Die Taxis bringen uns nach Metz zurück und wir treffen uns vor der Kathedrale. Gerhard und Roswitha wollen sogleich aufbrechen und so verabschieden wir uns herzlich. Die anderen folgen meinem Vorschlag, noch einen kleinen Spaziergang zum Hügel Saint Croix zu machen. Und so beschließen wir in der Nachmittagssonne einen anstrengenden, aber gelungenen Auftakt der Pilgersaison 2017. Insgesamt waren es rund acht Kilometer.

Den Rückweg nehmen wir über die Landstraße. Ich will Günter, Marliese und Ursel noch die Kaiser-Kirche in Courcelles-Chaussy zeigen. Aber sie ist – wie immer – verschlossen. Die restliche Fahrt verbringen wir schweigend. Nach wenigen Kilometern bin ich bereits eingeschlafen …

FOTO CATRIN RABER

ZWEITES KAPITEL

in dem ich durch lothringische Weinberge pilgere,
in Gorze auf das geistliche Zentrum der Franken treffe
und erfahre, dass es bereits vor 1000 Jahren
einen interreligiösen Dialog gab, ein Stück mit einer Sahara-Ente transportiert werde und Sibylle schließlich
zum ersten Mal in ihrem Leben per Anhalter fährt ...

»Papa, weißt du überhaupt, wo wir sind?« Moritz ist ungeduldig und angesäuert. So ganz genau weiß ich es nicht, aber zugeben will ich es auch nicht. Wir haben uns verfahren und ich lotse Moritz ungefähr in die Richtung, in der ich Scy-Chazelles vermute. Moselaufwärts, auf der linken Moselseite, oben auf einem Hügel. Das müsste auch ohne Navigationsgerät zu finden sein. Wir sind mit dem Auto von Oma Liesel unterwegs, das kein Navi hat. Mein Auto hat vor zwei Wochen mit Motorschaden den Dienst quittiert und das neue Auto wird gerade so umgebaut, dass ich es mit der rechten Hand bedienen kann. Im dichten Feierabendverkehr verfahren wir uns prompt. »Am besten frage ich einen Eingeborenen nach dem Weg«, schlage ich vor, und gebe damit zu, nicht mehr ganz die »Orientierung« zu haben. Ein freundlicher Franzose weist uns gestenreich den Weg. In Scy-Chazelles verpassen wir die Zufahrt zum Maison Schuman und drehen eine Ehrenrunde durch den Ort. Vor der kleinen Kirche steige ich aus und nehme Rucksack und Pilgerstab aus dem Kofferraum. Nein, Moritz hat keine Lust, das Grab von Robert Schuman zu sehen, sondern will nur möglichst schnell nach Hause. Pubertät nennt man die Zeit, in der Eltern schwierig werden!
Es ist jetzt kurz vor fünf und noch immer heiß. Die Hitze flimmert über dem Asphalt, als ich losgehe, hügelabwärts in Richtung Mosel. Moulin-lès-Metz ist der nächste Ort. Vor dem Rathaus frage ich zwei Krawatten tragende Männer nach dem Weg. Jetzt habe ich nur eine Übersichtskarte im Maßstab 1:100.000 zur Verfügung, aber Vaux werde ich damit schon finden. In der Nähe des Rathauses steht ein kleines Schlösschen, das Château Fabert. Erbaut im 14. Jahrhundert, hatte es zunächst die strategische Aufgabe, den Moselübergang und die Brücke zu sichern. Fabert? – Der Name kommt mir bekannt vor. Auf dem Place d'armes steht eine Bronzestatue, die einen Fabert zeigt.

Auf einer Bank vor dem Schloss ruhe ich mich aus und googele. Dabei finde ich heraus, dass Abraham Fabert ein in Metz geborener Soldat war, der sich im französischen Heer verdingte und im 17. Jahrhundert unter anderem auch gegen Lothringen Krieg führte.

Das Schlösschen macht einen gut erhaltenen Eindruck. Das denkmalgeschützte Gebäude befindet sich in öffentlichem Eigentum und wird an Hochzeitsgesellschaften vermietet.

Nicht nur das befestigte Schlösschen, auch die von ihr bewachte Brücke hat ihre ursprüngliche Funktion verloren. Der Moselarm fließt heute an anderer Stelle und der ehemalige Talboden ist trockengefallen. Nur ein kleiner Bach, der Ruisseau de Montvaux, durchfließt heute noch die imposante mittelalterliche Brücke. Auf der anderen Seite des trockengefallenen Moselarmes strecke ich auf der Bank an einer Bushaltestelle die Beine aus. Viele kurze Pausen helfen, die aufkommende Spastik zu begrenzen und gleichzeitig sondiere ich auf der Karte den weiteren Weg, soweit es in diesem Maßstab möglich ist. Sicherheitshalber erkundige ich mich bei zwei jungen Handwerkern, die einen Kastenwagen ausladen, nach dem Weg. Ja, ich bin richtig.

Es wird zunehmend ländlicher. Die Häuser stehen inmitten großer Gärten, Brennholzstapel und Gemüsegärten unterstreichen den dörflichen Charakter. Eine Frau mit Kopftuch und Kittelschürze – dass es so was noch gibt! – verschwindet im Haus, als sie mich kommen sieht. Am Ortsrand endet auch der Asphaltbelag, ich gehe jetzt auf einem unbefestigten Feldweg weiter. Immer geradeaus, wie die beiden Jungs gesagt haben. Der ehemalige Talboden der Mosel ist versumpft und dichtes Schilfröhricht reicht bis an den Weg. Darin höre ich einen Teichrohrsänger. »Singen« kann man das charakteristische Rufen eigentlich nicht nennen. »Krächzen« beschreibt besser die monotonen und rauen Laute, die man dem kleinen hellbraunen Vogel gar nicht zutraut.

Jetzt teilt sich der Weg und ich bin mir nicht sicher, ob ich links oder rechts gehen soll. Ich entscheide mich für links und bin froh, als mir nach wenigen Minuten ein Vater mit seinem kleinen Sohn entgegenkommt und ich ein weiteres Mal nach dem Weg fragen kann. Der Mann betrachtet interessiert meinen Wanderstab und fragt mich, ob ich ein Jakobspilger sei. Bis Vaux seien es noch zweieinhalb Kilometer – immer geradeaus. Doch nach kaum hundert Metern teilt der Weg sich erneut. Geradeaus gibt es nicht und ich halte mich rechts. Der Weg führt zu einem großen Teich. Auf der anderen Uferseite steht ein großes Wochenendhaus, aber die Läden sind geschlossen. Der Weg ist jetzt eher eine Fahrspur als ein befestigter Weg. Ganz in der Nähe höre ich den Verkehrslärm der Autobahn. Da will ich nicht hin. Erneut orientiere ich mich auf der Überblickskarte und laufe weiter Richtung Westen. Nach einer guten halben Stunde erreiche ich die ersten Häuser von Vaux. Bis zur Ortsmitte ist es jedoch noch ein gutes Stück bergan.

»Vaux« ist eigentlich das altfranzösische Wort für »Täler«, aber in diesem Fall liegt der Ortskern nicht im Tal, sondern auf der Höhe. Die Spastik hat inzwischen zugenommen und meine Marschgeschwindigkeit hat sich entsprechend verringert. Seit wenigen Tagen habe ich für den linken Fuß eine Orthese, ein sogenanntes Thönessen-Support, und individuell angepasste Einlagen. Beides hatte mir Anne, meine Ergotherapeutin, empfohlen: »Das unterstützt dich beim Gehen und hilft dir, den linken Fuß zu heben, vor allem, wenn du müde wirst.« Ich kann keinen positiven Effekt bemerken, aber vielleicht muss ich mich erst an das Teil gewöhnen und vielleicht wäre die Spastik ja noch ärger, wenn ich die Schiene nicht hätte. Positiv denken und einfach ausprobieren!

Einen Mann, der im Garten arbeitet, frage ich nach meiner Herberge. Immer weiter den Berg hoch, ganz in der Nähe der

Kirche, teilt er mir mit. Aber kaum bin ich weitergegangen, hält er mit seinem kleinen Auto neben mir. »Ich bringe Sie hin!«, dabei lächelt er freundlich. Eigentlich geht das gar nicht. Aber ich bringe es nicht übers Herz, soviel Freundlichkeit zu enttäuschen, steige ein und lasse mich die letzten 500 Meter mit dem Auto zu meiner Unterkunft bringen. Manchmal muss man auch auf ein Opfer verzichten können!

Der freundliche Herr setzt mich direkt vor meiner Pension ab, die ich im Internet gefunden und gebucht habe, dreht und fährt wieder zurück. Ein älteres Winzeranwesen, aus Kalkbruchsteinen gemauert. Ich klingele und Sylvie öffnet. Sie ist geschätzt Anfang 40, jedenfalls deutlich jünger als ich. Ob ich die Treppe hochkomme, will sie wissen, und trägt meinen Rucksack in die erste Etage. Ich bin überrascht. Ein solch modern und geschmackvoll eingerichtetes Zimmer mit eigenem Bad hätte ich in dem altehrwürdigen Gebäude nicht erwartet. Sylvie lädt mich zu einem Begrüßungs-Wein auf die Terrasse ein und ich nehme in der Abendsonne in bequemen Loungemöbeln Platz. Direkt an die Terrasse grenzen die ehemaligen Weinberge an. Zwar gibt es keine Rebstöcke mehr, doch die alten Weinbergsmauern lassen keinen Zweifel aufkommen, dass das Haus ehemals in den Weinbergen lag. Sie bringt mir ein Glas Wein. Ich lasse mir die Flasche zeigen. Der Wein sei von hier, erklärt Sylvie. 200 Meter von hier sei das Château de Vaux. Château? Ich wusste gar nicht, dass es hier unmittelbar vor den Toren von Metz ein Wein-Château gibt, und beschließe, mich näher zu erkundigen. Der Wein heißt »Les Gryphites«.

Mit diesem Begriff kann ich etwas anfangen. Im Jura gibt es eine Schicht, die Gryphitenstufe genannt wird, und die durch »Gryphiten« genannte Leitfossilien charakterisiert wird. Offensichtlich haben diese austernartigen Fossilien nicht nur der geologischen Schicht, sondern auch dem Wein den Namen gegeben.

Ich bin erschöpft, habe nichts gegessen, dazu die Sonne. Der Wein geht sofort ins Blut und ich werde müde. Ich ziehe mich in das nette Gästezimmer zurück und obwohl es noch früh am Abend ist, schlafe ich bald tief und fest.
Am nächsten Morgen habe ich Hunger. Das Frühstück, das mir Sylvie in einem noblen und modernen Esszimmer serviert, lässt keine Wünsche offen. Offensichtlich war ich nicht der einzige

Luxus pur – Frühstück in Vaux.

Gast. Eine Dame hat bereits gefrühstückt und reist gerade ab, als ich erscheine. Gleich mehrere Marmeladen stellt mir Sylvie auf den Tisch, und als ich sie frage, welche davon sie selbst gemacht habe, antwortet sie: »Alle! Naturellement!« und erklärt mir ausführlich ihre Kreationen. Zusammen mit den Croissants ein Gedicht. Eine leckerer als die andere. Ich probiere sie alle durch und erkläre die Brombeer-Marmelade zu meinem Favoriten. Knapp gefolgt von der Orangen-Marmelade.
Sylvie begleitet mich zum Ausgangspunkt des Weges. Über Treppen, die durch die ehemaligen Weinberge führen, gehen wir zum Ortsrand. Von hier habe ich einen guten Blick auf das Dorf und seine Wehrkirche.
Ich bedanke mich herzlich bei Sylvie für die ausgezeichnete Gastfreundschaft und breche auf. Schon nach wenigen Metern setze ich mich auf eine Gartenmauer. Meine Orthese drückt. So wird das nix! Ich ziehe sie aus und stecke sie in den Rucksack. Noch bin ich nicht richtig losgegangen und schon schmerzt jeder Schritt. Aber ohne Schiene scheint es besser zu gehen. Durch die Beschäftigung damit habe ich den Einstieg in den Wanderweg verpasst. Das merke ich jedoch erst, als ich schon ein gutes Stück hangabwärts gelaufen bin. Heute scheint nicht mein Tag zu sein. Jetzt fängt es auch noch an zu regnen. Als ich mich an einem Ortsplan, der in einer kleinen Grünanlage aufgestellt ist, orientiere, hält ein Auto.
»Kann ich Ihnen helfen?«, fragt eine ältere Dame. »Ich suche den Fußweg nach Gorze.« »Steigen Sie ein! Erst trinken wir einen Kaffee und mein Mann kann Ihnen den Weg erklären.« Da es sich jetzt eingeregnet hat, ist mir die Pause gerade recht, auch wenn ich heute noch nicht weit gekommen bin. Das Anwesen ist gerade mal 150 Meter entfernt und als wir in den Hof fahren, springt uns ein großer wuscheliger Hund entgegen. Wild wedelt er mit dem Schwanz und freut sich über den unerwarteten

Besuch. Ich werde in die Küche gebeten und muss erst einmal erzählen. Man habe mich bereits gestern durch den Ort gehen sehen und anhand meiner Muschel als Jakobspilger identifiziert. Der Kaffee ist selbst für französische Verhältnisse sehr stark und ich verdünne ihn mit reichlich Milch.
Als der Mann meine Karte sieht, schüttelt er den Kopf. »Mit diesem Maßstab kann das nix werden!« Dann verschwindet er kurz und kehrt mit einer Wanderkarte im Maßstab 1:25.000 zurück. Glücklicherweise steht sogar ein Farbkopierer zur Verfügung und als er die Kopie dann auch noch in eine Klarsichthülle steckt, bin ich bestens gerüstet, um nach Gorze zu finden. Der Mann packt mich in sein Auto und bringt mich zu exakt der Stelle, wo ich vor knapp zwei Stunden bereits war. Habe ich zwei Stunden verloren? Nein, im Gegenteil! Ich bin reicher geworden durch die Begegnung mit hilfsbereiten und freundlichen Menschen. Nicht die Kilometerleistung zählt beim Pilgern, sondern die Entschleunigung und die kleinen und großen Überraschungen am Wegesrand. Ich werde dieses Dorf in guter Erinnerung behalten, in dem es offenbar nur hilfsbereite und gastfreundliche Menschen gibt. Und guten Wein !
Jetzt finde ich den richtigen Weg. Er ist ordentlich ausgeschildert und ich kapiere nicht, wieso ich heute morgen die Beschilderung übersehen habe. Der Weg führt oberhalb des Dorfes zwischen der bewaldeten Hügelkuppe und den teils brachgefallenen, teils bewirtschafteten Rebflächen hindurch, aufgelockert durch Obstwiesen. Die Pflanzenwelt weist auf die wärmebegünstigte Lage hin und an einer Stelle entdecke ich sogar einige Pflanzen der Schmerwurz. Diese Kletterpflanze mit herzförmigen Blättern und unscheinbaren Blüten gehört zur Familie der Yamswurzgewächse, die mit über 600 Arten vor allem in den Tropen verbreitet sind und von denen einige Arten wegen ihrer Knollen als Nahrungsmittel angebaut werden. Ob man auch die

Knollen unserer einheimischen Schmerwurz essen kann?

Es hat aufgehört zu regnen und ich komme gut voran. Nach gut einer Stunde erreiche ich Ars-sur-Moselle und finde auf dem Kirchenvorplatz eine Ruhebank. Die Karte hilft mir, den richtigen Wanderweg zu finden und auf einem schmalen Trampelpfad geht es weiter. Kurz hinter dem Dorf überholt mich eine Klasse mit Schulanfängern und ihrem Lehrer. Alle tragen – vorbildlich – einen Fahrradhelm und gelbe Warnwesten, was im Frühjahr 2017 noch ohne jegliche politische Bedeutung ist. Ich trete zur Seite und lasse die munter radelnde Kinderschar passieren. Ein schönes, herzerwärmendes Bild! Vermutlich hat die Schulklasse das gleiche Ziel wie ich und will auch zu dem römischen Aquädukt, das noch ein paar hundert Meter entfernt sein dürfte. Wandertag mit dem Fahrrad! Heimatkundeunterricht inklusive! Alle Kinder grüßen mit einem freundlichen »Bonjour«. Ein Mädchen schaut so gefesselt auf den Pilger am Wegesrand, dass es einen Augenblick lang nicht aufpasst und unversehens im Graben landet. Der Tross stoppt und der Lehrer ist sofort zur Stelle und zieht das Mädel mitsamt seinem Fahrrad aus den Brennnesseln. Es schüttelt sich kurz und weiter geht's.

Keine halbe Stunde später habe ich die römische Wasserleitung erreicht. Obwohl ich sie aus Büchern und von Fotos kenne, bin ich beeindruckt: Sieben gut erhaltene Bögen stehen in der Landschaft und das seit beinahe zweitausend Jahren. Der römische Architekt und Bauingenieur – was in römischer Zeit das Gleiche war – Vitruv schrieb im ersten vorchristlichen Jahrhundert: »Wasser ist lebensnotwendig, sorgt für Annehmlichkeiten und den täglichen Gebrauch.« Um den hohen Wasserverbrauch der römischen Städte zu gewährleisten, vollbrachten die römischen Ingenieure wahre Meisterleistungen. Am bekanntesten ist sicherlich der »Pont du Gard«, jenes Aquädukt, das Nimes mit Wasser aus dem Zentral-Massiv versorgte. Dieses imposante Bauwerk ist die letzte noch existierende römische dreistöckige Steinbrücke und überspannt mit 360 Metern die Gard.

Weniger bekannt ist, dass die römische Wasserleitung, die vor mir liegt, die größte nördlich des Pont du Grad im römischen Reich war. Sie wurde im ersten Jahrhundert nach Christi gebaut und hatte die Aufgabe, Metz mit Wasser zu versorgen. Die Bevölkerungszahl war schon in römischer Zeit auf 70.000 angewachsen und der Pro-Kopf-Verbrauch an Wasser lag bereits damals – auch ohne Waschmaschine und Geschirrspüler – in der gleichen Größenordnung wie heute. Das Wasser stammte aus den Wäldern um Gorze, meinem Tagesziel. Überreste des Aquäduktes sind noch beiderseits der Mosel vorhanden. Hier in Ars-sur-Moselle blieben sieben Bögen erhalten. Auf der anderen Moselseite sind sogar sechszehn Bögen zu sehen. Insgesamt waren es 110 Bögen, die auf einer Länge von 1128 Metern die Mosel überspannten. Der Pont du Gard ist nicht einmal halb so lang wie die Überquerung der Mosel. Dafür ist er aber mit 49 Meter deutlich höher als diese, die an der höchsten Stelle

Römisches Aquädukt vor den Toren von Metz.

beachtliche 22 Meter aufwies. Römische Superlative! Selbst die Reste beeindrucken bis auf den heutigen Tag. Die Gesamtlänge war mit 22 km zwar deutlich länger als die Ruwerwasserleitung, die das antike Trier mit Hunsrückwasser versorgte. Das römische Köln hingegen wurde aus der Eifel über eine Entfernung von 95 Kilometern mit dem notwendigen Wasser versorgt.

Aber nicht nur die großen römischen Städte hatten in der Antike eine Wasserversorgung. Als man im April 1956 am Fuße des Halberges bei Saarbrücken das Fundament für einen Gasbehälter legte, stieß man auf einen in den Sandstein getriebenen Schacht. Die Untersuchungen ergaben, dass es sich um die Wasserversorgung des römischen Vicus am Halberg und des späteren Römerkastells handelte. Sicher nicht so spektakulär wie das Metz-Gorze-Aquädukt, aber doch ein wichtiges Zeugnis, dass die Wasserversorgung nicht nur in den größeren Städten des römischen Galliens zu den zivilisatorischen Errungenschaften gehörte.

Das römische Bauwerk wird gerade restauriert. Ein Teil ist eingerüstet und mit Folien eingehaust, ein anderer Teil ist offensichtlich schon fertig und strahlt in frischem Kalkweiß! Am Fuß steht ein Bauwagen, doch zur Zeit sind keine Arbeiter auf der Baustelle.

Ich finde keine bequeme Sitzmöglichkeit. Schade, hier wäre eine Sitzbank sicherlich gut angebracht. Bis Gorze ist es noch ein Stück und so gehe ich weiter. Der als GR 5 rot-weiß gekennzeichnete Fernwanderweg führt durch Rebflächen und kleinparzellierte Weinberge. Ich nehme mir vor, gelegentlich die Rebsorten nicht nur im Glas, sondern auch im Weinberg unterscheiden zu lernen. Zwar haben zehn Jahre als Weinbau-Minister dazu geführt, dass ich viele Weinköniginnen samt Prinzessinnen geküsst habe und die Weine im Glas auch geschmacklich unterscheiden kann, aber die Rebsorten im Weinberg anhand ihrer Vegetationsmerkmale unterscheiden kann ich noch immer nicht.

Seit etwa 5000 v. Chr. sind durch Züchtung aus der wilden Rebe (Vitis vinifera), die bereits in der Jungsteinzeit begann, im Laufe der Jahrtausende rund 10.000 Rebsorten entstanden. Immerhin sind von diesen etwa 2.500 für die Weinproduktion zugelassen. Nur wenige haben eine überregionale Bedeutung. Eine Wissenschaft für sich! Und wie jede Wissenschaft braucht auch die Rebsortenkunde eine wissenschaftliche, möglichst lateinische

Gemeinsames Soldatendenkmal am Ortsrand von Ancy.

oder griechische Bezeichnung. So bezeichnet man die Rebsortenkunde auch als Ampelografie, die früher Unterschiede von Blättern und Beeren erfasste, heute jedoch die Methoden der DNA-Analyse zur Verfügung hat.
Es müssen ja nicht gleich alle 10.000 Rebsorten sein, aber wenigstens die wichtigsten will ich unterscheiden lernen. Grauburgunder, Riesling und Silvaner sind die wichtigsten Rebsorten im Weinbaugebiet im Departement Moselle. In Burgund kommen dann vor allem Chardonnay und Pinot noir hinzu. Außerdem gibt es hier in Lothringen noch einige Besonderheiten und es kommen einige seltenere Rebsorten dazu: Gamay und Pinot Meunier, beides rote Rebsorten. Im Glas halte ich es dann wie ein erfahrener Winzer, der mir schmunzelnd erklärte, es gäbe nur zwei Weinsorten: Die Sorte »Schmeckt!« und die Sorte »Schmeckt nicht!«
Als ich Ancy-sur-Moselle erreiche, ist die Spastik stark angestiegen. Jetzt brauche ich eine Pause und überlege, ob ich den Umweg in die Dorfmitte in Kauf nehme. Dort wird sicherlich eine Sitzbank zu finden sei. Eine kleine Rasenfläche mit einem Kriegerdenkmal tut es auch. Inzwischen ist das Gras abgetrocknet und ich lege mich auf den Boden und strecke alle Viere aus. Den Rucksack nutze ich als Kopfkissen. Wirklich bequem ist es nicht, aber immerhin döse ich ein und schlafe auch eine gute Viertelstunde. Als ich wach werde, betrachte ich das Kriegerdenkmal, zu dessen Füßen ich geruht habe. Ancy war eines der letzten Dörfer, die nach 1871 zum Deutschen Reich gehörten. Nur wenige Kilometer von hier verlief die innerlothringische Grenze, die nach dem Frankfurter Vertrag Lothringen in einen französischen und einen deutschen Teil aufteilte.
»Hier ruhen in Gott 26 deutsche und 3 französische tapfere Krieger« ist in das Sandstein-Kreuz in deutscher Sprache eingemeißelt. Das Wort »deutsche« lässt sich nur noch erahnen.

Die Wälder auf Sandstein waren schon vor 2000 Jahren der Wasserspeicher der Römer.

Jemand hat die Buchstaben weggeschlagen und auch sonst ist das Kreuz kräftig durch Vandalismus in Mitleidenschaft gezogen. An einigen Stellen sieht man jedoch, dass es ausgebessert und geflickt wurde. Offensichtlich scheint es also Menschen zu geben, denen es wichtig ist, dass dieses bescheidene Denkmal eines gemeinsamen Gedenkens an die sinnlosen Opfer des Krieges erhalten bleibt.

Ob die kleinen Gelb-Westen auf ihren Fahrrädern hier auch vorbeigekommen sind und angehalten haben? Ob der Lehrer ihnen erzählt hat, dass die Geschichte ihrer Heimat häufig kriegerisch und blutig war? Ich weiß es nicht. Gedankenversunken gehe ich weiter.

Nun führt der Weg ein Stück über die Dorfstraße, die an diesem Nachmittag wie ausgestorben wirkt. Durch einen Hohlweg, der mit Grünschnitt und anderen Abfällen vermüllt ist, verlasse ich das Dorf. Jetzt führt der Weg durch einen Buchenwald, der sich nun Mitte Mai und nach dem Regenschauer in besonders kräftigem Grün zeigt. Der Weg steigt leicht an und führt an Sandsteinfelsen vorbei. Schlagartig wird mir klar, warum die Römer ihr Wasser aus Gorze bezogen habe! Der geologische Untergrund hat gewechselt und ich befinde mich im Sandstein, der mich an die Sandsteinformationen des Pfälzer Waldes oder rund um Kirkel denken lässt. Aber Buntsandstein kann es nicht sein! Dafür bin ich schon zu weit im Pariser Becken. Aber auch in den Schichten des Jura und vor allem des Malm hat es unterschiedliche Ablagerungen und auch Sandablagerungen gegeben. Offensichtlich auch hier in den Wäldern rund um Gorze. Die geologische Schicht des Malm oder Weißen Jura ist auch in Süddeutschland weit verbreitet. Unter anderem fallen die berühmten Solnhofener Plattenkalke, in denen der Archaeopteryx gefunden wurde und die in den Fünfzigerjahren in fast jedem Neubau verbaut wurden, in diese Zeit. Die Sandsteine sind als Wasserspeicher gut geeignet und offenbar haben schon die Römer das erkannt. Aber die Sandsteine haben noch einen weiteren Vorteil.

Ich finde einen einigermaßen bequemen Sitzplatz und kann ein wenig ausruhen. Bald erreiche ich die Verbindungsstraße nach Gorze. Jetzt sind es noch etwa zwei Kilometer über Asphalt. Der Himmel hat sich wieder eingetrübt und es beginnt zu nieseln. Unerwartet hält ein Kleinbus und der Fahrer, ein Handwerker, fragt mich, ob er mich mitnehmen soll. Als ich einsteige, bemerke ich, dass meine Spastik stark angestiegen ist. Nur mit Mühe komme ich in den Lieferwagen. Nach fünf Minuten sind wir in Gorze. In der Ortsmitte steige ich aus und als ich mich umschaue, stelle ich fest, dass ich mich am Eingang des ehemaligen Sitzes des Abtes befinde, wie ein kleines Hinweisschild verrät. Vor einigen Monaten habe ich noch nicht einmal den Namen dieses Ortes gekannt. Und eine Umfrage in meinem Bekanntenkreis erbrachte ähnliche Ergebnisse: Gorze? Nie gehört! Und dabei liegt der Ort nur eine knappe Autostunde vom Saarland entfernt und hat Weltgeschichte geschrieben. Aber alles der Reihe nach!

Zunächst suche ich Schutz vor dem Regen, der immer kräftiger wird, und stelle mich unter das Eingangsportal des Abt-Palais. In einer Nische sitzen zwei Mädel und rauchen. Sie sind ebenso überrascht wie ich. Nein, ich will nicht stören, sondern suche nur Schutz vor dem Regen. Das Abt-Palais steht leer und ist in einem traurigen Zustand, der bei diesem regnerischen Wetter besonders auffällt. Schmutzig und vermüllt, Tauben haben sich eingenistet. Und doch kann man die frühere barocke Pracht dieses Ortes erahnen! Dabei war dieses Kloster einst der Ausgangspunkt weitreichender Reformen, mit denen sich die klösterlichen Gemeinschaften von der Verweltlichung ab- und dem benediktinischen Leben zuwandten.

Der Metzer Bischof Chrodegang gründete an diesem Ort 749 eine Benediktinerabtei. Chrodegang war eine bestimmende

Figur des 8. Jahrhunderts. Er stammte aus einer Familie des höchsten fränkischen Adels. Karl Martell machte ihn zu seinem Privatsekretär. 732 wurde er Reichskanzler und zehn Jahre später als Bischof von Metz berufen. Er baute – quasi in direkter Nachfolge von Bonifatius - die kirchliche Organisation weiter aus, gründete und erneuerte zahlreiche Klöster, darunter 748 die Abtei Gorze, die sich zu einem »Modellkloster« mit einer engen Bindung der Kommunität an den Bischof entwickelte und Ausgangspunkt von weitreichenden Reformen wurde. Chrodegang schrieb die Regula canonicorum nieder, die das gemeinsame Leben der Geistlichen regelte. Was zunächst nur für die Geistlichen und Mönche in Metz und Umgebung galt, wurde mit Unterstützung durch Pippin und Karl den Großen das Vorbild für das ganze fränkische Reich und 816 in die Statuten der Synode von Aachen aufgenommen.
Metz und Gorze waren die Zentren der Reformen im Frankenreich, gleichzeitig Orte des theologischen und wissenschaftlichen Wirkens. Der Reformbewegung schlossen sich 170 Abteien an! Von Gorze aus sandte Chrodegang im Jahr 761 Mönche in das Kloster Gengenbach im heutigen Baden-Württemberg. Dieses Kloster war von Pirminius einige Jahre zuvor gegründet worden. Pirminius? Ja, eben dieser Pirminius, an dessen Grab ich vor genau einem Jahr im Kloster Hornbach zu meiner Pilgerwanderung aufgebrochen bin! So klein ist die Welt!
Und drei Jahre später (764/765) schickte Chrodegang dann Mönche an den Rhein. In Lorsch gründete er ein neues Kloster und setzte seinen Bruder Gundeland als ersten Abt ein. Während das Kloster Lorsch heute als Weltkulturerbe hohe Bekanntheit genießt, gammelt das Kloster Gorze vor sich hin. Chrodegang stirbt 766 und wird in seinem Kloster in Gorze bestattet. Aber wo? Bereits 1609 wurden Klostergebäude und Klosterkirche abgerissen. Ich werde herausfinden, was aus dem

Grab von Chrodegang geworden ist, aber nicht mehr heute. In den zurückliegenden Wintermonaten habe ich mein Buch »Schritt für Schritt« geschrieben, außerdem aber auch gelesen, gestöbert und recherchiert. Schnell war mir klar, dass mein Weg nicht schnurstracks durch Lothringen führen würde, sondern dass ich den einen oder anderen Abstecher und Umweg einplanen will. Wie so vieles, ist auch hier ein Kompromiss erforderlich. Maß und Mitte finden, wie das benediktinische Motto sagt. Einerseits will ich auf den Spuren der Jakobspilger zum Grab des Apostels Jakobus, andererseits gibt es unterwegs so vieles zu entdecken. Mehr als in einem auch langen Menschenleben zu entdecken möglich ist.

Ein besonderes Kapitel in der Geschichte von Gorze hat Johannes von Vandières geschrieben. In den ersten Jahrzehnten des 10. Jahrhunderts hatte Gorze wie viele Klöster einen Niedergang erlebt. Etliche waren verweltlicht und zu Pfründen weltlicher Herrscher geworden. So war auch Gorze heruntergekommen und ohne Abt verwaist. Die Zeiten waren unruhig. Gerade die Klöster befanden sich in ständiger Gefahr. Zwar lagen die letzten Überfälle der Wikinger schon eine Generation zurück, aber sie konnten jederzeit wiederkommen. Die Wikinger hatten es jedenfalls auf den bescheidenen Wohlstand der Klöster abgesehen, die leichte Beute waren.

Über Rhein und Mosel drangen sie auf ihren Raubzügen bis in unsere Heimat vor. In der Karwoche 882 überfielen einige hundert Krieger in mindestens drei Langbooten die außerhalb der Stadtmauern Triers gelegenen Kirchen und Gehöfte und nahmen am Gründonnerstag, dem 5. April, die Stadt Trier selbst ein und brannten sie nieder. Regino von Prüm berichtet von zahlreichen Opfern unter der Bevölkerung. Der Erzbischof von Trier, Bertolf, war zu seinem Suffraganbischof Wala (auch Walo genannt) nach Metz geflüchtet. Ein Teil der Wikinger zog mit

der Beute wieder moselabwärts ab, ein anderer ruderte auf der Suche nach weiterer Beute moselaufwärts Richtung Metz.
Der Metzer Bischof Wala und der nach Metz geflüchtete Bischof Bertolf sowie Graf Adalhard von Metz stellten sich mit einem kleinen Aufgebot an Männern den Wikingern am 11. April 882 in der Mosel-aue zum Kampf. Bischof Wala wurde getötet. Bischof Bertolf konnte dem furchtbaren Gemetzel entfliehen. Obwohl die Wikinger siegreich geblieben waren, hatten sie die Schnauze voll. Der beherzte Widerstand trug dazu bei, dass sie abzogen. Die Schlacht bei Nennig und Remich markiert den südlichsten Punkt des Vordringens der Wikinger in den Rheinlanden und erwies sich somit trotz der militärischen Niederlage als erfolgreich geführter Widerstand.
Doch die Wikinger kamen wieder. Im Winter 887 / 888 bedrohten die Normannen erneut unseren Raum, nun jedoch von Westen her kommend. Mit ihren Schiffen waren sie die Seine und die Marne hinauf gefahren bis nach Meaux und hatten dort ihr Lager aufgeschlagen. Auf dem Landweg stießen sie am 17. und 18. Februar 888 bis nach Verdun vor, fuhren dann mit ihren Schiffen die Maas weiter hinauf und erreichten über St. Mihiel die Mosel bei Toul, südlich von Metz. Dort brachen sie die Plünderungen ab und zogen sich in ihr Lager im heutigen Holland zurück.
Schon vier Jahre später, im Februar 892, fielen erneut mordende und brandschatzende Wikinger in unsere Region ein. Diesmal kamen sie von Süden und fuhren moselabwärts Zunächst plünderten sie Trier, dann Koblenz. Bei Lannesdorf stellte sich den Wikingern ein Aufgebot der örtlichen Bevölkerung entgegen. Die Wikinger mieden diesen Kampf und zogen in die Eifel, wo sie die Abtei Prüm, wie schon zehn Jahre zuvor plünderten, brandschatzten und zahlreiche Menschen umbrachten. Die Abtei Prüm war zu dieser Zeit eine der größten und bedeutendsten

Abteien des Karolinger-Reiches. Karl der Große hatte ein Jahr vor seiner Kaiserkrönung in Rom hier die Kirche eingeweiht und sein Enkel Lothar I. lässt sich 855 hier bestatten.
Die Klöster, auch Gorze, lebten in Angst. Wer konnte wissen, ob und wann die brutalen Räuberbanden in ihren schnellen Booten wiederkamen?
Und noch eine andere Gefahr drohte dem Reich. Schon Ende des 9. Jahrhunderts fanden die ersten Raubzüge der magyarischen Reiter statt, die in den ersten Jahrzehnten des 10. Jahrhunderts zunahmen und sich immer weiter in das ostfränkische Reich hinein erstreckten. Wie die Wikinger mit ihren Schnellbooten einige Jahre zuvor, tauchten die ungarischen Reiterhorden wie aus dem Nichts auf, plünderten und mordeten und verschwanden wieder. Auch wenn Bayern, Sachsen und Schwaben am häufigsten und stärksten betroffen war, 937 zogen die Ungarn erstmals bis nach Frankreich, wo sie 954 wieder auftauchten.
Von Norden, die Wikinger, aus dem Osten die Ungarn und von Süden die Sarazenen. Die Sarazenen beherrschten das Mittelmeer, unter anderem waren die Mittelmeer-Inseln vollständig unter ihrer Herrschaft. In das Landesinnere drangen sie nur selten vor. Aber manchmal eben doch. Und so kam es, dass das Kloster Luxeuil, das Columban im Süden Lothringens gegründet hatte, innerhalb von vier Jahrzehnten dreimal geplündert und verwüstet wurde. Zwischen 886 und 924 gaben sich Wikinger, Araber und Ungarn sozusagen die Klinke in die Hand! Und das keine zweihundert Kilometer von Saarbrücken entfernt.
Aber nicht nur die Bedrohungen von außen machten den Klöstern zu schaffen. Karl der Große unterstützte und nutzte die Organisationsstärke der Kirche und ihrer Klöster. Die monarchische Macht der Karolinger hatte einen stark religiösen Einschlag. Aus der Seilschaft zogen beide Vorteile. Die Kirche hatte

das Monopol des Wissens und der Bildung. Die Klosterschulen und die Schulen der Bistümer waren, von ganz wenigen Ausnahmen abgesehen, die einzigen Bildungseinrichtungen jener Zeit. Und es waren fast ausschließlich Geistliche, die die Schrift beherrschten. Damit nahm die Kirche eine zentrale Rolle im karolingischen Reich ein. Schreiber und Leiter der Kanzleien konnten nur gebildete Männer sein, die schreiben konnten. Diese Voraussetzungen hatten nur Mönche. In den Klöstern war ein sozialer Aufstieg – ungeachtet der Herkunft eines Menschen – möglich, was der übrigen Bevölkerung in dieser Zeit weitgehend verwehrt war. Doch das Reich Karls des Großen war nicht von Dauer. Unter seinen Enkeln wurde es 843 in Verdun dreigeteilt – die Kernspaltung Europas! Das Reich zerfiel.

Im Jahr 909 findet in Troslé eine Synode statt. Dort sind die Zustände im Reich der Franken niedergeschrieben:

»Die Städte sind entvölkert, die Klöster zerstört und verbrannt, das Land ist zur Wüste geworden. So wie die ersten Menschen ohne Gesetz und Gottesfurcht lebten, nur den Leidenschaften hingegeben, so tut auch jetzt ein jeder, was ihm gutdünkt und verachtet göttliche und menschliche Gesetze und die Gebote der Kirche. Die Starken knechten die Schwachen. Die Welt ist gewalttätig gegen die Armen und plündert das Gut der Kirche. Die Menschen verschlingen einander wie die Fische im Meer.«

In dieser Situation befand sich auch Gorze, als eine kleine Gruppe von Männern nach einem Ort suchte, um gemeinsam ein klösterliches Leben zu führen. Und sie fanden ihn in Gorze.

Johannes von Vandières war von niederer Herkunft, sein Vater Bauer in Vandières, einem kleinen Moseldörfchen auf halbem Weg nach Pont-à-Mousson. Der Graf von Verdun, Ricuin, Stiefvater des Metzer Bischofs Adelbero, wird auf den jungen Mann und seine Begabungen aufmerksam und fördert ihn. Johannes erhält die Möglichkeit, in Saint Mihiel zu studieren.

Als sein Vater stirbt, muss er die Ausbildung abbrechen und zurück auf den heimatlichen Hof, wo er nun unabkömmlich ist. Doch er sucht als junger Mann den Weg zu einem spirituellen Leben. Eine Zeit lang schließt er sich dem Eremiten Humbert in den Ardennen an, steht in engem Kontakt mit Nonnen aus dem Kloster St.-Pierre-aux-Nonnains bei Metz und mit Einold, dem Archediakon von Toul, der ebenfalls allem Weltlichen entsagt hat. Humbert, Einold und Johannes und noch einige weitere Männer suchen nach einem Ort, um gemeinsam ein spirituelles Leben in mönchischer Gemeinschaft zu führen. Mehrere Klöster weisen sie ab und sie überlegen schon, nach Italien zu gehen, das Johannes von einer Romreise kennt, als ihnen der Metzer Bischof Adelbero das Kloster Gorze anbietet. Dort leben zwar noch etwa zwanzig Mönche, aber sie haben keinen Abt. Gemeinsam treten die Männer im Jahr 933 ein. Einold wird zum Abt gewählt und Johannes ist der Mann fürs Praktische. Als einfacher Mönch kümmert er sich zunächst um die Landwirtschaft, die unter seiner Verantwortung aufblüht. Dreißig Jahre lang übernimmt Johannes einen Posten nach dem anderen. Er ist zuständig für die Pforte, für die Versorgung von Gästen und Kranken, für den Keller und vieles mehr. Gleich, was man ihm aufträgt, er verrichtet den Dienst ohne Murren.
Es ist bemerkenswert, dass ein Mann niederer Herkunft zum Abt aufsteigt (967), quasi ein mittelalterliches Beispiel für soziale Mobilität. Zuvor erfüllt er jedoch noch Otto I. um 950 – das genaue Jahr bleibt im Dunkel der Geschichte – einen Spezialauftrag. Damals ist dieser König des ostfränkischen Reiches und Herzog von Sachsen. Im selben Jahr hält er sich in der Gegend des heutigen Sankt Wendel, das damals noch Basonvillare hieß, auf und trifft auf einer Burg den westfränkischen König Ludwig IV. Fünf Jahre später sollte er die Ungarn auf dem Lechfeld bei Augsburg (955) vernichtend und endgültig schlagen und noch

später (962) zum Kaiser des Heiligen Römischen Reiches Deutscher Nation aufsteigen. Aber zur Mitte des Jahrhunderts sucht er einen Verhandlungsführer, der sich auf eine diplomatische Reise zum Kalifen von Cordoba, Abd ar-Rahman III., begibt. Die Geistlichen am Hofe Ottos I. drücken sich vor dieser Aufgabe. Sie haben die nicht unberechtigte Sorge, dass es sich um ein Himmelfahrtskommando handelt und verspüren wenig Lust, eine Karriere als Märtyrer zu machen. Otto überträgt daher dem Bischof von Metz, Adelbero, diese Aufgabe, der sie wiederum an einen Mönch in Gorze weitergibt. Als auch dieser in den Sack haut, übernimmt Johannes den heiklen Job und begibt sich auf die gefährliche Reise.

Über Langres und Dijon – also auf der römischen Via Agrippiensis – geht es Richtung Süden. Zweck der Mission ist gemeinsam mit dem Kalifen die Angriffe von Seeräubern aus dem Piratennest Fraxinet in der Nähe von Marseille auf Pilger zu unterbinden. Mit seiner kleinen Reisegesellschaft erreicht Johannes Córdoba im Jahr 953 oder 954. Dort wird er von Hasdai ibn Shaprut empfangen. Hasdai ist ein hochgebildeter Jude, den der Kalif beauftragt hat, die Verhandlungen vorzubereiten. Der Kalif befürchtet, das Schreiben von Otto I. könnte abwertende Bemerkungen über den Islam enthalten. Hasdai hilft Johannes bei der Überarbeitung des Briefes und später berichtet Johannes, dass ihm »niemals ein Mensch mit einem solchen Verstand wie beim Juden Hasdai begegnet sei.

Johannes trifft sich mit dem Bischof von Elvira, Recemundus, der mit den islamischen Lehren vertraut war und den Johannes vermutlich bereits kannte. Denn einige Jahre zuvor war dieser als Chef der arabischen Gesandtschaft in der Gegend gewesen und hatte auch Gorze besucht.

Der interreligiöse Dialog im 11. Jahrhundert beeindruckt mich: Der muslimische Kalif entsendet einen Christen als Delega-

tionsleiter zu Otto und beauftragt einen jüdischen Gelehrten, die christliche Gesandtschaft zu empfangen und zu beraten! So dunkel kann das Mittelalter nicht gewesen sein! Johannes trifft mehrfach den Kalifen und überbringt Schreiben und Geschenke. Auf seiner Rückreise bringt er viele Schriften aus Andalusien nach Gorze mit, die das Herzogtum Lothringen zu einem Zentrum für die Ausbreitung der islamischen Philosophie und Wissenschaft machen sollen. Wo diese Schriften wohl geblieben sind? Von Johannes ist bekannt, dass er ein Faible für Bücher hatte, ein fotografisches Gedächtnis besaß und die Bibliothek von Gorze kräftig ausbaute.
Und woher wissen wir das alles? Nun, ein Reisebegleiter von Johannes, der ebenfalls Johannes hieß und natürlich auch benediktinischer Mönch war, später dann Abt von Sankt Arnulf vor den Toren von Metz, hat das Leben von Johannes fein säuberlich aufgeschrieben und dokumentiert. Die »Hystoria de vita domni Iohannis Gorzie coenobii abbatis« blieb erhalten und ist ein bedeutendes Zeugnis für die geistige Kultur des 10. Jahrhunderts. 2016 erschien eine neue Übersetzung und Bearbeitung dieses ganz ungewöhnlichen literarischen Werkes. Die zahlreichen und umfangreichen Fußnoten und Zitate des lateinischen Originaltextes machen das Buch schwer lesbar. Aber der Winter ist lang und ich kämpfe mich durch das dicke Werk.
Einige Jahre später hat Otto erneut einen Spezialauftrag, der jedoch weniger heikel ist. Er beauftragt seinen Bruder Bruno, zum Kaiser von Byzanz zu reisen. Dort soll er für Ottos Sohn die Nichte des Kaisers, Theophanu, als Braut werben. Bruno gilt als einer der gebildetsten Männer seiner Zeit. Er leitete die Reichskanzlei und war nach kurzer Zeit als Abt von Lorch 953 zum Bischof von Köln aufgestiegen. Im selben Jahr belieh ihn Otto I. mit dem Herzogtum Lothringen. Als Herzog von Lothringen und Bischof von Köln wurde Bruno damit zum zweitmächtigs-

Die ehemalige Laienkirche des Klosters stammt aus dem 12. Jahrhundert.

ten Mann im Reich hinter seinem Bruder, gegenüber dem er stets loyal war.

So spannend dieser Ort und seine Geschichte auch sind, meine Kräfte sind für heute erschöpft. Nun gilt es, meine Unterkunft zu finden, die ich gebucht habe. Nachdem ich erst mal vergeblich um den Häuserblock herumgelaufen bin, helfen mir die beiden Mädels und ich finde meine Unterkunft gegenüber dem Bischofspalais. So luxuriös und modern meine letzte auch war, so bescheiden ist sie heute. Aber ich habe ein Dach über dem Kopf, ein sauberes Bett und eine Dusche mit heißem Wasser.

Was will ich mehr? Und meine Vermieterin ist nett und hilfsbereit. Sie wohnt im ersten Stock und bietet mir an, mich zum einzigen Restaurant am Ortsrand von Gorze zu fahren. Das Angebot nehme ich gerne an. In einer herunter gekommenen Pizzeria bin ich der einzige Gast und esse eine wenig überzeugende Pizza. Lothringischen Wein suche ich auf der Karte vergeblich. Bis zu meiner Unterkunft muss ich nun wieder einen Kilometer durch leichten Regen zurück. Zum Duschen bin ich eigentlich zu müde. Trotzdem muss es jetzt sein, alleine schon, damit ich mir keine Erkältung einhandele. Bereits auf dem Weg von der Dusche Richtung Bett schlafe ich ein.

Als ich wach werde, gilt mein erster Blick dem Wetter! Es regnet. So drehe ich mich noch mal auf die andere Seite und schlafe weiter. Aber irgendwann bin ich maximal ausgeschlafen. Gestern habe ich Hinweisschilder auf ein Museum und eine Touristeninformation gesehen und auch die Kirche will ich mir anschauen. Genug Programm für einen verregneten Vormittag! Frühstück gibt es keines, meine Vermieterin ist bereits zur Arbeit und den Schlüssel werfe ich wie vereinbart in den Briefkasten. Der Kirchenvorplatz ist vollständig asphaltiert. Der nasse Asphalt passt gut zu dem grauen Wetter. Irgendwie deprimierend. Eigentlich mag ich romanische Kirchen und ihre schlichte Massivität, die Festigkeit und Ruhe ausstrahlt. Doch heute morgen verstärkt die Schwere der Romanik die triste Gesamtstimmung. Das Haupt- und das Seitenportal sind verschlossen, doch weist ein Hinweisschild auf einen Zugang durch einen Nebeneingang im Vierungsturm hin. Die Dachrinne ist durchlöchert oder verstopft oder beides. Jedenfalls platscht der Regen auf den Weg und ich schlängele mich zwischen den herabfallenden Wassermassen hindurch.

Die Tür im Vierungsturm ist offen und ich betrete die Kirche. Die frühgotischen Stilelemente haben bereits in diese Kirche aus

dem frühen 13. Jahrhundert Einzug gehalten. Aber auch hier im Inneren der Kirche setzt sich der Eindruck der Verwahrlosung leider fort. Ich zünde eine Kerze an, singe meinen Psalm und bete ein Vaterunser. Ich kann es nicht ändern und will mich von der Tristesse nicht anstecken lasse. Ich verlasse die Kirche und suche den Weg durch den Wasserfall, der noch immer aus der löchrigen Wasserrinne auf das Pflaster platscht.
Die nächste Enttäuschung folgt auf dem Fuße: Museum und Touristeninformation sind seit einem Jahr geschlossen, lese ich auf einem Aushang. Passt irgendwie! Ich verlasse das Dorf durch die verregnete und graue Hauptstraße. Hier gab es mal ein Hotel und ein gutes Restaurant »Au Lion d' Or«. Mathias Marx, früher Pastor in Eppelborn, hatte mir davon erzählt. Seit Jahren ist es ebenfalls verwaist. Ein Schild im Fenster bietet es zum Kauf an. Auf der gegenüberliegenden Straßenseite gibt es noch Leben. In einem winzigen Lädchen steht ein Mann hinter der Theke und schaut ebenso verwundert ob der Kundschaft,

als ich mit großen Augen das Geschäft abscanne. Dass es so etwas noch gibt, denke ich mit einer Mischung aus Nostalgie und Denkmalschutz. Eine Kreuzung aus Bureau de tabac und Epicerie. Kinderspielzeug, Comic-Hefte, Elektrowaren, Klamotten, Seife und Shampoos und alles auf nicht einmal zehn Quadratmetern. Und es gibt frische Croissants und Pain au chocolat. Ich kaufe gleich den ganzen Vorrat, immerhin noch zwei, dazu noch einen Schokoriegel.

Wie lange es dieses Geschäft wohl noch geben wird? Zu gerne würde ich von dem Lädchen ein Foto machen. Nein, besser nicht! Ich lasse es bleiben. Der Händler soll sich nicht fühlen wie im Zoo. Stattdessen plaudere ich kurz mit ihm, Pilger-Small-Talk. Nein, Kaffee hat er keinen, aber ich erfahre, dass es am Ende der Straße ein neues Café gibt. Schon gestern hatte ich ein Hinweisschild gesehen. Also weiter! Aber auch dort stehe ich vor verschlossenen Türen. »Bin mal kurz weg.«, lese ich auf einem Zettel und erfahre, dass die Inhaberin gerade Brot und Backwaren ausfährt, aber in zehn Minuten zurück sein will. Also warte ich. Und in der Tat: schon nach wenigen Minuten fährt sie schwungvoll mit einem uralten Kastenwagen vor. Sie schließt ein schweres schmiedeeisernes Türgitter auf und in einem foyerartigen Eingangsgewölbe stehen einfache Loungemöbel. Bei gutem Wetter kann ich mir die Situation sogar ganz gemütlich vorstellen, doch heute ist es zu kühl und zu grau. Die junge Frau – ich schätze sie auf Anfang 30 – serviert den Kaffee in Einwegbechern und auch der Kuchen kommt auf einem Plastikteller in schreiendem Lila! Wenigstens ein kleiner Farbtupfer in diesem tristen, grauen Ort. Egal, ich will für Umsatz sorgen und trinke noch einen zweiten Kaffee. Inzwischen ist der Regen schwächer geworden und ich mache mich auf den Weg.

Die Farbe Lothringens ist grau! Keine angestrichenen Häuser. Geranien an den Fenstern sind selten. Selbst die Kirchen sind häufig unverputzt und weisen nur wenig farbigen Schmuck auf. Grauer Stein, vergrautes Holz. Lothrigens Schönheiten verbergen sich, sie fallen nicht ins Auge. Sie zu entdecken erfordert genaues Hinsehen. Fühlendes Schauen – wie Peter Lupp es nennen würde. Und doch ist die herbe Landschaft voller Reize. Die Farbe Lothringens ist grau. Erst recht an einem Regentag!

Kaum als ich den Ort verlassen habe, hält ein Auto an. Ein 2 CV. Hinter dem Lenkrad ein älterer Herr. Ob ich mitfahren will? Nein, eigentlich will ich pilgern, das heißt zu Fuß gehen. Aber es ist schon mehrere Jahrzehnte her, dass ich zum letzten Mal mit einem 2 CV gefahren bin. Und außerdem regnet es. Ich steige ein. Ich habe keine Ahnung von Autos, aber einen 2 CV erkenne selbst ich. Als ich mich begeistert und anerkennend über den Oldtimer äußere, erzählt mir der Fahrer, dieses sei ein ganz besonderes Modell. Das Auto verfüge über zwei Motoren und sei eine sogenannte »Sahara-Ente« aus den Sechzigerjahren. Der Bimotor-2-CV hatte zwei Motoren, zwei Getriebe, zwei Tanks und zwei Zündschlüssel und natürlich auch deutlich mehr PS und Vierradantrieb. Das Auto sei gebaut worden, um in den französischen Afrika-Kolonien die Expeditionsteams zu unterstützen, die nach Rohstoffen und Erdöl suchten. »Ich sammele 2 CVs, aber das ist mein bestes Stück.«, erzählt er mir stolz und bringt mich bis nach Arry, wo er mich auf dem Parkplatz vor der Kirche absetzt.

Ich bin froh, einigermaßen trocken mein Tagesziel erreicht zu haben. Diese Etappe, so nehme ich mir vor, werde ich zu einem späteren Zeitpunkt wiederholen. Es kommt nicht in die Tüte, nur wegen Regens anstatt zu Fuß mit dem Auto zu pilgern – selbst wenn das Auto eine Sahara-Ente ist.

Und so dauert es bis zum Oktober 2019, bis ich in Begleitung von Hanspeter Georgi von Gorze zur Mosel pilgere. Wir ha-

Dr. Hanspeter Georgi.

ben den letzten sonnigen Spätsommertag erwischt und verbringen einen schönen Pilgertag mit tiefgehenden und guten Gesprächen. Hanspeter war acht Jahre lang Wirtschaftsminister im Kabinett von Peter Müller und damit mein Kollege. Während in vielen Regierungen die Umweltminister die natürlichen Fressfeinde der Wirtschaftsminister waren, verhielt es sich zwischen uns anders. Stets respektvoll und mit Verständnis für die Aufgabe des jeweils anderen pflegten wir all die Jahre ein vertrauensvolles und freundschaftliches Verhältnis und hatten ein gemeinsames Ziel: dem Saarland zu dienen.

Hanspeter kannte Gorze bislang nicht und wir starten in der Kirche mit ausführlichen Erzählungen über Chrodegang und Johannes. Durch die bunten Herbstwälder geht es Richtung Mosel. »Stefan, wie kommen wir heute Abend wieder zurück?«, will Hanspeter wissen. »Ich weiß es nicht.«, antworte ich. »Vielleicht finden wir einen Bus oder wir trampen. Notfalls können wir uns immer noch ein Taxi rufen.« Als wir die Mosel erreicht haben, entscheiden wir uns zu trampen. Nach kurzer Zeit hält bereits das erste Auto, doch fährt es nicht nach Gorze. Hanspeter ist zum letzten Mal vor mehr als einem halben Jahrhundert getrampt. Als wir zusammen an der Straße stehen, der ehemalige Umwelt- und der ehemalige Wirtschaftsminister, beide mit dem Daumen im Wind, muss ich schmunzeln. Selbst beim Trampen strahlt Georgi noch Würde und Seriosität aus. Vor meinem geistigen Auge stelle ich mir vor, dass der frühere Chef der Staatskanzlei, Karl Rauber, zufällig vorbeifahren würde und seine ehemaligen Kabinettskollegen am Straßenrand stehen sieht. Ob er wohl anhalten würde? Und wen von uns beiden würde er wohl mitnehmen?

Noch bevor ich Hanspeter an diesen Überlegungen teilhaben lassen kann, hält ein weiteres Fahrzeug. Ein junger Mann nimmt uns in seinem Kleinwagen mit. Eigentlich wollte er nach

Metz, doch nimmt er gerne einen Umweg von immerhin 16 Kilometern und setzt uns in Gorze ab. Hanspeter ist beeindruckt. »Solche Erfahrungen mache ich entlang des Jakobsweges ständig«, erzähle ich. »Die Menschen sind unglaublich hilfsbereit. Man muss nur bereit sein, um Hilfe zu bitten. Leider haben das viele in unserer Gesellschaft verlernt.«

Doch wieder zurück ins Jahr 2017! Arry besitzt eine romanische Wehrkirche. Das ist auf den ersten Blick zu sehen. Sie ist starr befestigt und besitzt einen viereckigen Turm, der so gar nichts mit einem Kirchturm zu tun hat. Statt Glocken hat er Zinnen, außerdem zwei Kamine. Im Kriegs- und Belagerungsfalle konnte sich die Bevölkerung in den Turm zurückziehen. Die Kirche ist offen, über der Eingangstür thront in einer Nische der heilige Arnould, um den sich spannende Legenden ranken. Eine davon erzählt, als Arnould zum Bischof von Metz gewählt worden war, wäre er lieber Einsiedler in den Vogesen geblieben und habe selbstkritisch an seiner Befähigung für das Bischofsamt gezweifelt. Seinen Ring habe er in die Mosel geworfen und als ihm einige Jahre später ein Moselfisch aufgetischt worden sei, habe dieser den Ring im Bauch gehabt. Fortan habe er sich der Berufung gestellt. Friedrich Schiller hätte daraus eine Ballade geschrieben, die Lothringer waren praktischer. Sie nahmen die Legende kurzerhand in das Dorfwappen von Arry auf, das einen Fisch mit einem Ring im Maul zeigt.

Eine weitere Legende erzählt von einer wunderbaren Biervermehrung. Nach seinem Tod wurde Arnould im Kloster Remiremont bestattet, wohin er sich bereits 629 zurückgezogen hatte und Kranke pflegte. Sein Nachfolger im Bischofsamt, Goericus, ließ die Gebeine von Arnould aus dem Kloster Remiremont zurück nach Metz holen. Dabei passierte ein schier unglaubliches Wunder. Als nämlich die feierliche Prozession am 18. Juli durch die Straßen zog, musste sie im Dörfchen Champigneulles stoppen, da die Hitze und die Last der Gebeine nicht mehr erträglich waren. Als die Menschen in den einzigen Gasthof kamen, gab es dort nur noch einen einzigen Humpen Bier für alle. Und das Wunder geschah: 5.000 Männer tranken und niemals wurde dieser Humpen Bier trocken. Ungeklärt, wo der Humpen verblieben ist. Ungeklärt ist auch, ob für den Gerstensaft die Biersteuer (Landessteuer!) entrichtet wurde. Kein Wunder, dass Arnould als Volksheiliger verehrt wurde und bis heute der Schutzheilige der Bierbrauer ist. Ich werde Bianca davon erzählen. Vor zehn Jahren habe ich sie als erste und ultimative saarländische Bierkönigin gekrönt und sie ist immer noch im Amt. Häufig haben die Heiligen-Legenden und Wundergeschichten einen durchaus historisch wahren Kern. Hatten die Römer durch ihren fortschrittlichen Wasserbau noch für hygienische Verhältnisse in Metz gesorgt, so war im 7. Jahrhundert die öffentliche Infrastruktur zur Wasserversorgung zusammengebrochen und die Bewohner von Metz litten unter den Folgen verschmutzten Wassers. Arnulf erkannte, dass abgekochtes Wasser, wie es beim Brauvorgang verwendet wird, dieses Risiko verringert und Bier gesünder war als Wasser.

So erzählt eine weitere Legende, Arnould habe ein Kruzifix in einen Bierkessel geworfen und denselben gesegnet. Die Menschen tranken Bier nur noch aus diesem gesegneten Kessel und die Krankheitswelle ging zurück. Der Ausspruch beim Verteilen des so gesegneten Bieres soll gewesen sein: »Durch des Menschen Arbeit und die Liebe Gottes erblickt Bier das Angesicht der Welt.« Abgesehen von den Legenden war Arnould eine durchaus bedeutende Persönlichkeit des frühen 7. Jahrhunderts am Hofe des Merowingerkönigs Chlothar. Und auch an der Saar hielt er sich gelegentlich auf – der Saarbrücker Stadtteil Sankt Arnual trägt vermutlich seinen Namen.

Die Kirchentür ist nicht verschlossen und ich trete in das roma-

nisch-dunkle Kirchenschiff ein. Ein düsteres Kircheninneres an einem regnerischen Tag, doch lasse ich mir meine Stimmung nicht vermiesen. Ich bin froh, wieder unterwegs zu sein, und genieße das Pilgern in vollen Zügen. Für den Abend habe ich eine Übernachtung und ein Abendessen hier im Dorf vorgebucht. Morgen werden Paul und Sibylle aus Beckingen mich begleiten. Es ist wichtig für mich, ganz alleine reisen und pilgern zu können, mich auf Ungeplantes und Überraschendes einzulassen, sozusagen die Freiheit und Selbstständigkeit, die verloren schien, zurückzuerobern – Schritt für Schritt! Aber es verschafft ein gutes Gefühl, wenn ich weiß, dass ich abends ein Kissen habe, auf das ich mein noch so gar nicht ergrautes Haupt betten kann oder – wie morgen – von Freunden begleitet werde. Zwischen wildem Vagabundieren einer- und behütetem Reisen andererseits das richtige Maß finden! Wieder bin ich bei dem benediktinischen Prinzip von Maß und Mitte.
Vorne im Altarraum steht eine mannsgroße Statue des Heiligen Arnould im Bischofsornat und ich singe meinen Pfingstpsalm. Auch wenn es noch ein paar Wochen bis Pfingsten sind, mein Psalm-Repertoire gibt nicht mehr her. Zwar treffe ich die richtigen Töne, wenn überhaupt, eher zufällig, aber meine Stimme ist kräftiger und lauter geworden. Ich »piepse« nicht mehr!
In einer Kirchenbank nehme ich Platz und schaue mich um. Als ich nach oben blicke, bin ich perplex. So etwas habe ich noch nie gesehen: Die Kirchendecke ist ausgemalt, aber nicht mit barocker Lüftlmalerei, sondern mit, ja wenn ich das wüsste. Die Farben sind verblasst, aber deutlich kann ich Mischwesen erkennen. Mehrere Pferde in Originalgröße mit Flügeln und Heiligenschein. Eine große Taube – oder ist es ein Adler? – ebenfalls mit Heiligenschein. Ich habe keinen blassen Schimmer, um was es sich da handelt. Alles deutet darauf hin, dass die Bemalung bereits im Mittelalter erfolgte.

Rätselhafte Deckenmalereien in der Dorfkirche von Arry.

Mischwesen gibt es in nahezu allen Kulturen. Die alten Ägypter hatten unter anderem Anubis, eine Mischung aus Schakal und Mensch, Horus, ein Mischwesen aus Falke und Mensch. Auch das Mischwesen mit dem größten Bekanntheitsgrad ist altägyptisch: die Sphinx. Ein Löwe mit menschlichem Antlitz. Im alten Griechenland gab es die Zentauren, halb Pferd, halb Mensch. In der Kunst der Spätantike kommen diese antike Mischwesen nicht mehr vor. Erst in der Romanik tauchen sie wieder auf und symbolisieren das heidnisch Wilde, Ungezähmte und Sündige. Seit der Gotik verschwinden Kreaturen wieder für Jahrhunderte aus dem Repertoire der Künstler. Ich fühle mich erinnert an meine Reisen durch Indien. Dort bin ich vielen Mischwesen begegnet. Hanuman, der affengesichtige Gott oder Ganesha, halb Elefant, halb Mensch. Aber im Christentum?
Die zweite Strophe des Kirchenliedes »Großer Gott wir loben dich!« kommt mir in den Sinn. Dort ist von »Cherubim und Seraphime« die Rede. Cherubime sind geflügelte Löwen mit menschlichen Köpfen, die kultische Schutzfunktion besitzen oder als Thron Gottes dienen. Die Bundeslade des Alten Testaments wurde von zwei Cherubimen bewacht. Und Seraphime sind Engel. Aber geflügelte Pferde?
Pegasus ist ein geflügeltes Pferd der klassischen griechischen Mythologie. Im Wappen des Templerordens ist ein geflügeltes Pferd als Zeichen der Armut abgebildet. Aber hier in der romanischen Kirche in einem kleinen lothringischen Nest? Noch dazu mit Heiligenschein? Fragen über Fragen! Und wieder wird mir klar, dass ich all das entdecken darf. Vor gerade mal einer Stunde saß ich noch in einer Sahara-Ente und jetzt fliegen über mir Pferde! Das Leben ist ebenso verrückt wie schön!
Ich mache mich auf den Weg, um meine Unterkunft zu suchen, die ich von zu Hause aus vorgebucht habe, und finde sie in direkter Nachbarschaft zur Kirche an der Hauptstraße. Ein Haus

Außer Betrieb: Wolfsangeln am Gartenschuppen.

mit vielen Blumen, das einen einladenden Eindruck macht. Ich klingele, aber niemand macht auf. Gerade verlässt ein Mann das Nachbarhaus. Ich spreche ihn an. Nein, er wisse nicht, wo meine Vermieter seien, vielleicht beim Einkauf. Also heißt es warten. Ich wechsele die Straßenseite und gehe durch das Dorf. Arry war im Zweiten Weltkrieg stark umkämpft und wurde 1944 fast völlig zerstört. Nur die Kirche blieb erhalten. Dementsprechend

sind alle Gebäude an der Hauptstraße erst nach dem Krieg wieder aufgebaut worden. Das Dörfchen ist menschenleer, knapp fünfhundert Bewohner weist die Statistik aus. Keine Geschäfte, keine Kneipe. Es gab mal ein Restaurant, das hat aber seit Jahren geschlossen, nur die Hinweisschilder sind noch vorhanden.
Ich gehe wieder zurück in die Kirche. Vielleicht sollte ich mal anrufen. Es könnte ja sein, dass die Vermieter an anderer Stelle im Dorf wohnen. Die Telefonnummer finde ich im Internet. Allein, die zwölfstellige Nummer kann ich mir nicht merken. Nur die Quersumme. Aber das hilft auch nicht. Zum Schreiben habe ich nichts dabei, weder Stift noch Papier. Also kratze ich mit meinem Pilgerstock die Telefonnummer in den Kalkschotterweg. Das Telefon klingelt, aber niemand hebt ab. Ich warte weiter. Da es angefangen hat zu nieseln, gehe ich ein weiteres Mal in die Kirche. Das dritte Mal für heute. Rechne ich die Kirche heute Morgen in Gorze mit ein, sogar schon das vierte Mal! Nach einer weiteren Stunde geduldigen Wartens und vergeblichen Telefonierens starte ich einen neuen Versuch und klingele an der Tür meiner Pension. Zu meiner Überraschung öffnet ein junger Mann. Nein, er sei nicht der Vermieter, erklärt er mir, sondern auch nur Gast und schon seit einigen Tagen hier einquartiert. Er bittet mich ins Haus und bietet mir einen Platz in einem weichen Sessel inmitten von Büchern an. Genau das ist mein Biotop! Die Vermieter seien bald zurück, um halb sieben gäbe es ja ohnehin Abendessen. Und in der Tat, es dauert gerade noch eine Viertelstunde, bis Angèline und ihr Mann zurück sind und mich herzlich willkommen heißen.
Mein Zimmer ist hell und gemütlich. Bis zum Abendessen sind es noch zwei Stunden und ich probiere die bequeme Matratze aus, bis mich der Wecker aus dem Schlaf reißt. Vor dem Abendessen besichtige ich den großen Garten des Anwesens, eine Mischung aus bäuerlichem Nutzgarten und Stauden. Am

Gartenschuppen hängen zwischen Spaten und Harke auch mehrere Schlagfallen, sogenannte Wolfsangeln! Wieder zurück im Haus, spreche ich den Hausherrn darauf an. Nein, die seien nicht für Wölfe gedacht, allerhöchstens für zweibeinige. Er freue sich, dass der Wolf wieder nach Lothringen zurückgekehrt sei. Seit 2011 würden wieder regelmäßig Wölfe hier gesichtet und natürlich gäbe es eine heftige Diskussion um eine Bejagung. Aber auch um die Frage, wie viele Wölfe es denn überhaupt gäbe. Wie viele Wölfe leben zurzeit in den Vogesen? Um das zu klären, haben die französischen Förster eine Bestandserfassung der besonderen Art durchgeführt: An vier Abenden nutzten die Forstmitarbeiter weiß-orangefarbene Leitkegel, die bei Baustellen als Markierung eingesetzt werden, als Megafon und ahmten das Wolfsgeheul nach. So erhofften sie sich eine »Antwort« der Tiere, die sich in einem Umkreis von bis zu drei Kilometern befanden. Immerhin konnte man durch diese Methode bereits 2013 die Anwesenheit eines Rudels feststellen. Warum Markierungskegel zum Einsatz kamen und die französischen Förster selbst heulen mussten und man nicht einfach Wolfsgeheul aus dem Internet mit einem Lautsprecher in die Wälder schickte, kann mir auch mein Vermieter nicht erklären.

Schade, dass das noch kein Thema war, als ich noch Forstminister war! In Gedanken formuliere ich einen Beschlussantrag für die Agrarministerkonferenz, den ich pünktlich zum ersten April eingebracht hätte. Eine Bund-Länder-Arbeitsgruppe hätte die Aufgabe erhalten, die Methodik des Wolfsheulens bundeseinheitlich zu standardisieren. Insbesondere wäre die Frage zu klären gewesen, ob nur der Höhere Dienst die Befähigung des Heulens besitze. Bis zur abschließenden Klärung dieser Fragen hätte sich die Wolfspopulation ohne Frage vervielfacht …

Ich werde zum Abendessen gebeten. Im Esszimmer steht ein großer Tisch, an dem bereits zwei weitere Gäste Platz genommen haben. Neben dem jungen Mann, der mir die Tür öffnete, sitzt eine Dame, die in Paris eine vegetarische Restaurantkette betreibt. Trotzdem hegt auch sie Sympathie für die Wölfe. Gesprächsthema des Abends sind jedoch nicht die lothringischen Wölfe, sondern die französischen Präsidentschaftswahlen. Die Wahl von Emanuel Macron liegt schließlich erst wenige Tage zurück. In der Stichwahl hat sich der junge Hoffnungsträger gegen die nationalpopulistische Marie Le Pen durchgesetzt. Am Tisch sind wir uns schnell einig, dass die erfahrene Merkel und der ungestüme Macron ein Team sein könnten, das Europa nach vorne bringt. On verra …

Angéline bringt uns leckeren Salat aus dem Hausgarten, dazu Quiche Lorraine mit dickem lothringischem Speck. Die Restaurantbesitzerin ist offensichtlich froh, dass sie mal nicht vegetarisch essen muss. Ich fühle mich pudelwohl in dieser Runde. Trotzdem ziehe ich mich früh in mein Gemach zurück. In der Nacht träume ich von fliegenden Pferden und Wölfen. Als ich zum Frühstück komme, sind die anderen Gäste bereits abgereist. Nur der Hausherr leistet mir Gesellschaft und bringt mir hausgemachten Joghurt mit frischen Erdbeeren. Leben wie Gott in Frankreich! Eine Redewendung, die man dort allerdings nicht kennt! Der Hausherr erzählt mir, dass sein Dorf im letzten Kriegsjahr fast vollständig zerstört worden sei. In den Fünfzigerjahren sei dann der letzte Gebäuderest des Schlosses von Arry auch abgebrochen worden. Die Steinhaufen seien noch zu sehen und heute in einen Garten integriert.

Pünktlich um zehn Uhr treffen Paul und Sibylle ein. Sie haben ihr Auto vor der Kirche geparkt. Bevor wir starten zeige ich ihnen noch meine rätselhaften Entdeckungen im Innern der Kirche. Wir setzen uns für einige Minuten in die Kirchenbank und ich stimme meinen Pfingstpsalm an. Paul war viele Jahre einer meiner Kollegen im Umweltministerium und weiß, wie gerne ich singe. Als langjähriger Chorleiter weiß er auch, dass ich die richtigen Töne eher selten treffe. Damals hatten wir im Ministerium zwei Chöre. Während der eine Chor den wirklich guten Sängern vorbehalten war, wurde ich dem zweiten zugeteilt. Wenn wir bei Ruhestandsversetzungen den »Bajazzo« anstimmten und die Zeile »Warum bist du gekommen, wenn du schon wieder gehst?« erklang, unterdrückten regelmäßig auch altgediente Beamte Tränen der Rührung!

Höhepunkt meiner »Karriere als Sänger« war jedoch unser gemeinsamer Auftritt im Fasching 2008. Es war schon eine mehrjährige Tradition, dass wir im Umweltministerium zum Weiberfasching eine Sause veranstalteten. Und in jenem Jahr hatte Paul mit Kollegen aus seiner Abteilung das Lied »Ich hab' ne Zwiebel auf dem Kopf …«, einstudiert. Ich durfte als »Leadsänger« im gut gefüllten und faschingsmäßig geschmückten Sitzungssaal auftreten. Passend dazu trug ich – natürlich – eine große Speisezwiebel auf dem Kopf. Um sie zu fixieren, war sie durchbohrt und wurde von einem Gummiband eher schlecht als recht gehalten. Während des Auftritts, der mit einem großen Hallo von der Belegschaft begrüßt wurde, trat dann der Saft aus der durchbohrten Zwiebel aus und lief mir in die Augen. Die Reaktion konnte nicht ausbleiben und tränenüberströmt sang ich die drei Strophen. Abbrechen kam nicht in Frage, da der Saarländische Rundfunk den Auftritt live im Aktuellen Bericht sendete. Aber Karneval ist ja auch nicht zum Spaß da, wie AKK 2019 erfahren musste.

An diesem Samstagmorgen schläft das Dorf noch. Nicht einmal Rasenmäher sind zu hören. Am Ortsrand steigt der Weg an und ein Hinweisschild informiert uns, dass er durch ein Naturschutzgebiet mit Kalkmagerrasen führt. Ich zeige Paul und Sibylle einige typische Vertreter der Kalkflora. Salbei, Esparsette und Klappertopf blühen prächtig, doch haben wir keine

Sibylle und Paul Maurer.

Zeit, um lange zu botanisieren. Wir verlassen den Teerweg und der markierte Weg führt uns in einen aufgelassenen Steinbruch. Wiederum bleiben wir stehen. »An was erinnern euch diese Steine?«, frage ich die beiden mit Blick auf die felsige Wand. »An den Wolferskopf,« antwortet Paul, »das ist Kalk«. »Genau wie eure Heimatgemeinde Beckingen gehört auch diese Ecke zum sogenannten Pariser Becken. Das ganze Erdmittelalter hindurch haben sich hier Meeressedimente abgelagert.«, erläutere ich den beiden. »Als euer Muschelkalk abgelagert wurde, war das Meer jedoch noch deutlich größer. Und diese Kalke wurden im unteren Jura abgelagert. Das war schlappe 40 Millionen Jahre später, da lag Beckingen schon lange auf dem Trockenen.« Frau Maurer sammelt einen kleinen Kalkstein auf. Sie weiß, dass ich von jeder Etappe einen Stein mit nach Hause nehme. »Schauen Sie mal, da ist eine versteinerte Schnecke!« Frau Maurer gibt mir den Stein weiter. »Nein, das ist keine Schnecke, sondern ein Ammonit, der zu den Kopffüßlern gehört. Die sind mit den Tintenfischen verwandt.« Jetzt bin ich in meinem Element und fahre fort. »Diese Ammoniten bevölkerten in großer Zahl und vielen Arten die Meere für einen sehr langen Zeitraum. Die gab es sowohl im Muschelkalk als auch im Jura. Und auch noch später in der »Kreide«. Erst im Zuge des großen Massenaussterbens nach dem folgenschweren Meteoriteneinschlag vor 65,5 Millionen Jahren sind sie ausgestorben. Von den vielen Arten blieben nur sechs in zwei Gattungen übrig. Damals sind auch die Saurier verschwunden.« Paul und Sibylle hören interessiert zu. Aber es ist besser, wenn wir weitergehen. Schließlich haben wir noch ein gutes Stück Weg vor uns. »Ich werde den Stein für Sie tragen.«, schlägt Sibylle vor und schon verschwindet der Ammonit in ihrem Rucksack.

Das Gehen fällt mir heute leicht. Langsam und kontinuierlich kommen wir voran. Paul war nach der Regierungsumbildung

Die Grenze zum Département Meurthe et Moselle ist erreicht.

aus dem nun von grünen Ideologen geführten Umweltministerium in das Sozialministerium gewechselt und leitet hier die Zentralabteilung A, Haushalt und Personal. Auch seine Frau ist im Sozialministerium tätig. Und natürlich hält er noch Kontakt zu vielen unserer ehemaligen Kollegen, die wir in Gedanken alle durchscannen. Ist der X noch im Dienst oder schon im Ruhestand? Was macht eigentlich Frau Ypsilon und hast Du noch mal etwas von dem Kollegen Zett gehört? Viele Schmonzetten und nette Anekdoten fallen uns ein. Wir hatten viel Spaß

in unserer gemeinsamen Zeit. Ernsthaftes und hartes Arbeiten schloss das nicht aus. Nichts trägt so sehr zur guten alten Zeit bei wie ein schlechtes Gedächtnis, heißt es. Aber wir staunen beide, an wie viele alte Kollegen und Geschichten wir uns erinnern. Und schnell sind wir uns einig: Früher, da waren die Umweltminister weise und gut aussehend! Basta!
Wir erreichen Lorry-Mardigny kurz nach 13 Uhr. Heute hat das Dorf 640 Einwohner. Im Zweiten Weltkrieg wurden sämtliche Einwohner vertrieben und der Ort fast völlig zerstört. Nur die beiden Schlösschen in den Ortsteilen und die Kirche blieben erhalten. Gegenüber dem Schlösschen finden wir einen Tisch mit Sitzbänken. Dazu scheint jetzt die Sonne. Ideale Bedingungen für eine Mittagsrast! Frau Maurer zaubert einen selbst gebackenen Marmorkuchen aus dem Rucksack und natürlich darf auch Pauls selbsterlegte Wildsalami nicht fehlen. Die Kombination Marmorkuchen mit Wildsalami schmeckt köstlich!
Ein Bub, ich schätze ihn auf sieben Jahre alt, kommt aus einem Hauseingang heraus, bleibt kurz stehen. Er betrachtet uns neugierig, lächelt und grüßt freundlich. »Ein wohlerzogener Junge.«, bemerkt Frau Maurer. »Die Lothringer sind nach meinen Erfahrungen alle sehr freundlich und hilfsbereit! Jung wie alt.«, antworte ich ihr. Um uns herum sind Verkaufsstände aufgebaut. Heute Abend wird hier ein Dorffest eröffnet. Bestimmt wäre es reizvoll und interessant, ein solches in einem so kleinen lothringischen Nest zu erleben. Aber wir wollen noch weiter. Wir checken die Karte. Pont-à-Mousson? Besser Bouxières-sous-Froidment! Das sind noch einige Kilometer und wird für heute reichen. Am Ortsausgang steht wieder eine Wehrkirche. Leider ist sie verschlossen. Wir gehen um die Kirche herum über den Friedhof. Auf den Grabsteinen sind nun überwiegend französische Namen zu lesen. Manche Gräber sind mit schreiend bunten Plastikblumen überladen. Auf vielen Grabsteinen ist neben

den Namen auch ein Foto der Verstorbenen angebracht. Französische Bestattungskultur!
Wir laufen ein kurzes Stück entlang der Landstraße, die wenig befahren ist. Dann zweigt ein Feldwirtschaftsweg ab und führt an einem Hof vorbei mit Hofkapelle, die merkwürdig abgeschnitten wirkt. Wir nutzen die Ruhebank für eine kurze Pause und ich stelle fest, dass meine Spastik auf dem letzten Kilometer doch merklich zugenommen hat. Der Weg führt weiter nach Mardigny. An alten Bauernhäusern vorbei verlassen wir das Dorf. Oberhalb geht es auf einem schmalen Fußweg bergan. Offensichtlich handelt es sich um eine Schichtstufe. Die Kalk-Magerrasen werden von Rindern beweidet und wir müssen über einen Stacheldrahtzaun hinweg. Es gibt eine Überstiegshilfe aus Holz. Sie sieht baufällig aus, aber mich wird sie noch aushalten! Paul nimmt mir den Rucksack ab und ich klettere sicher, wenn auch wenig elegant, auf die andere Seite. Dort wartet eine botanische Besonderheit auf uns: Der Magerrasen ist übersät mit Hunderten Exemplaren der Sommerwurz. Diese seltsame Pflanze betreibt keine Fotosynthese und besitzt kein Blattgrün, sondern schmarotzt ihre Energie von anderen Pflanzen. Auch im Saarland kommt sie vor, wenn auch nur an wenigen Stellen. Doch habe ich noch nie eine der seltsamen Pflanzen gesehen. Und hier stehen gleich Hunderte!
Paul orientiert sich mit seinem Handy. Wir verlassen jetzt das Departement Moselle und kommen in das nächste: Meurthe-et-Moselle. Die Grenze verläuft über den Höhenrücken und war von 1871 bis 1918 die Staatsgrenze zwischen Deutschland und Frankreich. Hier im Wald ereignete sich am 4. August 1914 Schreckliches: Fortuné Emile Pouget, gerade mal 21 Jahre alt, wurde durch einen Schuss in den Hinterkopf getötet, als er diese Grenze bewachte. Am Tag zuvor hatte Deutschland Frankreich den Krieg erklärt. Der Einundzwanzigjährige war das erste

sinnlose Opfer des Ersten Weltkrieges! Nur wenige Kilometer von diesem Ort entfernt fiel auch das letzte Opfer des Ersten Weltkrieges: Der Amerikaner Henry Gunther fand im Alter von 55 Jahren den Tod am 11. November 1918 um 10 Uhr 59, eine Minute vor Inkrafttreten des Waffenstillstandes. Zwischen diesen beiden Ereignissen ließen 9.442.000 Soldaten ihr Leben auf den Schlachtfeldern des Großen Krieges. Warum?

An einer alten Sandgrube vorbei gehen wir hügelabwärts. Gut, dass es das letzte Stück bergab geht! Meine Batterien sind leer. Immer öfter bleibe ich für eine kurze Verschnaufpause stehen. Aber schließlich sind wir in Bouxieres angekommen. Nun müssen wir zurück zum Auto. Paul ist schon seit 40 Jahren nicht mehr getrampt, Sibylle überhaupt noch nie. Eine echte Premiere! Ich zeige ihr eine geeignete Stelle am Straßenrand. »Einfach freundlich lächeln und den Daumen in die Luft strecken!« Paul und ich halten uns im Hintergrund und es dauert noch keine zehn Minuten, bis ein Auto anhält. Anfängerglück! Vielleicht wirken gut aussehende Frauen aber auch einfach vertrauenswürdiger als in die Jahre gekommene Pilger?

Eigentlich fährt die junge Frau hinter dem Steuer nur ins Nachbardorf. Als ich ihr erzähle, dass wir unser Auto in Arry geparkt haben, fährt sie, ohne ein Wort darüber zu verlieren, weiter und bringt uns bis zu unserem Ausgangspunkt. Das Handy von Paul zeigt an, dass wir über zehn Kilometer gelaufen sind. Selbst wenn seine App etwas übertreibt, weit war es in jedem Fall und ich bin geschafft. Kaum sitze ich im Wagen, bin ich auch schon eingeschlafen. Zu Hause angekommen, gibt mir Sibylle den Stein mit dem fossilierten Ammoniten. Eine schöne und bleibende Erinnerung an eine erlebnisreiche und erfolgreiche Pilgeretappe von immerhin vier Tagen!

DRITTES KAPITEL

in dem ich in Pont-à-Mousson feststelle,
dass unser Sohn erwachsen geworden ist,
heimlich den großen Platz umbenenne,
mit einem Obdachlosen zusammen
bei der Caritas Frankreich übernachte
und unter einem Mirabellenbaum auf Hilfe warte …

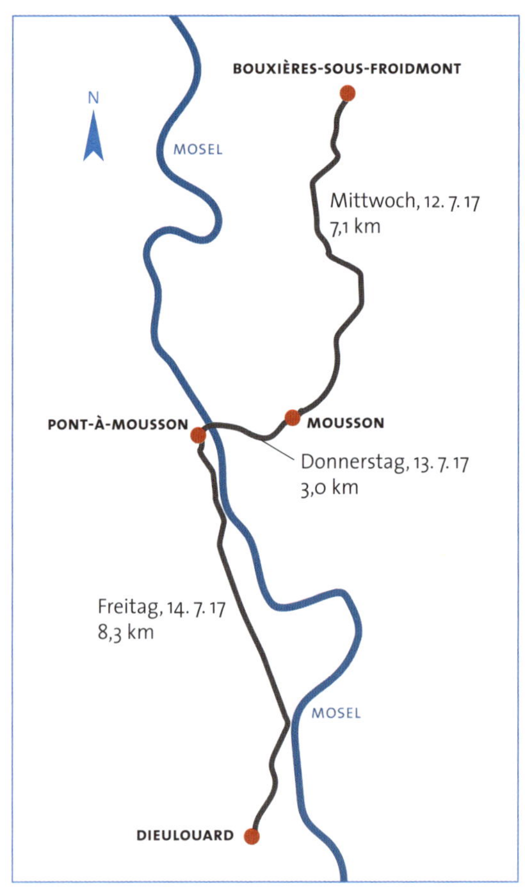

Wünschte man früher jemanden ganz weit weg, dorthin, wo der Pfeffer wächst, und wollte die Person am allerliebsten auf den Mond schießen, dann wünschten meine Großeltern ihn früher nach Pont-à-Mousson. Was sie auf Saarländisch jedoch eher »Pondamussong« aussprachen und damit einen sehr weit entfernten Ort im äußersten Westen Deutschlands meinten. Jedenfalls so weit entfernt und so abseits gelegen, dass die verwünschte Person, wenn sie diesen Ort einmal erreicht hatte, so schnell nicht wieder zurückkommen würde. Pondamussong war genauso weit weg wie Buxtehude, nur eben in anderer Himmelsrichtung. Eine Formulierung, die meine Generation fast nicht mehr und die unserer Kinder gar nicht mehr kennt!
Und genau diese französische geschichtsträchtige Kleinstadt an der Mosel ist für die nächsten Tage mein Etappenziel. Moritz wird mich einen Tag lang begleiten. Ich weiß, dass er nicht aus Freude am Pilgern, auch nicht aus Interesse an Frankreich oder gar der französischen Sprache wegen dabei ist, sondern nur, um mir damit eine Freude zu machen! Was den Neunzehnjährigen nicht davon abhält, mir auf der Hinfahrt zu erklären, warum es ihm in Holland viel besser als in Frankreich gefällt. Als wir Pont-à-Mousson erreichen, erinnert er sich, dass er hier mal einige Tage zum Schüleraustausch war. »Prima, dann kennst du dich ja aus und kannst mir die Stadt zeigen.«, schlage ich vor. Aber Moritz bemerkt nur trocken: »Papa, das ist schon ewig her. Ich hab da keinen Plan mehr!«. Immerhin erkennt er das Schulgebäude wieder, als wir in die Stadt hineinfahren.
Zunächst beziehen wir unser Hotelzimmer. Die ehemalige Prämonstratenser-Abtei ist zu einem Kulturzentrum mit angeschlossenem Hotel umgebaut. Der Eingang gegenüber einem großen Parkplatz wirkt zunächst eher unauffällig, keinesfalls pompös. Kaum habe ich jedoch das Gebäude betreten, bin ich von der schieren Größe überwältigt. Um einen ehemaligen

streng symmetrischen quadratischen Garten verlaufen Galerien, die mehrere Meter breit und hoch sind und durch verglaste Arkaden den Blick auf den gepflegten Garten freigeben. Auch das Hotelzimmer, das wir beziehen, ist überdimensioniert. Bei den Prämonstratensern war alles irgendwie größer. Während die Mönchszellen der Benediktiner eine Grundfläche von neun Quadratmetern nicht überstiegen, waren die der Prämonstratenser mit 15 Quadratmetern deutlich größer.

Der Orden der Prämonstratenser war 1121 von Norbert von Xanten bei Prémontré (daher der Name!) gegründet worden. Dieses kleine Dörfchen, das durch die Gründung des Ordens weltweite Berühmtheit erlangte und heute gerade mal 800 Einwohner zählt, gehörte zum Fernbesitz der reichen Eifeler Abtei Prüm. Norbert von Xanten zog als besitzloser Wanderprediger umher. Ihm schlossen sich zahlreiche Männer und Frauen an. Die Gemeinschaft orientierte sich am Ideal des gemeinsamen Lebens der Urkirche und wählte die Augustinerregeln als Grundlage des klösterlichen Lebens.

Eine Besonderheit der frühen Prämonstratenser war, dass es sich um Doppelklöster handelte, in denen Frauen und Männer in zwei organisatorisch voneinander getrennten Konventen lebten. Die Doppelklöster, ursprünglich ein wesentliches Merkmal des Ordens, waren bald umstritten. In Prémontré selbst wurde diese Struktur schon 1137 oder 1141 aufgelöst und die Schwesternkommunität ausgesiedelt. So ging man nach und nach fast überall vor: Aus den Doppelklöstern wurden jeweils zwei auch räumlich deutlich voneinander getrennte Klöster. Eines für Männer und eines für Frauen.

Ähnliches hatte ich zu Anfang der 1980er-Jahre erlebt, als ich für einige Wochen in dem Missions-Benediktinerkloster Peramiho in Südtansania zu Gast war. Dort konnte ich erleben, wie Mönche und Nonnen zwar in getrennten Konventen lebten, aber tagtäglich gemeinsam die großen Herausforderungen des Alltags meisterten. Die herzliche Verbundenheit zwischen ihnen war allgegenwärtig spürbar und hat mich damals sehr beeindruckt. Ungefähr so stelle ich mir auch die Doppelklöster der Prämonstratenser vor.

Auch im Saarland gab es diesen Orden. Bereits 1135 vermachten die Grafen von Saarbrücken der Kirche von Trier den Besitz Wadgassen zur Gründung eines Prämonstratenser-Chorherrenstiftes. Und aus dem 13. Jahrhundert ist belegt, dass es sich um einen Doppelkonvent mit Mönchen und Nonnen handelte. Diese Abtei war Jahrhunderte lang das geistig-kulturelle Zentrum an der Saar. Bereits 1137 wurde die Klosterkirche eingeweiht und bis in das 14. Jahrhundert hinein die Grablege der Grafen von Saarbrücken.

Und noch eine Parallele: Ähnlich wie die Missions-Benediktiner heute in Afrika lebten die Prämonstratenser nicht nur kontemplativ, sondern entwickelten die Region und trugen maßgeblich zur Verbesserung der Landwirtschaft bei. Damals wie heute betrieben die Mönche erfolgreiche Entwicklungshilfe!

Moritz interessiert sich nicht wirklich für meinen Ausflug in die Geschichte. War ich anders, als ich in seinem Alter war? Nein, im Gegenteil!

»Papa, irgendwann müssen wir mal was Ordentliches essen!«. Mit dieser Bemerkung holt er mich in die Realität zurück. »Heute Abend suchen wir uns ein gutes Restaurant, für die nächsten Stunden muss unsere Rucksackverpflegung reichen.«

Die Dame an der Hotelrezeption ruft uns ein Taxi, das uns nach Bouxieres bringt. In der Ortsmitte steigen wir aus und ich erzähle Moritz, dass Sibylle, Paul und ich von dieser Stelle aus getrampt sind. Eine Fortbewegungsart, die seiner Generation fremd ist und für ihn in das vergangene Jahrtausend gehört. Zu umständlich, zu unsicher, zu gefährlich? Ich spüre, wie er innerlich den Kopf schüttelt über seinen Vater, der im Schneckentempo durch Lothringen pilgert und immer wieder per Anhalter zurücktrampt. Durchgeknallt! Umso schöner, dass er mich trotzdem begleitet. Ich bin richtig stolz!

Es hat angefangen zu regnen. Nicht stark, aber die Straße ist nass, als wir Bouxieres verlassen und auf einem zerfurchten Feldwirtschaftsweg bergan gehen. Obwohl wir erst losgelaufen sind, ist meine Spastik bereits ziemlich hoch. Warum auch immer. Ich will es mir nicht anmerken lassen. Moritz stellt sich auf mein Schneckentempo ein. Geduldig geht er neben mir her. Die Wegeabzweigungen nutze ich zur Orientierung auf der Karte und zu kurzen Verschnaufpausen. Moritz orientiert sich mit google maps. Zu oft hat er als Kind erlebt, dass Papas Abkürzungen immer wieder zu gewaltigen Umwegen und Zeitverlusten führten. Da ist es allemal besser, die Routenvorschläge des Vaters kritisch zu hinterfragen.

Der feuchte Lehm klebt an den Schuhen und erschwert das Gehen. Nach anderthalb Stunden haben wir den Hügelkamm erreicht. Vor uns liegt der große Hof von Xon und in drei Kilometern Entfernung ist das Dörfchen Mousson zu erkennen. »Das ist unser Ziel für heute! Bis nach Pont-à-Mousson schaffe ich es heute nicht mehr.«Und wie kommen wir zurück ins Hotel?«, will Moritz wissen. »Am besten holst du das Auto, während ich auf dich warte. Aber zuerst gehen wir noch gemeinsam bis nach Mousson.«

Wir kommen an einem aufgelassenen historischen Gehöft vorbei. Einige Mauerreste sind übrig geblieben, auf denen wir einige Minuten ausruhen und rasten. Moritz klettert in einen halbverfallenen Keller. Mit dem Handy schicke ich ein Beweisfoto in die Familiengruppe. »Ein Erdmännchen, was für ein hübsches Erdmännchen!«, ist die prompte Reaktion von Birgit!

Inzwischen hart es aufgehört zu regnen. Sogar die Sonne kommt

Ein Erdmännchen, was für ein hübsches Erdmännchen!

zum Vorschein. Der Weg führt jetzt durch den Wald hangaufwärts. Offensichtlich wurde er schon längere Zeit nicht mehr befahren. Äste, ja ganze Bäume liegen quer über den Weg und erschweren das Vorwärtskommen. Markierungen sind keine zu sehen, aber die Richtung stimmt. Nach einer weiteren halben Stunde erreichen wir wieder die Teerstraße, die von Bouxieres nach Mousson führt. Jetzt trennen wir uns. Moritz macht sich auf den Weg, um in Pont-à-Mousson das Auto zu holen und ich werde das letzte Stück nach Mousson alleine weitergehen.

Dabei bemerke ich einen durchdringenden, üblen Gestank. Ich schaue mich um und kann es kaum glauben: Auf dem Gegenhang entdecke ich eine Mülldeponie. Planierraupen verteilen den Siedlungsabfall; darüber kreisen Schwarzmilane und Hunderte von Krähen. Eigentlich dürfte es die Deponierung von unbehandeltem Siedlungsmüll in Europa so nicht mehr geben! Aber die Umsetzung der EU-Deponie-Richtlinie ist offensichtlich in Frankreich noch nicht erfolgt. Jedenfalls nicht vollständig. Die Straße führt an einem Wäldchen vorbei. Hier finde ich vielleicht einen Baumstumpf, den ich als Sitzgelegenheit nutzen und mich ein paar Minuten ausruhen kann. Ich schlüpfe unter das grüne Blätterdach und in der Tat finde ich einen umgestürzten Baumstamm, über den ich meine Regenjacke lege und mich hinsetze. Als ich mich umschaue, sehe ich einen Graben, der durch das Wäldchen parallel zur Straße verläuft. Offensichtlich ein Schützengraben, der dazu diente, die Straße zu kontrollieren. Mir läuft es kalt den Rücken hinunter! Vor genau hundert Jahren sind Millionen von jungen Männern in den Schützengräben des Ersten Weltkrieges sinnlos gestorben. Genauso alt wie Moritz, genau so lebensfroh.
In diesem Augenblick kommt mir das »Erdmännchen-Foto« in den Sinn, das ich gerade mal vor zwei Stunden von Moritz aufgenommen habe. Moritz steht in diesem Keller-Loch wie in einem Schützengraben! Ein Schauder läuft mir über den Rücken! Ich behalte diese schweren Gedanken für mich, belaste damit weder Birgit noch Moritz. Aber ich schicke ein Dankgebet nach oben. Und bedanke mich dafür, dass Moritz nicht in den Krieg ziehen muss. »Wer an dem Sinn von Europa zweifelt, der sollte Soldatenfriedhöfe besuchen!« Diesen Satz von Jean-Claude Juncker habe ich bereits in meinem ersten Buch zitiert. Ich finde, man kann ihn nicht oft genug sagen. Deshalb gehört er auch in dieses Buch an diese Stelle! Zu Hause recherchiere ich und

finde heraus, dass diese Hügel östlich von Pont-à-Mousson in beiden Weltkriegen heftig umkämpft waren. So auch im Februar 1915. Innerhalb von fünf Tagen starben hier 2.000 Soldaten. Wirklich bequem ist meine Sitzgelegenheit nicht. Ich gehe weiter und schon bald hält Moritz neben mir. Schneller als gedacht, ist er schon wieder zurück. Wir fahren ins Hotel und ruhen uns noch eine gute Stunde aus, bevor wir uns ins »Nachtleben« von Pont-à-Mousson stürzen.

An der Rezeption hat man mir ein Restaurant empfohlen. »Le petit Goumardin« liegt auf der rechten Moselseite und ist vom Hotel aus gut zu erreichen. Auf dem Weg durch die Stadt mache ich Moritz auf die überaus zahlreichen gusseisernen Kanaldeckel aufmerksam. Auf den größeren kann man Pont-à-Mousson lesen; dazu ist eine Bogenbrücke abgebildet. Auf den kleineren steht nur »PAM« über der Brücke. «Das ist ja wirklich praktisch, dass man an den Kanaldeckeln ablesen kann, in welcher Stadt

Gusseiserner Kanaldeckel, hergestellt in Pont-à-Mousson.

man sich befindet!« Ich bin mir nicht ganz sicher, ob Moritz diese Bemerkung ernst gemeint hat und erkläre ihm, dass die gleichen Gully-Deckel auch in anderen französischen Städten zu finden sind. «Aber sie wurden alle hier hergestellt, denn Pont-à-Mousson verfügt noch über eine Eisenindustrie!«

Das Restaurant ist einladend. Wir finden einen Tisch im Freien. Jakobsmuscheln stehen auf der Speisekarte, ein Entre-Côte, das auch der kritischen Geschmacksprüfung von Moritz standhält, regionaler Käse. Beide haben wir einen Bärenhunger. Als ich Moritz frage, ob er noch ein Eis zum Nachtisch möchte, antwortet er: »Papa, lass uns lieber einen guten Mirabell trinken!« Als wir miteinander anstoßen, habe ich das untrügliche Gefühl: Moritz ist erwachsen geworden! Er will noch in die Stadt zum Fotografieren. So gehe ich alleine zurück ins Hotel und schlafe tief und fest, ohne zu bemerken, dass der Knabe irgendwann später nachkommt.

»Frühstück gibt es im Refektorium!«, teilt man uns an der Rezeption mit. Wie passend! Refektorien heißen die Speisesäle der Klöster. Dort wurde das leibliche Wohl der Mönche »wiederhergestellt«, daher der Name. Der Weg ist weit und führt durch die »Galerie du soleil« am »Salle de Saint-Norbert« und an einer imposanten ovalen Treppe vorbei. Durch eine gebogene, sehr kunstvolle Tür betreten wir den lichtdurchfluteten hohen Raum. Die stuckverzierte Decke wird von Bögen getragen, die die Form eines Korbhenkels haben. Der Fußboden ist aus weißem und rotbraunem Marmor gestaltet. Das Frühstücksbuffet ist für französische Verhältnisse sehr reichhaltig. Nirgendwo sind die Croissants besser und buttriger als in Frankreich! Wir suchen uns einen Tisch in der Morgensonne. Kaum haben wir mit dem Frühstück begonnen, stoße ich ungeschickt meine Kaffeetasse um und der Kaffee ergießt sich über den ganzen Frühstückstisch. In der ersten Zeit, als ich wieder aus den Reha-Einrichtungen zu Hause war, wiederholten sich diese Missgeschicke durchaus öfter. »Papa übt Kakao-Weitwurf!«, kommentierten die Kinder ebenso humor- wie verständnisvoll, wenn meine Versuche, selbstständig ein Brötchen zu schmieren, in einem Fiasko endeten. Mit der Zeit war es besser geworden. Fast hatte ich schon vergessen, wie »Kakao-Weitwurf« geht. Und dann ausgerechnet hier und heute!? Der Tisch ist schnell abgewischt, die Teller abgeräumt und Moritz bringt mir frischen Kaffee. Der zweite Teil des Frühstücks verläuft pannenfrei.

Ich werde noch eine weitere Nacht in diesem Hotel logieren und Moritz setzt mich in Mousson ab, bevor er wieder nach Hause fährt. »Butte de Moisson« hatte ich auf einem Schild gelesen. Die Vokabel »butte« war mir bislang nicht geläufig. Ich kannte den Begriff nur aus Amerika: Die einzelstehenden Kegelberge im Mittleren Westen der USA, auf denen die Götter der Indianer wohnen, heißen »butte«. Auch bei dem bei Mousson handelt es sich um einen einzelstehenden Hügel, einen sogenannten »Zeugenberg«, wie die Geologen ihn nennen. Der Berg gehörte ursprünglich zu einer Gesteinsschicht – etwa einer Schichtstufe – und wurde von dieser durch Erosion getrennt und isoliert. Als Überbleibsel einer vergangenen geologischen Epoche bezeugt er die ursprüngliche Gesteinsformation.

Moritz bringt mich auf den Berg und verabschiedet sich. In einigen Tagen wird er mich wieder abholen. Das Dörfchen Mousson mit seinen gerade mal hundert Einwohnern schmiegt sich halbkreisförmig um die Bergkuppe. Einige der Häuser haben eine traumhafte Aussicht, die bei gutem Wetter bis zu den Vogesen reicht. Ich plaudere ein paar Sätze mit einer Frau, die in ihrem gepflegten Vorgarten Stauden einpflanzt. Es verspricht ein sonniger Tag zu werden. Auf einer Sandsteinstufe, die zu einem verwilderten Garten mit zahlreichen Vergissmeinnicht-Blumen führt, rekelt sich eine Katze in der Sonne und blinzelt

mir entgegen. Ein schönes Bild! Ich will die Katze inmitten der Vergissmeinnicht fotografieren. Als ich mich mit dem Handy nähere, steht sie auf und wechselt die Straßenseite. Dabei sehe ich, dass sie irgendwann einmal unter die (Auto-)Räder gekommen sein muss und ganz schief und krumm wieder zusammengewachsen ist. Trotz ihrer Behinderung hat sie jedoch ihre Würde bewahrt und lässt sich nicht von jedem dahergelaufenen Pilger fotografieren. Irgendwie sympathisch, das Tier!
Aus dem Dorf führt ein kleiner Weg hoch zur Bergspitze mit den Überresten einer mittelalterlichen Burg, die schon ab dem 10. Jahrhundert den Grafen von Bar gehörte. Von hier oben aus ließ sich der Moselübergang gut überwachen. Die Brücke, um die herum sich dann Pont-à-Mousson entwickelte, war eine der wenigen Moselbrücken zwischen Toul und Metz und deshalb von strategischer Bedeutung. Das letzte Wegstück zur Burg ist steil. Nur auf allen Vieren kann ich es bewältigen. Oben erschließt sich ein kleines Hügelplateau, das von den Resten der ehemaligen Burg gesäumt ist. Nach Osten und Norden hin habe ich einen wundervollen Blick auf das Moseltal.

Namenloser Grabstein.

Rechte Seite: Vom Butte de Mousson ist ein weiter Blick in das Moseltal möglich.

Zu meinen Füßen liegt Pont-à-Mousson. Ich orientiere mich auf der Karte. Auch das Moseldörfchen Vandières, aus dem Johannnes von Gorze stammte, ist an diesem klaren Tag deutlich zu sehen. Ein schiefer kreuzförmiger Grabstein steht inmitten der Fläche und verdeutlicht, dass dieser Berg noch viele Geheimnisse und eine reiche Geschichte verbirgt. Zur Moselseite hin steht eine moderne Kapelle. An Pfingsten findet hier ein traditioneller Freiluftgottesdienst statt.
Ich verlasse den Berg und auf einer Ruhebank inmitten einer kleinen Grünanlage im Dorf raste ich eine Viertelstunde. Dabei stärke ich mich mit einem Keks und organisiere meine Unterkunft für den nächsten Tag in Dieulouard. Die Telefonnummer hatte ich von den Amis de Saint Jacques erhalten und offensichtlich bin ich in der Praxis eines Arztes gelandet. Die Sekretärin erklärt mir, das sei kein Problem. Allerdings müsse ich die Unterkunft mit einem anderen Gast teilen. Prima, dann werde ich zum ersten Mal einen anderen Pilger treffen! Ich freue mich, dass die Organisation der nächsten Unterkunft so problemlos geklappt hat.
Der Abstieg vom Berg ins Moseltal ist gerade mal fünf Kilometer weit. Das reicht für heute; irgendwie ist meine Spastik hoch. Ich komme an einer Weide mit Alpakas vorbei und schicke Moritz, der diese Tiere liebt, ein Selfie. Papa mit Alpaca. Alpaca rechts! Als ich im Tal ankomme, ist es noch früh am Nachmittag und ich schaue nach, ob die Kirche St. Martin offen ist. Ich habe Glück und komme hinein. Im Innern der Kirche ist es angenehm kühl und schattig. Da ich nicht alleine bin, verzichte ich darauf, meinen Psalm zu singen. Stattdessen verweile ich still in einer Kirchenbank. Bei einem Rundgang entdecke ich in der Vierung einen in Stein gemeißelten Jakobspilger mit den charakteristischen Attributen: Breitkrempiger Hut mit einer Jakobsmuschel, Wanderstab und Pelerine weisen ihn eindeutig aus. Zu seinen

Füßen ein lechzender Hund und ein Engel. Diese Symbolik erschließt sich mir nicht. Ich überquere die Mosel auf der aktuellen Moselbrücke. Inzwischen bereitet mir das Überqueren von Straßen keine Sorgen mehr. Letztes Jahr war das noch anders. Inzwischen habe ich die Erfahrung gemacht, dass eine Grünphase der Fußgängerampel ausreicht, um sicher auf die andere Seite auch zweispuriger Straßen zu gelangen. Kleine, aber wichtige Fortschritte im Pilgeralltag! Die Brücke ist geschmackvoll bepflanzt und blüht. Immer wieder bemerke ich mit Freude, dass viele Städte und Dörfer mit großer gärtnerischer Kunstfertigkeit bepflanzt sind und aufblühen. Der Wettbewerb »Unser Dorf soll schöner werden!« heißt in Frankreich »Ville fleurie«. Davon können wir nur lernen! Wie viele Brücken über die Mosel hat es in der Geschichte wohl gegeben? Ich weiß es nicht. In den beiden Weltkriegen wurde die

Im Mittelschiff der Pfarrkirche St. Martin entdecke ich eine Jakobuspilger-Skulptur mit den typischen Attributen: Stab, Hut, Pellerine, Kallebasse und natürlich einer Jakobsmuschel.

Die Moselbrücke wurde in der Geschichte häufig zerstört. Im Hintergrund die Pfarrkirche Sankt Martin.

Brücke jeweils zerstört und erst 1949 wieder aufgebaut. Auf der Mosel schwimmen zahlreiche Schwäne.

Auf der anderen Moselseite öffnet sich nach wenigen Metern ein großer quadratischer Platz, den ich von früheren Besuchen her kenne. Er lebt und könnte »französischer« kaum sein! Die Arkadenhäuser, die den Platz umschließen, stammen aus dem 16. bis 18. Jahrhundert. In dieser Zeit blühte die Stadt. Zwei Jahrhunderte lang gab es hier sogar eine Universität, die im Jahr 1572 mit Genehmigung des Papstes gegründet wurde und im 17. Jahrhundert mit zweitausend Studenten ihre Blütezeit erreichte. Ende des 18. Jahrhunderts wurde sie dann nach Nancy verlagert und die Stadt in eine Garnisonsstadt umgewandelt. Die Gebäude haben einen leicht morbiden Charme, der so charakteristisch für Lothringen ist. Keine Puppenstuben-Romantik, wie sie das Elsass prägt! Keine modernistischen Protzbauten, mit denen in Deutschland vor allem die Banken die Kleinstädte verunstaltet haben. Stattdessen unter den Arkaden kleine Einzelhändler, Cafés, Restaurants, ein Kino. Alleine der kleine Käseladen lohnt schon einen Besuch von Pont-à-Mousson. Ein Platz zum Schauen und Wohlfühlen!

In der Nachmittagssonne gönne ich mir einen Eisbecher und schaue dem Treiben zu. In der Mitte ein Denkmal des Generals Duroc, einem Sohn der Stadt, der diesem Platz seinen Namen gegeben hat. Er war ein General Napoleons, nahm an der Schlacht bei Jena und Auerstedt teil und wurde bei dem Rückzug bei Markersdorf tödlich verletzt. Auch das ist typisch für Frankreich: Generäle und Militärs werden geehrt, Plätze und Straßen nach ihnen benannt. Mir wäre es lieber, der Platz wäre nach Fortuné Emile Pouget, dem ersten Opfer des Ersten Weltkriegs, benannt! Auch er ein Sohn aus Pont-à-Mousson. Auch er ein Opfer des Krieges. Ein unschuldiges dazu! Ich beschließe, den Platz für mich umzubenennen. Künftig wird der Duroc-Platz für mich nur noch der Pouget-Platz sein. Auch wenn mein Navi damit nix anfangen kann! Langsam schlendere ich über den Platz und genieße es, in Frankreich zu sein. Im schon vertrauten »Goumardin« esse ich auch heute zu Abend und bin schon früh im Hotelbett.

Nach einem Frühstück ohne Kakao-Weitwurf und sonstige Pannen nehme ich mir die Zeit, mir das Kloster in aller Ruhe anzuschauen. Als ich in die Klosterkirche schaue, erschrecke ich. Hier sieht es aus wie nach einem »Bomben-Angriff«! Und der Eindruck trügt nicht: Die Schäden des Zweiten Weltkrieges sind hier noch nicht beseitigt. Im September 1944 waren Kloster und Kirche fast vollständig zerstört worden. So sehr, dass der Stadtrat 1945 beschloss, die Gebäude komplett abzureißen. Nur dem bürgerschaftlichen Engagement einiger beherzter Lothringer, unter anderen auch der Direktoren der Eisenindustrie, ist es zu verdanken, dass dieser Beschluss nicht umgesetzt wurde.

Stattdessen blieb dieses bedeutende Zeugnis erhalten und wurde Stück für Stück wieder aufgebaut. Auch die äußere Hülle und das Dach der Kirche sind wieder hergestellt. Wann und ob auch das Innere der Kirche irgendwann wieder in altem Glanz erstrahlen wird, kann ich nicht in Erfahrung bringen. Einstweilen erinnert es an die Zerstörungen der Kriege. Ein letztes Mal gehe ich durch den Garten der ehemaligen Klausur und verlasse das Kloster. Ich bin sicher, dass ich wiederkommen werde!
Mein Weg führt auf dem Treidelpfad entlang der Mosel. An diesem Freitagmorgen ist das keine gute Idee: Dutzende von Anglern haben an diesem Morgen den Treidelpfad in Beschlag genommen und mit ihren Angeln versperren sie den Weg. Zumal für einen gehbehinderten Pilger ist das ein echter Spießrutenlauf! Weniger wegen der Angeln, vielmehr sind es die Angler, die mich missbilligend anschauen.

Zahlreiche Angler haben den Treidelpfad am Moselufer in Beschlag genommen.

Oberhalb des Treidelpfades verläuft parallel zur Mosel eine kleine Straße, die nicht von Anglern und ihren Gerätschaften belagert ist. Nehme ich eben diesen Weg! Kaum bin ich die Böschung hochgekraxelt, hält neben mir ein Lieferwagen mit einer Bäckerei-Aufschrift. Ein rundlicher Mann springt aus dem Fahrzeug und strahlt über das ganze Gesicht: »Sie sind ein Pilger auf dem Weg nach Compostela?« Und dann sprudelt es nur so aus ihm heraus: Er habe vor einigen Jahren auch den Weg gemacht und sei vier Monate unterwegs gewesen. Und er habe fest vor, den Weg ein zweites Mal zu gehen. Einmal Jakobspilger, immer Jakobspilger!

Nach dieser kurzen, sehr emotionalen Begegnung verlasse ich gestärkt Pont-à-Mousson und gehe durch die Mosel-Aue in südlicher Richtung. Das Moseltal ist an vielen Stellen zerwühlt: Der Kiesabbau hat Wasserflächen und ein Mosaik unterschiedlich alter Sukzessionsstadien hinterlassen. Die Schlammbänke sehen vielversprechend aus und lassen interessante Pflanzen erwarten, doch lasse ich mich nicht aufhalten. Einerseits sind diese Spülsandflächen nicht ungefährlich, andererseits muss ich mit meinen Kräften haushalten, denn die heutige Etappe ist lange und es sieht nach einem heißen und anstrengenden Tag aus.

Die Landschaft vor mir wird von den vier rot-weiß geringelten Schornsteinen der Energiezentrale von Blenod geprägt, die weithin sichtbar aus der Moselaue aufragen. Ursprünglich ein Kohlekraftwerk mit drei 250-MW-Blöcken, betreibt die EdF hier seit einigen Jahren nun auch ein Gaskraftwerk. Mit 200 Industrie-Arbeitsplätzen ein wichtiger Arbeitgeber in der Region! An dieser Anlage muss ich vorbei. Schwer zu schätzen, wie weit sie noch entfernt ist. Vier Kilometer? Fünf Kilometer? Nach zwei Stunden brauche ich eine Pause. An einer Böschung finde ich ein schattiges Plätzchen, stärke mich mit einem Keks und trinke ordentlich viel Wasser. Meinen Hut ziehe ich ins Gesicht und kann sogar eine Viertelstunde wegdösen. Wirklich bequem liege ich allerdings nicht und so geht es bald weiter. Schritt für Schritt.

Nach einer Weile verlege ich mich auf meine erprobte »Zähltechnik«: Ich zähle meine Schritte. Nach zehn Doppelschritten die nächsten zehn. Nach hundert Schritten eine kurze Verschnaufpause. Als ich vor vier Jahren die ersten Male mit dem Rollator das Haus verlassen habe, stützte ich mich auf diese Methode. Es machte es einfacher, ein erreichbares Ziel vor Augen zu haben, sich darauf zu konzentrieren und dann das nächste Ziel anzusteuern. Es ist aber auch ein untrügliches Zeichen dafür, dass ich mich an meiner Leistungsgrenze entlang hangele, wieder und wieder. Und dann muss ich noch einmal den inneren Schweinehund überwinden. »Forcer sa nature«, wie die Franzosen sagen – seine Natur bezwingen. Immer wieder. Schritt für Schritt. Aufgeben ist keine Option. War es nie.

Der Weg führt nun parallel zur Bahnlinie und zum Kanal. Auf diesen beiden Transportwegen wurde das Kraftwerk mit Kohle versorgt. Nach weiteren zwei Stunden taucht vor mir die Silhouette von Dieulouard auf. Noch zwei Kilometer, schätze ich. Ich finde am Wegrand einen Betonblock, auf den ich mich setzen kann. Nicht bequem, aber immerhin kann ich meine Beine für einige Minuten entlasten. Dann geht es weiter zum Endspurt. »Spurt« ist übertrieben: Ich bleibe nun immer öfter zu kurzen Verschnaufpausen stehen. Meine Pilgergeschwindigkeit ist deutlich reduziert.

Dann erreiche ich die Landstraße, die nach Dieulouard hineinführt. Jetzt sind es noch 800 Meter bis zum Ortsrand. Nun muss ich der Landstraße folgen und gehe auf dem Randstreifen. Glücklicherweise ist nur wenig Verkehr und die Autos fahren mit angepasster Geschwindigkeit. Trotzdem bedeutet der Verkehr und der damit verbundene Lärm für mich zusätzlichen

Stress, der meine Spastik weiter erhöht. Das letzte Stück werde ich auch noch schaffen! Wenn ich das Gefühl habe, dass nichts mehr geht, dann mache ich wenigstens noch zehn Schritte oder fünf. Dann die nächsten fünf. Kurze Verschnaufpause. Und jetzt die nächsten zehn Schritte! »Wer langsam reitet, hat auch ein Pferd!«, war einer der philosophischen Sätze, die mein Vater regelmäßig zum Besten gab und damit seinen ältesten Sohn nervte. Endlich: Das Ortsschild von Dieulouard ist erreicht und an einem kleinen Platz vor einer Art Dorfgemeinschaftshaus sehe ich eine Ruhebank! Es gab Zeiten, da habe ich solche Bänke für eine überflüssige und verzichtbare Möblierung der Landschaft gehalten. Heute bin ich für jede Ruhebank dankbar. So ändern sich die Zeiten! Auf der Bank sitzen zwei halbwüchsige Jungs, natürlich auf der Lehne, mit den Füßen auf der Sitzfläche, die Köpfe gesenkt, in ihre Smartphones vertieft. Als ich auf die Bank zusteuere, schrecken sie auf, setzen sich ordentlich hin und machen mir Platz. Ich biete den beiden einen Keks an. Sie lehnen dankend ab und suchen das Weite.

Ich trinke meine Wasserflasche leer und nach einer kurzen Erholungspause geht es gestärkt weiter in die Ortsmitte. Eine Kneipe hat geöffnet. Die kommt mir gerade recht und ich nehme an einem freien Tischchen Platz. An der Theke stehen ein paar Franzosen, die hier ihr Feierabend-Bier trinken. Ich bestelle einen Milchkaffee und dazu eine große Cola. Vom Wirt lasse ich mir erklären, wo sich meine Unterkunft befindet: irgendwo in der Nähe der Kirche. Das wird ja zu finden sein!? Schon nach wenigen Metern merke ich, dass die Spastik wieder schnell ansteigt. Gut, dass ich bald am Ziel bin! Die Kirche steht auf einer kleinen Anhöhe. Gebäude und Kirchenvorplatz machen einen sehr gepflegten Eindruck. Der Aushang lässt auf ein reges Gemeindeleben schließen. Leider ist die Kirche, die dem Heiligen Sebastian geweiht ist, verschlossen. Dieulouard hat römische

Ursprünge und in der Ortsmitte beherbergt die mittelalterliche Burg ein Museum.

Obwohl es nur hundert Meter entfernt ist, verzichte ich nun auf jeden auch noch so kleinen Umweg und suche zunächst meine Unterkunft. Erst nach einigem Suchen schickt mich ein Bauer wieder zurück in den Ort. Schließlich finde ich die richtige Türklingel mit dem Namen des Arztes, in dessen Praxis ich gestern angerufen hatte. Ich klingele und ein Mann im Rentenalter öffnet. Irgendwie hatte ich erwartet, dass er mich fragt, woher ich komme, wie weit ich will. Insgeheim auch, dass er mir eine Sitzgelegenheit anbietet oder ein Glas Wasser. Nein, er lässt mich auf der Treppe stehen und schnörkellos gibt er mir einen Zettel mit einer Code-Nummer. Damit ließe sich die Tür öffnen. Morgen soll ich sie einfach zuziehen. Und tschüss.

Die eigentliche Unterkunft ist noch eine Straße weiter. Am Ende einer kleinen Gasse öffnet sich ein Platz und gegenüber dem Pfarrbüro steht ein Häuschen. Die Tür steht sperrangelweit offen und als ich eintrete, sehe ich inmitten von dichtem Zi-

Übernachtung bei der Caritas Frankreich.

garettenqualm einen Mann in der Küche sitzen. Wir machen uns bekannt. Daniel, ungefähr in meinem Alter, erzählt mir, er sei auf der Durchreise und wolle noch ein paar Tage bleiben. Schnell wird mir klar, dass er kein Pilger ist, sondern ein Wanderarbeiter ohne festen Wohnsitz. Seinen Akzent verstehe ich nur schwer. Aber immerhin kriege ich mit, dass er im Winter eine Unterkunft bei Freunden in der Nähe von Mulhouse habe und im Sommer unterwegs sei. Gerade sei er in Belgien gewesen. In den belgischen Seehäfen könne man immer ein paar Tage Arbeit finden. Auch in Karlsruhe habe er schon mal gearbeitet. Jetzt wolle er weiter nach Marseille.

Daniel zeigt mir die Einrichtung: Wasserkocher und ein Glas mit löslichem Kaffee. Davon könne ich ruhig nehmen. Die beiden Schlafräume sind mit jeweils mehreren Etagenbetten ausgestattet. Dass Pilger-Unterkünfte keine Luxusherbergen sind, weiß ich spätestens, seit ich Hape Kerkeling gelesen habe. Aber immerhin habe ich einen Schlafraum für mich alleine, vorausgesetzt, dass nicht noch weitere Gäste ankommen. Ich will nur noch ausruhen und schlafen. Das Wasser unter der Dusche ist kochend heiß. Ein Handtuch habe ich nicht dabei. So trockne ich mich mit dem Unterhemd ab, das ich anschließend durchwasche und zum Trocknen aufhänge. Frische Bettwäsche kann ich natürlich auch nicht erwarten. Aber egal: Für eine Nacht wird es schon gehen. Der Raum hat nur ein kleines Fenster und das lässt sich nur kippen.

Zwar schlafe ich schnell ein, doch wache ich mitten in der Nacht auf und liege lange wach. Das ist nicht das erste Mal, dass ich in einer Unterkunft für Obdachlose übernachte, fällt mir ein. Bei meiner ersten Indien-Reise habe ich einige Nächte bei der Heils-Armee in Bombay übernachtet. Das Red-Shield-Hotel lag zentral in unmittelbarer Nähe der Gateway to India und wurde von vielen Rucksackreisenden genutzt. Die Übernachtung schonte meine Reisekasse. Gerade mal zwölf Rupien, das waren umgerechnet vier Mark, waren für eine Nacht zu berappen. Die stickige Luft im Schlafsaal, die durch Zigarettenqualm nicht besser wurde, musste ich dafür in Kauf nehmen. Habe ich in unangenehmer Erinnerung! Ich google das »Red-Shield«, das es auch heute noch, nach mehr als dreißig Jahren, gibt und das sogar über eine eigene Web-Seite verfügt. Bombay heißt inzwischen Mumbay. Die Deutsche Mark gibt es nicht mehr und die Preise sind inzwischen auf 500 Rupien gestiegen. Das entspricht nach heutigem Kurs sechs Euro. Noch immer ein erschwinglicher Preis für das Zentrum einer Weltstadt! Auch die Beurteilungen im Internet sind okay. Irgendwann schlafe ich ein. Als ich am nächsten Morgen aufwache, sitzt Daniel bereits in der Küche. Freundlich bietet er mir einen Kaffee an. Ich revanchiere mich mit einem Keks. Nach diesem kurzen Frühstück breche ich auch schon auf. Ich will die kühlen Morgenstunden nutzen. Als ich den Ort verlasse, sehe ich eine Wegmarkierung mit Jakobsmuschel. Ich fotografiere sie und schicke sie an Freunde. Die mehr als seltenen Wegmarkie-

Es kann nicht immer Kaviar sein! Spartanisches Frühstück mit dem Wanderarbeiter Daniel.

rungen reichen zwar nicht zur Orientierung, aber dafür sind sie jedes Mal ein Motivationsschub. Trotzdem merke ich, dass mir die gestrige Etappe noch mächtig in den Knochen steckt. Gerade mal einen Kilometer bin ich gelaufen und schon fange ich an, Schritte zu zählen. Nach einer weiteren Stunde geht nichts mehr und als der Weg noch an einer stark befahrenen Landstraße vorbeiführt, gebe ich auf.

Ich schleppe mich zu einer Wiese und lege mich unter einen schattigen Mirabellenbaum. Ich rufe Moritz an und erreiche ihn auch prompt. Wie jeden Samstag macht er gerade Brennholz in der Firma seines Onkels. Sofort ist er bereit, mich abzuholen. »Schick mir deinen Standort!«. So was habe ich noch nie gemacht, aber ich kriege es dennoch hin. In etwa zwei Stunden müsste er hier sein. Die Spastik ist hoch und ich weiß nicht recht, wie ich mich hinlegen soll. Immer wieder verändere ich meine Position. Mit der Sonne wandert auch der Schatten und ich rutsche mehrmals nach.

Nach etwa zwei Stunden rufe ich nochmals an, um zu fragen, wie weit Moritz ist. »Ich bin noch im Saarland«, antwortet er, »die Fechinger Talbrücke ist gesperrt und ich stehe seit zwei Stunden im Stau. Das wird noch dauern!«

Es ist schon Nachmittag, als er ankommt: »Papa, Du weißt selbst, dass das keine gute Aktion war.« Ja, das weiß ich. Ich muss meine Grenzen kennenlernen und diesmal habe ich sie überschritten. Soviel ist klar. Nur mühsam schaffe ich die wenigen Meter zum Auto. Und Moritz bringt mich heim. Es wird Tage dauern, bis sich meine Spastik wieder halbwegs normalisiert hat. Eine Niederlage, aus der ich lernen werde. Wenigstens fasse ich schon mal den guten Vorsatz!

VIERTES KAPITEL

in dem mir ein kopfloser Heiliger Rätsel aufgibt, ich erfahre, wie ein lothringisches Küchenmädchen den polnischen König begeistert, und die alte Bischofsstadt Toul einen Papst hervorgebracht hat …

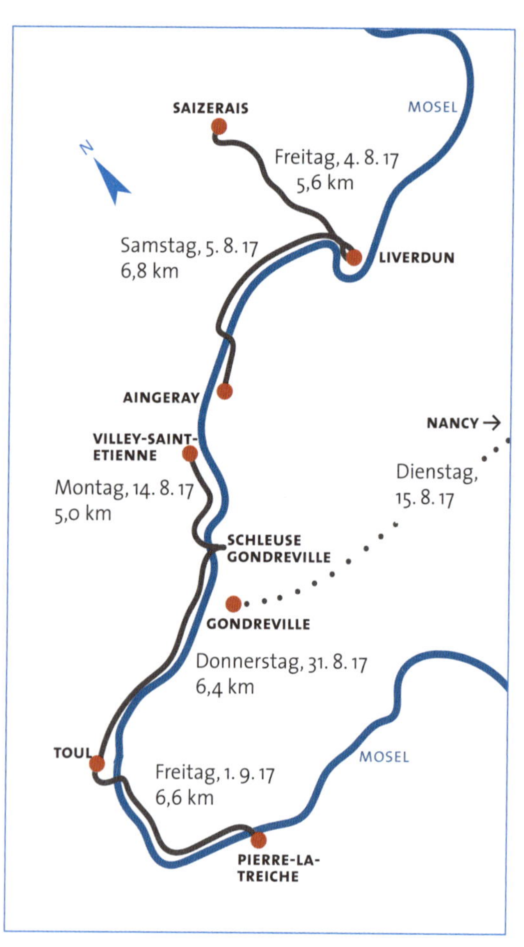

Wenn man oder frau von einem Pferd abgeworfen wird, so hatte ich als Heranwachsender bei Karl May gelesen, muss man sofort wieder aufsteigen. Und so verhält es sich auch beim Pilgern. Drei Wochen nach der peinlichen Episode unter dem Mirabellenbaum will ich wieder auf den Camino. Die geplanten Etappenlängen sind bescheidener. Über das Internet habe ich eine Unterkunft in einem Vorort von Nancy gebucht. Eine neue Herausforderung ganz anderer Art liegt vor mir: Die Maut-Stellen der französischen Autobahn. Bisher habe ich sie mit Erfolg gemieden. Entweder war ich Beifahrer oder aber ich bin auf Landstraßen ausgewichen. Aber irgendwann muss ich mich einmal der Herausforderung stellen! Die französischen Autobahnen sind angenehm zu fahren: Geschwindigkeitsbegrenzungen, keine Raser und deutlich weniger Verkehr als in Deutschland. Wenn nur nicht die Mautstellen wären! Ich muss es schaffen, mit der rechten Hand den Automaten zu bedienen. Ob der rechte Arm lang genug ist? Ob meine Beweglichkeit ausreicht? Ich mache zu Hause auf dem Parkplatz Trockenübungen. Es könnte gehen!? Probieren geht über Studieren. Die erste und einzige Mautstelle bis Toul ist St. Avold. Als ich mich der Mautstelle nähere, merke ich, wie meine Unsicherheit die Spastik ansteigen lässt. Das kann ich jetzt gar nicht gebrauchen. Langsam nähere ich mich dem Automaten. Jetzt gilt es, möglichst dicht ranzufahren. Mein Abstandspiepser piepst wie wild. Auch das erhöht meine Spastik. Solange es nur piepst und es kein schriller Dauerton ertönt, ist noch genügend Abstand zwischen Lack und Automaten. Ich mache den Motor aus und öffne die Scheibe. Meine Kreditkarte habe ich in der Mittelkonsole bereit gelegt. Gut festhalten, wenn mir die Karte runterfällt, habe ich ein Problem. Mit dem ganzen Oberkörper lehne ich mich links gegen die Tür. Vierteldrehung und maximale Streckung auf der rechten Seite. Vielleicht sollte ich mich beim Zirkus Roncalli bewerben oder bei »Begnadete Körper« anmelden, denke ich, und rutsche noch ein paar Millimeter weiter nach links. Und es reicht! Knapp zwar, aber es reicht. Der Automat zieht meine Karte ein und spuckt sie sogleich wieder aus. Gut festhalten und wieder in die Mittelkonsole. Die Schranke öffnet sich und wieder gibt es ein erstes Mal. Und wieder habe ich ein weiteres Stück Freiheit gewonnen!

Als ich durch die weitgespannte Keuper-Landschaft Lothringens fahre, wird mir bewusst, dass ich diese Strecke zu Fuß zurückgelegt habe. Schritt für Schritt. Dankbar singe ich lauthals ein Taizé-Halleluja! Gegen Mittag erreiche ich Saizerais und parke mein Auto am Ortsrand. Saizerais liegt auf einer Hochfläche, die von der Mosel durchschnitten wird und sich westlich von mir fortsetzt. Die »Via Aggripiensis« führt durch die Gemeinde. Angeblich geht der Name Saizerais auf die zahlreichen römischen Gebäude aus der Zeit Cäsars zurück. Diese Spekulation halte ich jedoch für wenig wahrscheinlich. Den wirtschaftlichen und kulturellen Aufschwung hat die Region erst fünfzig bis hundert Jahre später erfahren und die Via Aggripiensis, die Trier mit Lyon verbindet, wurde erst zur Zeit Oktavians gebaut. Direkt angrenzend befand sich seit den Anfängen der Luftfahrt eine Luftwaffenbasis, die zeitweilig die größte der NATO in Frankreich war. Mit dem Ausscheiden der Franzosen aus der NATO zogen sich die Amerikaner zurück und die französische Luftwaffe übernahm den Standort. Als er 2004 stillgelegt wurde, entstand in den Folgejahren eine Fotovoltaikanlage. Mit einer Leistung von 143 MW gehört sie zu den weltweit größten Sonnenstrom-Produzenten.

Auf einem geteerten Feldwirtschaftsweg gehe ich parallel zur Straße, die nach Liverdun führt. Ein leichter Wind weht über die Felder und es herrschen angenehme Bedingungen. Ein Aussiedlerhof liegt in etwa zwei Kilometer Entfernung. Dort will ich meine erste Rast einlegen und ich gehe zügig und kontinuierlich. An der Einfahrt des Hofes finde ich eine Sitzgelegenheit. Die Hälfte des Weges nach Liverdun ist bereits geschafft. Bald verlasse ich den Weg und gehe über eine Wiese am Waldrand weiter. Damit kann ich zwar abkürzen, aber der buckelige Untergrund erschwert das Gehen. Noch ein kurzes Stück querfeldein und ich erreiche die Landstraße, die nach Liverdun führt. Vom Ortsrand aus bin ich dann wieder auf einem Gehweg unterwegs und finde bald auch eine Sitzgelegenheit an einer Bushaltestelle.

Ich stelle fest, dass es gut war, mir eine bescheidene Entfernung vorzunehmen, denn meine Spastik beginnt schon wieder anzusteigen. Gut, dass ich bald das Tagesziel erreicht habe! Die moderne und austauschbare Bebauung am Ortsrand zieht sich hin, aber dann erreiche ich den Zugang zum historischen Ortskern von Liverdun. Die Straße führt über eine schmale Brücke, die, mit zahlreichen Blumen bepflanzt, einen malerisch-bunten Zugang zur Altstadt bietet. Von dort aus habe ich einen atemberaubenden Blick in das Tal der Mosel, das hier besonders eng ist und eine Schleife bildet. Liverdun liegt auf einem Bergsporn hoch über der Mosel.

Solche Lagen waren einfach zu verteidigen und die Endung des Stadtnamens »dun« ist ein deutlicher Hinweis darauf, dass schon die Kelten hier eine Höhenbefestigung errichtet hatten. »Dun« findet sich beispielsweise in den Ortsnamen von Dun an der Meuse oder Verdun, in Lugdunum, dem römischen Namen des heutigen Lyon oder auch in London! Unsere keltischen Vorfahren waren einfach überall in Europa! Liverdun besitzt auch ein Schloss mit einem kleinen Museum. Nicht heute, aber gelegentlich werde ich dort mal nachschauen, ob ich Hinweise auf die keltische Vergangenheit finde.

Nachdem ich durch ein mittelalterliches Stadttor den historischen Ortskern betreten habe, befinde ich mich in einem verträumten malerischen Ambiente. Seit 1176 hatten die Bischöfe von Toul hier eine Festung, die als uneinnehmbar galt. In einem der altehrwürdigen Gebäude ist heute das Office de Tourisme, dessen Innenhof mit Marktständen und einigem Gerümpel zugestellt ist. Im Hauptgebäude öffnet sich eine Fensterfront mit einem fantastischen Blick auf das Moseltal. Als ich die Dame der Tourist-Information nach Busverbindungen nach Saizerais frage, spricht mich eine Frau an, die unsere Unterhaltung mitgehört hat: »Ich fahre gleich nach Saizerais und kann sie gerne mitnehmen!« Prima!

Auf der Fahrt erzählt sie mir, sie sei eine pensionierte Lehrerin und habe soeben an der Beerdigung eines ihrer Schüler teilgenommen. Mit gerade einmal vierundvierzig Jahren sei dieser verstorben und in der Kirche habe ein bewegender Gottesdienst stattgefunden, bei dem sie viele ihrer ehemaligen Schüler wiedergetroffen habe. Übrigens solle ich die Kirche unbedingt besichtigen! Hatte ich ohnehin geplant! Zehn Minuten später setzt sie mich neben meinem Auto ab. Es ist noch früh am Tag und ich fahre zurück nach Liverdun und parke auf dem Platz vor der Kirche unter einer schattenspendenden Linde. Das Kirchenportal steht offen und ich betrete die kühle und dunkle Kirche, die Ende des 12. Jahrhunderts gebaut wurde. In ihrer Schlichtheit und Strenge erinnert sie an die Bauweise der Zisterzienser.

Als ich die dem Heiligen Petrus geweihte Kirche nach einer Weile wieder verlasse, fällt mir neben dem Ausgang ein steinernes Grabmal auf. Auf dem Grabdeckel liegt ein Mann im Bischofsgewand, der seinen eigenen Kopf in der Hand hält. Ich lese, dass es sich um den Heiligen Eucharius handelt, der 362 bei Pompey, wenige Kilometer moselaufwärts, zur Zeit der Christenverfolgungen von Kaiser Julian geköpft worden war.

Eucharius, der kopflose Bischof.

Dieser war ein Neffe Kaiser Konstantins und nur drei Jahre lang Kaiser (360–363). In dieser kurzen Regierungszeit versuchte er, das Christentum, das unter Konstantin gefördert worden war, zurückzudrängen und ließ zahlreiche Christen umbringen. Aber Eucharius? Den kenne ich doch als ersten Bischof von Trier! Was machte der hier in Liverdun? Oder war es ein anderer Eucharius? Möglicherweise war der griechische Name verbreitet. Aber beide Bischöfe? Und beide in der Spätantike? Ich werde zu Hause recherchieren. Rätselhaft!

Über Bischof Eucharius von Trier, so ergeben meine Nachforschungen, liegen nur spärliche Informationen vor. Nur dass er bereits im 3. Jahrhundert, also vor der Kaiserzeit Konstantins, lebte, kann als gesichert gelten. Und wo befindet sich sein Grab? Gregor von Tours schreibt gegen Ende des 6. Jahrhunderts, sein Grab läge im Süden der Stadt Trier und in der Tat gibt es in der Krypta der Benediktinerabtei Sankt Matthias einen Sarkophag, der Bischof Eucharius zugeordnet wird. Aber dieser stammt aus dem 16. Jahrhundert. Demnach müsste es sich um zwei verschiedene Bischöfe gleichen Namens handeln. Zufälle gibt es!

Bis zu meiner Unterkunft in einem Vorort von Nancy sind es noch 25 Kilometer und trotz Navigationssystems drehe ich mehrere Ehrenrunden, bevor ich meine Unterkunft in einer kleinen Seitenstraße finde. Vermieterin ist eine Dame, die vor ihrer Pensionierung im Botanischen Garten von Nancy beschäftigt, und viel in Asien gereist war. Wir unterhalten uns angeregt, natürlich auch über die Geschichte Lothringens und die Rivalität zwischen Metz und Nancy. Als Einwohnerin von Nancy ist klar, auf welcher Seite sie steht. Ich bin hingegen von den zweitausend Jahren Geschichte und dem authentisch-herben Charme von Metz besonders fasziniert. Eine Bemerkung von Helga May-Didion, der langjährigen Leiterin des Landesamtes für Umwelt- und Arbeitsschutz, kommt mir in den Sinn:

Madeleines de Liverdun – eine geschichtsträchtige Köstlichkeit.

»Ihr im Ministerium«, so pflegte sie zu sagen, »ihr im Ministerium, ihr habt die Herren und wir im Landesamt,«, so meinte sie augenzwinkernd, »wir haben die Männer!«. Genauso verhält es sich zwischen Nancy und Metz: Hier die Herren, dort die Männer!

Nach dem Frühstück fahre ich wieder nach Liverdun und stelle mein Auto am Bahnhof ab. Ein großes blaues Schild fällt mir sofort ins Auge: »Les véritables Madeleines de Liverdun«. Madeleines! Die berühmten Madeleines hatte ich eigentlich in Commercy verortet. Aber offensichtlich gibt es auch in Liverdun eine florierende Madeleines-Produktion. Das kann ich mir nicht entgehen lassen!

Ursprünglich stammt das Gebäck aus Commercy und ist mehr als nur lecker. In jedem Fall ist es nicht nur köstlich, sondern auch geheimnisvoll und geschichtsträchtig. Manche behaupten, dass es seine Form den Jakobspilgern verdankt. Auf der Rückkehr vom Grab des Heiligen Jakobus brachten sie Jakobsmuscheln mit, die als Form genutzt wurden, um die Madeleines zu backen. Jedenfalls haben diese bis heute die Form einer (länglichen) Jakobsmuschel. Eine andere Geschichte besagt, das Rezept stamme von Madeleine Simonin, der Köchin von Kardinal de Retz, und sei mit ihr im 17. Jahrhundert nach Commercy gekommen.

Richtig schön ist jedoch die Story, wie dieses Gebäck Stanislaw Leszczyinski in seinen Bann zog. Der ehemals polnische König und Herzog von Lothringen, der seine Tochter mit dem französischen König verheiratet hatte, lebte auf großem Fuß und liebte es, große und aufwändige Feste zu feiern. Und 1755 bei einer seiner zahlreichen Gartenpartys ließ ihn sein Konditor im Stich und er stand ohne Nachtisch für seine Gäste dar. Ein einfaches Küchenmädchen rettete die Situation und bereitete einen aus ihrer Heimat Commercy stammenden Nachtisch nach einem

Rezept ihrer Oma zu. Mal ganz abgesehen davon, dass schon im 17. Jahrhundert die Backkünste der Großmütter unübertroffen waren: Stanislaw war begeistert von dem Gebäck. Ob er nur für die Madeleines oder auch für Madeleine schwärmte? Jedenfalls gab es dieses Gebäck nun häufiger am lothringischen Hof und es wurde unter dem Namen des Küchenmädchens Madeleine unsterblich.

Immer wieder habe ich den Hinweis gefunden, dass auch Marcel Proust den Madeleines in der Weltliteratur ein Denkmal gesetzt habe und beschließe, der Sache auf den Grund zu gehen. Ich bestelle mir antiquarisch »Auf der Suche nach der verlorenen Zeit«, den bedeutendsten (und autobiografischen) Roman Prousts. Als das Päckchen ankommt, bin ich überrascht: Der Roman umfasst drei Bände und mehr als 3000 Seiten – selbst für einen erprobten Vielleser, der keine Angst vor dicken Büchern hat, eine Herausforderung! Und so stelle ich die Bände erst mal zur Seite. Als ich dann doch den Versuch wage, die entsprechende Stelle mit den Madeleines zu suchen, werde ich prompt fündig: Die erste Seite, die ich aufschlage! Ein Zufall? Ein kleines Wunder? Und die Stelle ist in der Tat schön, so schön, dass ich sie hier wiedergeben möchte:

»…, als meine Mutter an einem Wintertag, an dem ich durchfroren nach Hause kam, mir vorschlug, ich solle entgegen meiner Gewohnheit eine Tasse Tee zu mir nehmen. Ich lehnte erst ab, besann mich dann aber, ich weiß nicht warum, eines anderen. Sie ließ daraufhin eines jener dicklichen, ovalen Sandtörtchen holen, die man »Petites Madeleines« nennt und die aussehen, als habe man dafür die gefächerte Form einer Jakobs-Muschel benutzt. Gleich darauf führte ich, ohne mir etwas dabei zu denken, doch bedrückt über den trüben Tag und die Aussicht auf ein trauriges Morgen, einen Löffel Tee mit einem aufgeweichten Stückchen Madeleine darin an die Lippen. In der Sekunde nun, da dieser mit den Gebäckkrümeln gemischte Schluck Tee meinen Gaumen berührte, zuckte ich zusammen und war wie gebannt durch etwas Ungewöhnliches, das sich nun vollzog. Ein unerhörtes Glücksgefühl, das ganz für sich allein bestand und dessen Grund mir unbekannt blieb, hatte mich durchströmt. Es hatte mir mit einem Schlag die Wechselfälle des Lebens gleichgültig werden lassen, seine Katastrophen ungefährlich, seine Kürze imaginär, und es erfüllte mich mit einer köstlichen Essenz. Oder vielmehr: Diese Essenz war nicht in mir, ich war sie selbst. Ich hatte aufgehört, mich mittelmäßig, zufallsbedingt, sterblich zu fühlen. …« Und auf den folgenden Seiten setzt Proust seine Lobrede über die Madeleines fort. Kein Wunder, dass Stanislaw Leszczyinski von dem Küchenmädchen so begeistert war!

Als ich auf das Geschäft zusteuere, bemerke ich einen Mann, der sich mit seinem Hund auf den Gehweg neben den Eingang gesetzt und seinen Hut vor sich ausgebreitet hat. Ich grüße ihn herzlich, werfe jedoch keine Münze in seinen Hut. Wenn ich den Laden verlasse, würde ich ihm einige Madeleines geben. Als ich den Laden betrete, werde ich kritisch gemustert. Ob man mich mit meinem Hut, dem Rucksack und meinem Stock auch für einen Bettler hält? Gerade werden frische Madeleines aus der Backstube in den Verkaufsraum getragen. Sie duften köstlich. Ich wähle aus den verschiedenen Sorten aus und lasse noch eine weitere Tüte für den Mann vor der Tür abfüllen. Als ich den Laden nach einigen Minuten verlasse, ist der Bettler verschwunden. Was mache ich jetzt mit den ihm zugedachten Madeleines? Wenn nur alle Probleme so leicht lösbar wären, denke ich, und stecke mir das erste davon in den Mund …

Das erste Stück des Weges führt durch eine parkartige Erholungslandschaft. Auf Liegewiesen tollen Kinder herum. Alte Baumweiden spenden Schatten. Papageienbunte Radfahrer fahren achtsam und vorsichtig an den Spaziergängergruppen vorbei. Mütter schieben Kinderwagen. Ein Campingplatz grenzt an. Am Moselufer von Liverdun Erholung zu suchen, hat eine lange Tradition. Ganze Generationen aus Nancy kamen an diesen Ort, um ein Wochenende oder auch nur einen Sonntag zu verbringen. Um zu schauen oder gesehen zu werden. Ein idyllisches Treiben an diesem Samstagvormittag, nur zum Baden ist es noch zu kalt. Ich achte nicht auf den Weg, sondern folge dem Moselufer. Nach einer ganzen Weile muss ich jedoch feststellen, dass ich auf eine langgezogene Moselinsel geraten bin und der Weg endet. Also wieder zurück! Nach einer halben Stunde habe ich wieder den Ausgangspunkt erreicht. Auf einer Bank verzehre ich das nächste Madeleine und nehme nun den richtigen Weg, der zunehmend holpriger wird. Jetzt verläuft er parallel zur verkehrsarmen Landstraße.

Um auf die Landstraße zu gelangen, muss ich eine Böschung hoch. An einer geeigneten Stelle gelingt mir das problemlos. Nun geht es auf der Straße weiter am Fuß des bewaldeten Moselprallhanges. Nach etwa zwei Kilometern erreiche ich die Moselschleuse und muss mich entscheiden: Entweder ich bleibe hier links der Mosel und gehe nach St. Etienne weiter oder ich überquere auf der Schleusenbrücke die Mosel und gehe dann rechts von ihr weiter. Ich entscheide mich für die zweite Variante, die zudem auch noch etwas kürzer ist. Nach einer weiteren Madeleine-Pause und einem großen Schluck Wasser geht es über die schmale Schleusenbrücke auf die andere Moselseite. Hier verläuft ein geteerter Treidelpfad. Im Abstand von jeweils einem Kilometer warten kleine Rastplätze und Bänke auf Radfahrer und Pilger. Auch wenn es nicht zwingend erforderlich ist, nutze ich jede der Sitzgelegenheiten und ruhe einige Minuten aus, bevor ich mir den nächsten Kilometer vornehme. Plötzlich wird die Ruhe empfindlich gestört: Zwei Schnellboote mit Wasserski-Fahrern im Schlepptau knattern an mir vorbei und zerreißen die Stille. Auf einer Auwiese lagern Jugendliche und grillen. Nach zwei weiteren Stunden erreiche ich das Dörfchen Aingeray. Zuerst muss ich durch die Bahnunterführung, dann geht es noch mal ein Stück zurück in den kleinen Ort. Er hat zwar eine Vielzahl archäologischer Funde aufzuweisen, aber eine Kneipe oder ein Café gibt es hier nicht. Auch sonst wirkt das Dorf an diesem Samstagnachmittag wie im Tiefschlaf. An einer geeigneten Stelle trampe ich und halte meinen rechten Daumen in die Luft. Den Rucksack habe ich so positioniert, dass man im Vorbeifahren die Jakobsmuschel sieht. Nur wenige Autos fahren vorbei. Keines hält an. Ich suche mir eine andere Stelle und gehe Richtung Ortsausgang weiter bis zur Mairie. Hier finde ich eine Bushaltestelle. Der nächste Bus fährt jedoch erst am Montagmorgen nach Liverdun. Wieder warte ich. Wieder kommen nur wenige Autos vorbei. Wieder hält keines an.

In der Einfahrt des gegenüberliegenden Hauses taucht plötzlich ein Mann auf. Im Unterhemd, vollständig tätowiert, mit riesigem Backenbart, könnte er in jedem Krimi einen Bösewicht darstellen. Ich spreche ihn an und erkläre ihm die Situation. Als ich ihn frage, ob er mir ein Taxi rufen könne, meint er, das sei kein Problem, und verschwindet im Haus. Einige Minuten später taucht er wieder auf und erklärt mir, er habe kein Taxi erreicht. »Steig in meinen Camion ein, ich bringe dich nach Liverdun. Es fällt mir schwer, in den hohen Lieferwagen zu kraxeln, aber ich schaffe es, als der Mann mich von hinten stützt. Eine halbe Stunde später sind wir bereits in Liverdun am Bahnhof. Ich bedanke mich herzlich und teile meine letzten beiden Madeleines mit dem freundlichen und hilfsbereiten Bewohner von Aingeray. Der Madeleine-Laden hat noch geöffnet und ich frische meine Vorräte wieder auf. Dabei lerne ich, dass es diesen Laden in dieser Lage bereits seit 1870 gibt und er nicht nur leckere Madeleines, sondern auch eine interessante Geschichte aufzuweisen hat.

1870 ist Liverdun bereits das bevorzugte Ausflugsziel von ganz Nancy, ein wenig Liverdun-sur-plage. Die ortsansässige Bevölkerung profitiert natürlich von der Kaufkraft der städtischen Erholungssuchenden. Die Bäcker des Ortes backen und vertreiben Madeleines. So auch Joseph Rouvenacht, der hier am Place de la gare, seine »Madeleines de Liverdun« verkauft. Sein Bäckergeselle Marcel Chenel übernimmt den Laden 1924. Er verbessert das Rezept seines Vorgängers, das bis heute als Geheimnis gehütet wird, indem er eine Prise Salz hinzufügt. »Les véritables Madeleines de Liverdun" werden mit ihrem Logo, das eine schelmisch lachende Oma zeigt, nach Ende des Zweiten Weltkrieges zu einer bekannten Marke.

André et Pierre, die Söhne von Marcel, bauen 1947 Unternehmen und Vertrieb aus, indem sie den Einzelhandel beliefern. Als mit Serge Chenel die dritte Generation das Unternehmen übernimmt, beschäftigt es 40 Mitarbeiter. Serge war bereits Arzt, als er hier einsteigt und seine Praxis aufgibt. Ohne jeden väterlichen Druck! Aufgewachsen in diesem Umfeld, hatte ihm sein Vater geraten, zu studieren und sein Glück nicht in der Madeleine-Produktion zu suchen. Obwohl er keine betriebswirtschaftliche Ausbildung hat, erweitert er die Produktion um ein Handelsunternehmen und vertreibt seine Madeleines nun auch in Tankstellen und Tabakläden. Die Zahl der Beschäftigten liegt nun bei einhundert.

1998 beschließt Serge Chenel, sich auf die Herstellung zu konzentrieren. Er backt nun 15.000 bis 20.000 Madeleines am Tag. Er verkauft die Handelssparte, wandelt das Unternehmen um und reduziert die Belegschaft auf nur noch sieben Angestellte. Und die Geschichte geht weiter. Inzwischen hat die vierte Generation die Produktion der Madeleines übernommen.

Am nächsten Morgen fahre ich gemütlich nach Villey St. Etienne. Gerade rechtzeitig komme ich zur Sonntagsmesse an. Die Pfarrkirche Sankt Martin ist hell und freundlich. Pünktlichkeit ist in französischen Gottesdiensten offenbar nicht unbedingt üblich. Der Pastor hat schon längst mit der Messe begonnen, als noch immer Leute dazukommen, die die Anwesenden über die Kirchenbänke hinweg herzen und küssen. Nach Ende der Messe findet noch eine Taufe statt.

In der Ortsmitte hat ein kleines Café geöffnet. Unter einem kleinen Sonnenschirm trinke ich einen Milchkaffee und esse ein Schoko-Croissant. Solchermaßen gestärkt, mache ich mich auf den Heimweg und fahre langsam und gemütlich über Landsträßchen durch das sonnige Lothringen nach Hause. Dort angekommen, kontrolliert Moritz das Auto und ist erleichtert, als er keine neuen Schrammen entdeckt. »Papa, du weißt schon, dass du heute durch Frankreich geschlichen bist? Deine Durchschnittsgeschwindigkeit liegt bei nur 53 km in der Stunde!«, stellt er irritiert fest, nachdem er den Bordcomputer kontrolliert hat. »Ich hoffe, Du hast den Verkehr in Frankreich mit deiner Rentnergeschwindigkeit nicht allzu sehr behindert!?«. Ich erkläre ihm, dass ich genussvoll durch die kleinen Dörfer Lothringens gefahren bin und nicht über die Autobahn. Reisen statt Rasen!

Die nächste Etappe werde ich in Begleitung von Moritz und seinem Taufpaten Harald gehen. »Um ein Kind zu erziehen, braucht man ein ganzes Dorf.«, sagt ein afrikanisches Sprichwort. Harald war und ist ein verantwortungsvoller Pate, der seine Aufgabe sehr ernst genommen hat und nimmt. Auch wenn er im Beruf stets stark eingespannt war, so war er doch stets da, wenn eine Autorität gebraucht wurde. Pubertät ist die Zeit, in der die Eltern schwierig werden. Gut, wenn dann ein Pate hilfreich zur Seite steht!

Harald ist ein erfahrener Jakobspilger. Nach einem beruflichen Einschnitt hatte er sich auf den Weg gemacht und war einige Wochen lang auf dem Jakobsweg durch den Norden Spaniens gepilgert, bis er schließlich Santiago di Compostela erreichte. Damals hatte er seine Pilgerreise nicht angekündigt, sondern er war einfach mal weg. Das hatte ich ihm nicht zugetraut, denn Harald war alles andere als sportlich. Und ein einfaches Pilgerleben – ohne Luxus? Aber ich hatte mich getäuscht! Und als Harald wieder im Saarland war, brachte er viele interessante Geschichten und Erlebnisse mit. Er ist in seiner Kirchengemeinde engagiert und jedes Jahr an einem Maiwochenende mit einer Pilgergruppe aus seiner Pfarrgemeinde auf dem Jakobsweg in unserer Region unterwegs.

Eine gemeinsame Pilgerwanderung stand schon seit längerer Zeit auf dem Plan. Alleine die Terminfindung gestaltete sich schwierig. Mariä Himmelfahrt bot sich an und so wählten wir diesen Feiertag für eine zweitägige Etappe. Als wir in der Ortsmitte von Villey St. Etienne das Auto abstellen, ist es kurz nach Mittag und die Sonne scheint kräftig. Ich möchte den beiden die Pfarrkirche zeigen, doch sie ist leider verschlossen. Wir machen uns auf den Weg, der an einem sogenannten Maison forte aus dem Mittelalter vorbeiführt. Heute ist darin das Rathaus untergebracht.

Villey liegt am Rande des Hochplateaus und beim Abstieg ins Moseltal öffnet sich ein weiter Blick. Über Toul flimmert die Sommerhitze, doch die Türme der Kathedrale sind gut zu erkennen. Im Schatten sitzt ein Mann auf den Steinstufen einer Treppe und passt auf seine Enkelkinder auf. Er erkennt uns sogleich als Jakobspilger und wünscht uns einen guten Weg. Wir erreichen die Mosel-Aue und folgen einem unbefestigten Weg. Immer wieder halten wir an, um von den köstlichen Brombeeren zu naschen. Die Hitze macht mir zu schaffen. Wie weit ich heute wohl komme? Wir haben kein Tagesziel festgelegt; Toul ist jedenfalls zu weit. Der Weg wird zum Pfad und ein gutes Wegstück gehen wir im Gänsemarsch, aber wenigstens im Schatten. Gegen 17 Uhr erreichen wir die Schleuse Gondreville. Sollen wir noch weiter? Harald und Moritz schlagen vor, unsere Etappe hier zu beenden. Damit mir noch ein paar Kraft-Reserven für den Abend verbleiben, stimme ich zu. Auf der Treppe der Schleuse finde ich eine Sitzmöglichkeit und versuche, ein Taxi aus Toul zu bestellen. Mehrere Versuche misslingen. Harald und Moritz machen sich auf den Weg zurück, um das Auto zu holen. Nach einer knappen Stunde sind sie wieder da. Inzwischen habe ich mich unter einem schattigen Baum ausgeruht.

Wir fahren zurück nach Nancy. Moritz hatte sich gewünscht, Nancy kennenzulernen. Direkt am prunkvollen Place Stanislas habe ich Zimmer im ehemaligen Grand Hotel gebucht. Der Glanz der Belle Epoque ist noch zu spüren. Allein das Bad ist sehr eng und der Einstieg in die Dusche eine echte Herausforderung. Dafür haben wir ein Fenster zu dem Platz hin, in dessen Mitte das Denkmal steht, das an den »guten König« und Erbauer des prunkvollen Platzes erinnert: Stanislas von Lissa war vom Reichstag zum zweiten Mal zum König von Polen bestimmt worden. Doch hatte er auch dieses Mal den Thron nicht lange inne. Er wurde erneut abgesetzt und musste dem Kurfürsten von Sachsen, August III., dem Sohn August des Starken, weichen, der von den Russen unterstützt wurde.

Den letzten Habsburger, Karl VI., trieb die Sorge um, dass er keinen Sohn als Thronfolger hatte. Wie sollte er seiner ältesten Tochter, Maria Theresia, die den Herzog Franz Stephan von Lothringen (den späteren Kaiser Franz I.) heiraten sollte, die Erbfolge in Österreich-Ungarn sichern? Unmöglich konnte der französische König zustimmen, dass Lothringen zu Habsburg kam! Und so wurde ein »Deal« ausgehandelt: Karl VI. gab

Lothringen preis. Dafür stimmte Frankreich der sogenannten »pragmatischen Sanktion« zu, das heißt der Erbfolge in weiblicher Linie.

Stanislas, der seine Tochter Maria mit dem französischen König, Ludwig XV., verheiratet hatte, wurde für den Verlust der polnischen Krone mit dem lothringischen Herzogstitel entschädigt. Nach seinem Tod sollte Lothringen dann jedoch der französischen Krone zufallen. Stephan, bislang Großherzog von Lothringen und Gemahl von Maria Theresia, erhielt im Ringtausch das Großherzogtum Toskana. Der bisherige Großherzog der Toskana, ein Spanier, wurde dafür König Siziliens. Länder-Monopoly, wie es zum Zeitalter des Absolutismus gehörte! Die Bevölkerung wurde nicht gefragt.

Lothringen sollte das Altenteil von Stanislas sein. Es war vereinbart worden, dass es nach seinem Tod endgültig zu Frankreich kommen sollte. Als Stanislas 1737 das Herzogtum übernahm, war er bereits 60 Jahre alt und wies alle Risikofaktoren auf, die erwarten ließen, dass der Erbfall in nicht allzu ferner Zukunft liegen würde. Doch Stanislas dachte nicht ans Sterben! 30 Jahre lang regierte er Lothringen und als er im Alter von 89 Jahren starb, hinterließ er mit Lunéville und Nancy zwei schmucke Residenzstädte und zahlreiche weitere Bauwerke. So dauerte es bis 1766, bis für Frankreich der lang ersehnte Weg zum Rhein frei wurde, zumal schon vorher das Elsass besetzt und damit das Herzogtum vom Rhein abgeschnitten war.

In der Abendsonne schlendern wir über den Platz, auf dem reges Treiben herrscht. Moritz muss ein Kurzreferat über die Geschichte Lothringens und den polnischen Großherzog über sich ergehen lassen. Tapfer hört er zu. Während es unter den Potentaten seiner Zeit ein durchaus übliches Geschäftsmodell war, Landeskinder als Söldner zu verkaufen, verzichtete Stanislas auf solch lukrative Geschäfte. Stattdessen baute er Krankenhäuser, Schulen und viele soziale Einrichtungen. Die Liste seiner Wohltaten, auf seinem Denkmal in Stein gemeißelt, ist beeindruckend lang. Stanislas wird in Veröffentlichungen immer wieder als Parasit und Idealbild einer feisten Operettenfigur beschrieben. Aber ist das wirklich die historische Wahrheit? Das Denkmal jedenfalls, das Mitte des 19. Jahrhunderts errichtet wird, bezeichnet ihn als »Wohltäter Lothringens«. Und bis heute hat die Bevölkerung ein positives Bild von ihrem letzten Großherzog.

Der Mensch, zumal der heranwachsende, lebt nicht nur von Bildung allein. Moritz hat Hunger! Wir suchen uns ein schönes Restaurant am Rande des Platzes und wählen einen Tisch im Freien. Es macht Spaß, den vorbeiflanierenden Menschen zuzuschauen, darunter viele Touristen. Die Asiaten und die deutschen Lehrer erkennt man sofort. Die Ruhe wird jäh gestört: Mit lautem Tatütata fahren plötzlich einige Mannschaftswagen der Polizei vor und bremsen abrupt vor den Betonblöcken, mit denen der Platz abgesperrt ist. Schwerbewaffnete Polizisten springen aus den Fahrzeugen. Doch scheint es ein Fehlalarm zu sein. Das Attentat von Nizza liegt erst kurze Zeit zurück und die Nerven liegen blank. Nach einer Viertelstunde rücken die Polizisten wieder ab und der Platz glänzt in der Abendsonne, als sei nichts geschehen.

Wir studieren die Weinkarte und wählen einen Pinot noir aus einem Weingut in Vaux aus. »Auf der Rückfahrt sollten wir morgen in diesem Weingut anhalten und Wein einkaufen!«, schlage ich vor und brauche keine Überzeugungsarbeit zu leisten. Wir verbringen einen schönen Abend und warten darauf, dass mit Einbruch der Dunkelheit die angekündigte Lichtshow den Platz in buntes Licht taucht. Zum Abschluss eines gelungenen Pilgertages genießen wir einen guten Cognac, auch wenn es heute nur fünf Kilometer Wegstrecke waren.

Ist der Mariä-Himmelsfahrts-Tag auch in Frankreich ein arbeitsfreier Feiertag? Wir wissen es nicht. Der Place Stanislas ist seit einigen Jahren autofrei, so dass man aus dem fehlenden Verkehr nicht auf einen Feiertag schließen kann. Eine kurze Recherche im Internet bestätigt, dass der 15. August auch in Frankreich ein Feiertag ist und dass um zehn Uhr in der Kathedrale eine Messe stattfindet. Harald und ich schlagen vor, die Messe mitzufeiern und Moritz willigt ohne zu murren ein. Erstaunlich, denn seit einiger Zeit fremdelt er mit der Institution Kirche!

Mariä Himmelfahrt ist ein sperriges Fest. Wie soll man das einem aufgeweckten kritischen Zwanzigjährigen nahebringen? Vielleicht am ehesten als »Muttertag«, der nicht von der Blumenindustrie gekapert und kommerzialisiert wurde? Im Neuen Testament findet das Ereignis keine Erwähnung. Aber schon im fünften Jahrhundert wird ein Marienfest gefeiert, mit dem an den Tod Mariens und ihrer leiblichen Aufnahme in den Himmel gedacht wird. Ich wage zu behaupten, dass nicht nur Moritz, sondern beinahe hundert Prozent der Bevölkerung mit diesem kirchlichen Hochfest nicht viel anfangen können! Trotzdem ist es ein beliebter Feiertag, weil es mitten im Sommer liegt.

Nancy ist ein noch junges Bistum, das erst 1777 auf Drängen der französischen Krone neu eingerichtet wurde. Gerade ein Jahrzehnt zuvor war Lothringen endgültig zu Frankreich gekommen und man legte Wert darauf, die lothringischen Machtstrukturen zu verändern. Das einflussreiche Bistum Toul, das über Jahrhunderte geistliche und weltliche Macht ausgeübt hatte, wurde deshalb erheblich geschwächt und der Bischofssitz nach Nancy verlegt. Doch davon ist an diesem Morgen keine Rede. Wir schlendern zu der zwei Straßen entfernten Kathedrale und erreichen sie gerade noch rechtzeitig, bevor der Regen einsetzt. Nach der Messe schauen wir zum grau bewölkten Himmel auf und stellen fest, dass es sich eingeregnet hat. »Unter

Abendessen auf dem Place Stanislas. Quel beau gosse.

diesen Witterungsumständen sollten wir auf das Pilgern verzichten!«, schlage ich vor. »Stattdessen zeige ich Euch einige der Schätze, die ich in diesem Frühjahr entdeckt habe.« Moritz und Harald willigen ein und ich bringe sie zum römischen Aquädukt sowie nach Gorze. Zum Abschluss kehren wir in das Weingut in Vaux ein und laden ein paar Weinkisten in den Kofferraum.

Allein schon die bewegte und besondere Geschichte dieses Weingutes ist einen Umweg wert! Die Winzerin, Marie-Geneviève, gelernte Önologin, öffnet uns die Tür und führt uns in den Weinkeller. Das Weingut hat eine uralte Tradition: Die ältesten Bauteile des Schlosses stammen aus dem 8. Jahrhundert. Schon damals wurde hier Wein gekeltert. 1892 lässt sich Heinrich Greiger, ein aus Berlin stammender Kaufmann, hier nieder und führt das Weingut unter dem Namen »Champagnerkellerei Schloss Vaux« zur Blüte. 1918 muss er, wie alle Deutschen, Lothringen verlassen. In Eltville am Rhein baut er sich ein neue Existenz auf. Die Sektkellerei hat es ihm angetan und er gründet die »Sektmanufaktur Schloss Vaux« zu Eltville. So kommt es, dass es bis heute zwei »Château de Vaux« gibt: eines in Lothringen und eines in Hessen. Während im lothringischen die Weinproduktion für einige Jahrzehnte zum Erliegen kommt und das Gebäude zunächst als Feriendomizil von Metzer Bürgern, dann als Werkstatt eines Verlegers zweckentfremdet wird, steigt die Sektmanufaktur in Eltville zu einem der besten Häuser in Deutschland auf.
Bis im Jahr 1999 Marie-Geneviève zusammen mit ihrem Mann Norbert das Weingut wieder zu neuem Leben erweckt. Norbert war vorher »Flying winemaker« mit Stationen in Neuseeland und Australien, natürlich auch im Elsass und in Burgund. Schritt für Schritt bauen sie das traditionsreiche Gut wieder auf und so bewirtschaften die Molozays heute 15 Hektar in Südlage,

auf denen sie Pinot noir und Pinot gris, Auxerrois und Riesling anbauen. Experimentierfreudig bieten sie heute 16 verschiedene Weine und Cuvées an, alle nach den Vorschriften des ökologischen Landbaus erzeugt. Da Harald noch fahren muss, kommt eine Weinprobe nicht infrage. Wir packen eine Auswahl in den Kofferraum. Die Verkostung ist aufgeschoben, aber nicht aufgehoben!

Zwei Wochen später ist nun endlich Toul das nächste Etappenziel. Mein Freund Heinz begleitet mich – und das gleich für zwei Tage. Es geht ihm so, wie es gemeinhin allen Ruheständlern geht: Seit er emeritiert ist, hat er keine Zeit mehr. Zwar bespaßt er noch immer luxemburgische Lehramtsstudenten, aber seine Hauptbeschäftigung ist seit Jahren die Arbeit an der Biografie von Robert Louis Stevenson, der er sich mit einem Höchstmaß an Akribie und Disziplin widmet. Umso bemerkenswerter, dass er sich für zwei Tage von seinem Arbeitstisch entfernt, um mit mir zu pilgern!

Bereits die Fahrt ist interessant und unterhaltsam. Heinz berichtet mir minutiös von RLS und seinen Frauen. »Cherchez la femme!« heißt die Herausforderung, wenn man auf den Grund einer großen Schriftstellerseele vordringen will. Heinz ist gerade dabei, die Briefe von Stevenson durchzuarbeiten. Da der alles andere als schreibfaul war, ist schon das alleine eine Herkulesaufgabe. Erschwerend kommt hinzu, dass viele der Briefe bislang nicht ins Deutsche übersetzt wurden.

Auch Heinz war noch nie in Toul. Beide sind wir gespannt, was uns in der ehemalige Bischofsstadt erwartet. Die Hotelauswahl ist übersichtlich. In der »Villa Lorraine«, die zentral in der Stadtmitte liegt und früher ein Theater aus der Zeit des Jugendstils war, habe ich Zimmer reserviert und wir beschließen, erst mal Quartier zu beziehen. Das Hotel liegt ruhig in einer Einbahnstraße und ist ein kleines, gemütliches, familiengeführtes

Hotel. Hier werden wir uns wohlfühlen! Nachdem wir die Zimmer bezogen haben, gehen wir noch einige Meter in die Innenstadt und stärken uns in einem gemütlichen Café. Die Schleuse bei Gondreville war vor zwei Wochen der Endpunkt der Pilgeretappe und wird heute der Startpunkt sein. Wir studieren in den weichen Sesseln des Cafés die Karte: Rund sechs Kilometer. Das müsste zu schaffen sein! Als wir starten, ist es gerade erst 15 Uhr. Die Augustsonne heizt uns mächtig ein und wir laufen zunächst auf unbefestigten, sandigen Feldwegen an Maisfeldern vorbei. Trotz der Hitze kommen wir gut voran. Nach einer Stunde haben wir die ersten zwei Kilometer geschafft. Zwei Kilometer in einer Stunde! Heißt eine viermal höhere Durchschnittsgeschwindigkeit als noch vor zwei Jahren. Wenn das so weiter geht, werde ich bald Kondensstreifen hinterlassen! Aber dauerhaft kann ich diese Geschwindigkeit noch nicht halten. Für die nächsten beiden Kilometer brauche ich zwei Stunden, bin also nur noch halb so schnell. Oder doppelt so langsam. Wie man es nimmt.

Jetzt gehen wir auf dem Treidelpfad entlang der Mosel, die für eine leichte Abkühlung sorgt. Jogger laufen an uns vorbei; auf der Mosel kreuzen Schwäne. Ein friedlicher August-Nachmittag! Heinz hat sich meiner verringerten Marschgeschwindigkeit angepasst. Langsam gehen, so habe ich noch aus gesunden Tagen in Erinnerung, ist manchmal ebenso anstrengend wie schnelles Gehen. Als wir eine weitere kurze Rast einlegen, schlage ich ihm vor, doch schon mal vorauszugehen und sich mit einem Taxi von Toul aus zu seinem Auto fahren zu lassen. »Einverstanden, aber ich bin mir nicht sicher, ob ich die Stelle wiederfinde, an der wir geparkt haben!« »Das wirst du schon schaffen! Du bist ein großer Bub, Heinz!« Neben dieser Ermutigung gebe ich ihm aber sicherheitshalber noch die Karte mit auf den Weg. Während ich noch eine Weile verschnaufe, verschwindet Heinz

bereits hinter der nächsten Moselbiegung. Wenn es mir gelingt, mein jetziges Tempo zu halten, dürfte ich gegen 19 Uhr wieder in Toul sein, rechne ich aus.
Schon bald tauchen die Türme der Kathedrale vor mir auf. Das Tagesziel vor Augen zu haben, gibt einen weiteren Motivationsschub und Schritt für Schritt komme ich voran. Der Weg verläuft zwischen der Mosel und dem Rhein-Marne-Kanal, der von Straßburg nach Vitry führt. Heute hat er keine Bedeutung mehr als Frachtweg, sondern dient nur noch als Freizeitgewässer. Bis 1979 war er mit 315 Kilometern der längste Kanal Frankreichs. Doch mit der Schiffbarmachung der Mosel zwischen Toul und Frouard wurde ein Teilstück davon aufgegeben.
Rudolf Diesel wurde 1858 in Paris geboren und verbrachte dort seine Kindheit. Als Fünfunddreißigjähriger meldete er sein erstes Patent auf den Motor an, der bis heute seinen Namen trägt. Zusammen mit Frederic Charles Dyckhoff, der aus Bar stammte, gründete er eine Gesellschaft und suchte Einsatzmöglichkeiten für seine Erfindung. 1903 baute er zum ersten Mal die Peniche »Petit Pierre« um, die bisher über den Marnekanal getreidelt wurde. Erstmals in der Geschichte war nun ein Dieselmotor im Einsatz. Ein starkes Stück Industriegeschichte! Feinstaub wurde schon damals in Frankreich nicht gemessen.
Noch anderthalb Kilometer bis Toul! Ich finde eine Sitzmöglichkeit und lege eine weitere Rast ein. Der Betonklotz ist nicht sonderlich bequem, aber wenigstens kann ich die Beine ausstrecken. Ich rufe Heinz an und höre nach, wie weit er schon gekommen ist. Zunächst geht er nicht an sein Telefon, dann ruft er zurück. »Gerade habe ich ein Taxi gefunden und bin auf dem Weg zur Schleuse.«, heißt die beruhigende Auskunft.
Noch ein kräftiger Schluck aus der Wasserflasche und ich mache mich wieder auf den Weg. Die Anstrengung wird nun zum Kampf, die Spastik zur Qual. Der linke Fuß verdreht sich zu-

Kathedrale von Toul im Stil der gotique flamboyante.

nehmend. Ich laufe auf dem Außenrist und trete nicht mehr mit der gesamten Fußfläche auf. Mein linker Fuß hat jetzt die Form einer Banane und die Muskeln sind verkrampft. Den damit verbundenen Dauerschmerz ignoriere ich – so gut es geht. »Schmerzen sind nicht schlimm,« pflegte mein Opa Oskar augenzwinkernd zu sagen, »das ist ja nur die Pein.« Ich konzentriere mich darauf, zwar langsam, aber kontinuierlich zu gehen und einigermaßen rund abzurollen. Trotzdem werden meine kurzen Verschnaufpausen häufiger und länger. Als ich die ersten Häuser von Toul erreiche, ruft mich Heinz erneut an: »Ich habe das Auto nach einigem Suchen wiedergefunden. Soll ich dich irgendwo abholen?« Aber ich bleibe eisern. »Nee, lass nur! Wir treffen uns am besten im Hotel.«, schlage ich sein freundliches Hilfsangebot aus. »In etwa einer halben Stunde werde ich ankommen! Schau dich doch schon mal nach einem guten Restaurant um!«

Die Einschätzung »halbe Stunde« war doch etwas zu optimistisch. Nach einer weiteren Stunde habe ich die Kathedrale erreicht. Offenbar hat hier in den letzten Tagen in der parkartigen Grünanlage ein Fest stattgefunden. Die Bühne steht noch und fleißige Helfer sind dabei, den Müll einzusammeln. Auf einer Sitzbank schnaufe ich nochmal durch. Vor mir ragt die eindrucksvolle Kathedrale auf. Für eine Besichtigung ist es jetzt zu spät und ich bin zu erschöpft. Das werden wir morgen nachholen!

Kurz bevor ich das Hotel erreiche, kommt mir Heinz entgegen. Geschafft! Im Hotel hat man uns ein russisch-französisches Restaurant auf der anderen Straßenseite empfohlen. Heinz reserviert einen Tisch, während ich blitzschnell unter die Dusche steige und Straßenstaub und Pilgerschweiß abspüle. In den frischen Klamotten fühle ich mich nun wie neugeboren. Das Restaurant ist klein und gemütlich. Als die Wirtin mitbekommt, wo wir herkommen, spricht sie uns in gutem Deutsch an. Sie erzählt uns, sie stamme aus Georgien, habe einige Zeit in Deutschland gelebt und sei mit einem Franzosen verheiratet, mit dem sie das Restaurant betreibe. Weder Heinz noch ich sind mit der georgischen Küche vertraut und so lassen wir uns von Irina einen Lammtopf empfehlen. Scharf gewürzt und mit einem großen Klacks saurer Sahne! Dazu empfiehlt sie uns georgischen Wein.

Georgien gilt als die Wiege des Weines. Der Weinbau reicht 8000 Jahre zurück und ist bis heute weit verbreitet. Uralte Traubensorten werden nach einer traditionellen georgischen Methode in tönernen Amphoren ausgebaut und gelagert. Wir zögern kurz, dann aber entscheiden wir uns doch für einen Wein aus der Region und bestellen einen Gris de Toul. Der »Vin Gris« hat ebenfalls eine lange Tradition und ist das Markenzeichen der Côtes de Toul. Aus roten Trauben wird ein sehr blasser Rosé gekeltert. Hauptsächlich werden Pinot noir und Gamay eingemaischt. Ein leichter, spritziger Wein für heiße Sommertage! Auch gut geeignet nach anstrengenden Pilgeretappen, wie wir übereinstimmend feststellen. Am Nachbartisch werden interessante georgische Nachspeisen aufgetischt. »Man muss auch mal auf ein Opfer verzichten!« Heinz und ich entschließen uns, eine Portion zu teilen: Nüsse, Honig, Pistazien. Ein köstliches Betthupferl und ein krönender Abschluss eines erfolgreichen Pilgertages!
Da wir beide zum ersten Mal in Toul sind, haben wir uns kurzerhand entschlossen, nicht im Hotel, sondern in der Stadt zu frühstücken und so wenigstens einen ersten Eindruck von ihr zu erhaschen. Schon nach wenigen Metern weiß ich, dass Toul genau meine Hutgröße hat. Ein belebtes, aber nicht hektisches Kleinstädtchen; kleine Läden, viele Blumen und Bäume. Nicht städtisch, aber auch nicht ländlich, sondern irgendwo dazwischen. Eben genau meine Hutgröße!
In den letzten Wochen habe ich einiges über Toul und seine rei-

che Geschichte gelesen. Schon in römischer Zeit war die Stadt ein wichtiger Ort und ist unter dem Namen Tullum auf der römischen Straßenkarte verzeichnet. Diese »Tabula peutingeriana« ist mit einer Länge von 6,75 Metern eher unhandlich, aber sie umfasst das gesamte Straßennetz des römischen Reiches. Und da dieses von den Britischen Inseln bis weit nach Asien reichte, musste die Karte groß sein. Das römische Original blieb leider nicht erhalten. Aber im 12. Jahrhundert fertigte ein gewisser Herr Peutinger in Augsburg eine Kopie, die heute zum Weltdokumentenerbe gehört und »Tullum« verzeichnet. Doch die Römer waren nicht die ersten, die hier siedelten.

Schon der keltische Stamm der Leuker hatte hier sein Zentrum und wie so häufig übernahm das römische Imperium die zentralen Orte der Kelten. Diese römischen Städte wurden dann wiederum in der Spätantike Bischofssitze, so auch Toul. Staunend stehen wir vor der Kathedrale. Gotique flamboyant heißt die Hoch-Gotik in Frankeich. Flammende Gotik. Und der Begriff passt sehr gut: Das Maßwerk hat die Form von Flammen. Die Zahl der Wimperge und der Ziertürmchen hat sich vervielfacht. Die Gewölbe im Kircheninnern gewinnen an Komplexität. An den Außenmauern sorgen Stützpfeiler und Scheinarkaden für Stabilität. Die Fassaden lösen sich auf, als stünden sie in Flammen. Und das hochkomplexe Kirchenbauwerk steht fest und stabil. Über die Jahrhunderte hinweg hat es den Stürmen und Unwettern getrotzt – und das ohne jede Prüfstatik!

Ich versuche, mich in die Haut eines einfachen Pilgers des Spätmittelalters hineinzudenken, der ohne sich vorher im Fernsehen, in Büchern oder im Internet vorinformieren zu können auf seiner Pilgerreise erstmals in seinem Leben ein solches Bauwerk zu Gesicht bekam. Der Eindruck muss überwältigend und erhebend gewesen sein, den Blick vom Boden in Richtung Himmel gerissen haben.

Das restaurierte Mittelschiff strahlt in heiterer Frische.

Nur die wenigsten Menschen bekamen im Mittelalter solche Bauwerke zu Gesicht. Waren sie nicht Soldaten, so waren es nur wenige Kaufleute oder eben Pilger, die etwas von der Welt zu sehen bekamen. Das galt aber nicht nur für das ausgehende Mittelalter, sondern bis in unsere Zeit: Meine Oma Katherina war nie in ihrem Leben verreist. In Welschbach geboren, baute sie mit meinem Opa im Nachbardorf ein Haus. Ihr Leben spielte sich in einem räumlichen Radius von drei Kilometern ab. Zweimal im Jahr fuhr sie zum Einkaufen nach Neunkirchen und einmal in ihrem Leben machte sie mit den katholischen Frauen einen Tagesausflug nach Trier in den Hohen Dom. Weiter kam sie nie in die Welt hinaus. Seit 1974 kam die Welt dann aber in Farbe in ihr kleines Wohnzimmer: Anlässlich der Fußballweltmeisterschaft hatten sie einen Farbfernseher angeschafft!
Einen Augenblick habe ich darüber nachgedacht, ob ich mir den Besuch der Kirche kräfte- und zeitmäßig leisten soll, da heute ja noch einige Kilometer vor uns liegen. Aber so viel Zeit muss einfach sein! Drei Jahrhunderte lang hat man an dieser Kirche gebaut. Da werde ich doch wenigstens eine Viertelstunde Zeit finden, um das anzuschauen, was die Touler Bevölkerung über viele Generationen geschaffen hat! Wir betreten die Kirche. Während draußen in der Sonne geschäftiges Treiben herrscht, ist es im Kircheninnern angenehm kühl und still. Auch architektonisch sticht der Gegensatz zwischen innen und außen ins Auge. Das Innere der Kirche wirkt einfach und klar, fast schlicht, und beeindruckt durch die Dimension. Der Kirchenraum ist fast hundert Meter lang und 32 Meter hoch. Als ich den Blick nach oben richte, bin ich schier überwältigt von der Schönheit der Decke des Mittelschiffes. In den letzten Jahren wurde sie restauriert und in schlichtem Weiß und Ocker ist sie ein echter Blickfang. Kein Prunk, kein Protz, einfach nur schlichte Erhabenheit. Gut, dass ich den Besuch der Kathedrale nicht verschoben habe.

Ich komme aus dem Staunen nicht heraus!
Ich staune. »Staunen« – was ist das? Verwundert sein, das heißt, sich vom Zauber der kleinen und großen Wunder gefangen nehmen zu lassen. Wunder, von denen es so viele gibt, wenn man mit offenen Augen und offenem Herzen durch die Welt geht. Und auf dem Jakobsweg scheint es eine besonders hohe Konzentration von Wundern zu geben. Sozusagen ein Mirakel-Hot-spot, wie das in der neudeutschen Jugendsprache heißt. Auch über die kann ich mich manchmal nur wundern!
Aus dem Verwundertsein erwächst dann ein Bewundern, ein begeistertes Betrachten, verbunden mit dem Drang, mehr über das Wunder zu erfahren. Fast alle Kinder können staunen. Irgendwann mit dem Erwachsenwerden kommt vielen diese Fähigkeit dann abhanden. Null Bock auf Wunder! Bei vielen Menschen bleibt es dann leider so. Der Wunsch, Dinge haben zu wollen, der Drang, bisweilen auch der Zwang zu Konsum, ersetzten das Staunen. Ob Jesus das gemeint hat, als er uns aufforderte, »wie die Kinder zu sein«? Jedenfalls eine meiner Lieblingsstellen in der Bibel!
Als ich den Blick auf das wunderschöne Deckengewölbe richte, wird mir klar, dass ich das Staunen nicht verlernt habe. Und auch nicht mehr verlernen werde, da meine Pubertät ja schon ein paar Monate zurückliegt. Gott sei Dank!
Als im 13. Jahrhundert mit dem Bau der gotischen Kirche begonnen wurde, hatte die Stadt bereits 47 Bischöfe gesehen; darunter einige herausragende, echt starke Typen. Gegründet worden war die Kirche bereits im 4. Jahrhundert. Und schon der erste in der langen Reihe der Bischöfe war ein echter »Knaller«: Die Inschriften und Überlieferungen weisen Mansuy übereinstimmend als ersten Apostel der Leuker und Gründer der Kirche von Toul aus. Mansuetus, wie er auf Latein hieß und was soviel wie »der Sanftmütige« bedeutet, kam als junger Mann aus

Schottland nach Rom und durchlief dort die Kaderschmiede des Christentums. Der Papst, der seine tiefe Frömmigkeit und seine Befähigung zur Verkündigung der Frohen Botschaft erkannte, weihte ihn zum Bischof und schickte ihn nach Gallien, um den Leukern das Evangelium zu verkünden.

Verglichen mit anderen Gegenden Galliens, hielt das Christentum hier bei den Leukern spät Einzug. Erst um 365 wurde das Evangelium öffentlich verkündet. Zu diesem Zeitpunkt fand eine religiöse Revolution statt, die die heidnische Vielgötterei in diesem Teil des römischen Reiches beendete und die ersten christlichen Altäre hervorbrachte.

Noch wenige Jahre zuvor, im Jahr 362, waren – wie einige Inschriften in Pompey und Liverdun bezeugen – unter der Herrschaft von Kaiser Julian die Christen in der Region verfolgt und hingerichtet worden. Zwar hatte Konstantin die Christenverfolgungen beendet und das Christentum im römischen Reich privilegiert, doch versuchte seine Neffe, diese Entwicklung zurückzudrehen. Unter seiner Herrschaft erlitten mehrere Christen den Märtyrertod im Gebiet der Leuker: der Heilige Eucharius bei Pompey, dem ich bereits in Liverdun begegnet bin; der Heilige Elophe bei Solimariaca; die Heilige Libaire bei Grand und sicher noch viele mehr, deren Namen und Schicksale uns nicht überliefert sind. Als Julian nach nur dreijähriger Herrschaft im Jahr 363 im Kampf gegen die Sassaniden fiel, war der Weg frei für die Missionierung der Leuker. Toul war zu dieser Zeit wohlhabend und bevölkerungsreich. Ein Handelsflecken inmitten fruchtbarer Felder und geschützt durch Mauern, wassergefüllte Gräben und zahlreiche Türme.

Mansuy geht ohne Furcht auf die Einwohner zu, die alle den römischen und keltischen Gottheiten huldigen. Er ist bereit, die Todesqualen eines Märtyrers zu erleiden, um seinen Auftrag zu erfüllen, und verkündet die Frohe Botschaft. Doch zunächst tragen seine Missionsbemühungen nur wenige Früchte: Leo, der Anführer der Leuker, verschließt sich seinen Worten und verbietet seinen Leuten, dem christlichen Apostel zu folgen.

Doch Mansuy lässt sich nicht entmutigen. Er will den Auftrag des Papstes würdig erfüllen und den Sieg des Kreuzes in dieser Gegend herbeiführen. Aber er glaubt, vorsichtig handeln zu müssen. So gibt er das Predigen innerhalb der Stadtmauern auf und lässt sich außerhalb nieder. An der Verbindungsstraße von Metz nach Toul zieht er sich in eine einfache Blätterhütte zurück und widmet sich dem Gebet. Diese Laubhütte ist somit quasi der erste Vorgängerbau der prachtvollen Kathedrale. Einige Menschen suchen ihn in seiner Hütte auf und er erzählt ihnen von Jesus Christus und der Frohen Botschaft. Man spricht über ihn und auch die Fürstin hört von dem eigenartigen Mann, der vor den Toren der Stadt lebt.

Sie will Mansuy kennenlernen und als ihr Mann verreist ist, nutzt sie die Gelegenheit und besucht den seltsamen Christen in seiner Einsiedelei. Mit lebhaftem Interesse fragt sie ihn über seine Religion aus. Mansuy bringt ihr die zentralen Botschaften des christlichen Glaubens nahe und die Fürstin ist bald überzeugt und lässt sich heimlich taufen.

Einige Zeit später geschieht während eines Festes ein Unglück: Der einzige Sohn des Fürsten stürzt von der Stadtmauer in den wassergefüllten Graben und taucht sofort unter. Die Mosel reicht an dieser Stelle bis an die Mauer heran und ist sehr tief. Alle Anstrengungen, das Kind zu retten, sind vergeblich. Die Eltern sind geschockt, als ihnen die entsetzliche Nachricht überbracht wird. Vergeblich rufen sie ihre Götter an. Das fröhliche Fest und die Spiele schlagen in eine bittere Trauer um. In der Nacht findet die Fürstin nur einen Augenblick Schlaf. Dabei glaubt sie, im Traum Mansuy zu sehen, der ihr verspricht, ihr das Kind wiederzugeben, wenn sie sich zum Christentum be-

kehrt. Als sie aufwacht, berichtet sie ihrem Mann von ihrem Traum. Der Fürst lässt den mysteriösen Fremden herbeirufen, der erst nach drei Tagen gefunden wird.
Als Mansuy endlich vor dem Fürsten steht, verspricht dieser, dass er mit seiner ganzen Familie und dem gesamten Volk zum neuen Glauben übertreten werde, wenn der Körper seines toten Sohnes auftauchen würde. Gefolgt von einer großen Schar Schaulustiger begibt sich Mansuy an den Graben. Genau gegenüber der Stelle, wo der Bub ins Wasser gefallen und verschwunden ist. Dort kniet er nieder und betet. Sogleich taucht der Körper des Kindes auf und treibt an der Wasseroberfläche. Nun wird er ans Ufer gezogen und Mansuy erinnert den Fürsten an sein Versprechen. Gleichzeitig sagt er, dass die Güte Gottes noch mehr für ihn tun könne. Die kleine Schar der Christen betet inständig zu Gott und das Leben kehrt in das Kind zurück.

Dieses Wunder zieht das Staunen der Menge auf sich und alle sehen darin einen Fingerzeig Gottes. Ohne zu zögern geben sie ihre alten Götter auf und schließen sich dem Christentum an. Der Fürst erfüllt sein Versprechen: Mit seiner gesamten Familie und seinem Stamm lässt er sich taufen und sorgt dafür, dass das Christentum im gesamten Stammesgebiet der Leuker gelehrt wird und die Bevölkerung sich vollständig von den alten Göttern abwendet. Mansuy weiht eine große Zahl von Priestern und lässt eine stattliche Zahl von Kirchen überall im Land bauen, alleine drei in Toul selbst. Nahe seiner Laubhütte entsteht ein Kirchlein, das dem Heiligen Petrus geweiht ist. Weil er es ihm widmet, kommt das Gerücht auf, Mansuy habe Petrus noch persönlich gekannt.
Was davon ist fromme Legende? Und was ist historische Wahrheit? Als gesichert kann angenommen werden, dass Mansuy tiefe Spuren in der Region und im kollektiven Gedächtnis der Region hinterlassen hat. So sanftmütig er auch gewesen sein mag; er war

ein starker Typ, der eine lange Reihe von 90 Bischöfen anführt und ein Bistum begründete, das über Jahrhunderte hinweg die geistliche wie weltliche Führungsrolle der Region einnahm.
Sogar einen Papst hat Toul hervorgebracht: Bruno wurde 1002 im Schloss von Dachsbourg bei Colmar im Elsass als Sohn des Grafen Hugo III., dem Cousin des Salier-Kaisers Konrad, geboren. Seine Eltern vertrauen seine Erziehung dem Bischof Berthold von Toul an. Der stammt aus Deutschland und gilt als streng und wenig flexibel. Aber er engagiert die besten Lehrer für Bruno, die den Buben in Literatur, Philosophie und Recht unterrichten. Nach seiner Ausbildung wird er an den Hof von Kaiser Konrad geschickt, um ihm seine Aufwartung zu machen. Die Fähigkeiten des jungen Grafen bleiben diesem nicht verborgen. Er will den vielversprechenden jungen Mann an seinem Hof halten und bietet ihm sogar einen Platz in seinem Hofrat an. Doch alle Vergünstigungen können Bruno nicht überzeugen. Er zieht es vor, seiner Berufung zu folgen und nach Toul zurückzukehren, um dort seine Befehle zu empfangen. Bischof Berthold war inzwischen gestorben und Bischof Hermann ihm nachgefolgt.
Dieser überträgt Bruno das Diakonat der Kirche zu Toul und die Befehlsgewalt über die Truppen, die den Kaiser in dessen Krieg in der Lombardei unterstützen sollen. Er führt diese Expedition ebenso mutig wie klug durch und bringt die Anforderungen an ihn als Soldat in Einklang mit seinen Pflichten als gottesfürchtiger Mann. Noch in Italien erreicht ihn die Nachricht vom Tod des Bischofs Hermann. Er wird sein Nachfolger. Die Bevölkerung von Toul ebenso wie der Klerus, unterstützt durch die Bischöfe des Erzbistums Trier, haben ihn einmütig zu ihrem Bischof bestimmt und Gesandte zum Kaiser geschickt, um diesen um Zustimmung zu bitten und Bruno zurückzuschicken. Zunächst lehnt Konrad ab. Er hat Bruno für hohe Aufgaben im

Reich vorgesehen. Jedenfalls sieht er zunächst nicht ein, dass ein so begabter junger Mann der doch eher unbedeutenden Kirche von Toul vorstehen sollte. Doch gelingt es Bruno, den Kaiser zu überzeugen: Der Kaiser erlaubt ihm die Rückkehr nach Toul.

Bruno überquert glücklich die Alpen und kommt an Christi Himmelfahrt im Jahr 1026 in Toul an, wo ihm Bevölkerung und Klerus einen jubelnden Empfang bereiten. Sein Cousin Theoderich, Bischof von Trier, führt ihn in sein Amt ein. Mit großem Eifer stürzt sich Bruno in die Arbeit und reformiert zügig das Bistum. Vieles liegt im Argen und die geografische Lage zwischen Frankreich, Burgund und dem Heiligen Römischen Reich Deutscher Nation sowie die ständigen kriegerischen Auseinandersetzungen haben Teile der Stadt und des umliegenden Landes ruiniert. Bruno braucht einige Zeit, um die tiefen Wunden zu heilen.

Er knüpft an die alten, in Vergessenheit geratenen Kirchengesetze an und stellt die Ordnung in den Klöstern wieder her: Senones, St. Dié, Moyenmoutier und St. Mansuy. In diesem Kloster am Stadtrand von Toul, in dem die sterblichen Überreste seines Vorgängers begraben sind, setzt er den Abt ab, der die Seelsorge vernachlässigt hat und davon träumt, das Leben eines weltlichen Herrschers zu führen und sich zu bereichern. An seinen Platz setzt er Vidric, den Prior von Saint Èvre und Autor der Lebensgeschichte des Heiligen Gérard.

Seine engagierte Arbeit zeitigt erste Erfolge für das Bistum und seine Menschen, die auch dem Hof des Kaisers nicht verborgen bleiben. Kaiser Konrad hat seinen Schützling weiter im Auge und lädt den jungen Kirchenmann ein, im folgenden Jahr mit ihm nach Rom zu reisen. Dort soll Konrad aus den Händen des Papstes die Kaiserkrone empfangen. Bei dieser Gelegenheit will er Bruno dem Papst vorstellen und um dessen Segen bit-

ten. Bruno, demütig und bescheiden, lehnt diese Ehre zunächst ab und gibt Konrad ein weiteres Mal einen Korb. Er bittet den König, nicht auf seinem Vorhaben zu bestehen, das ihn dazu zwinge, die gegenüber dem Erzbischof von Trier eingegangenen Verpflichtungen als Bischof zu vernachlässigen und die ihm anvertrauten Schäfchen allein zu lassen.
Bruno war einer der gebildetsten Männer seiner Zeit, dem die Musik und die anderen schönen Künste nicht fremd waren. Er verfügte über eine hervorragende Menschenkenntnis und verband eine charmante Eloquenz mit einer einfühlsamen Herzlichkeit. Der Kaiser beauftragte ihn häufig, Anliegen von höchster Bedeutung zu verhandeln. Und jedes Mal erfüllte er die Aufträge zu höchster Zufriedenheit. Er war der Urheber einer soliden Allianz zwischen dem französischen König Robert und dem Salier-Kaiser Konrad.

Robert hatte den Plan gefasst, Lothringen Frankreich einzuverleiben und sein Truppeneinmarsch stand kurz bevor. Daraufhin schickte Konrad Bruno als Botschafter an den französischen Königshof. Diesem gelang es, den französischen König davon zu überzeugen, von seinem Vorhaben Abstand zu nehmen und ein perfektes Einvernehmen zwischen den beiden Potentaten herzustellen. Seine Klugheit und sein Geschick hinterließen am französischen Hof einen nachhaltigen Eindruck.
Im August 1048 stirbt Papst Damasius II., vermutlich an den Folgen eines Giftanschlages. Heinrich III., genannt der Schwarze, Sohn und Nachfolger von Konrad auf dem Kaiserstuhl, hält gerade in Worms einen Reichstag ab, zu dem sich die Fürsten und Bischöfe des Reiches versammelt haben. Auch Bruno nimmt teil. Einmütig bestimmen die Großen des Reiches ihn zum neuen Papst. Mit so viel Ehre hatte Bruno nicht gerechnet. Zunächst lehnt er ab; dann bittet er um eine dreitägige Bedenk-

zeit, die er fastend und betend verbringt. Er legt ein öffentliches Bekenntnis seiner Sünden ab und erklärt in Gegenwart der Gesandten aus Rom, dass er die Berufung zum Papst annehme unter der Bedingung, dass Klerus und die Bevölkerung Roms damit einverstanden seien.
Bruno kehrt nach Toul zurück, wo er in seiner Heimatgemeinde noch einmal das Weihnachtsfest feiert. Dann bricht er nach Italien auf und macht Station in Cluny. Dort trifft er sich mit Hildebrand, dem Prior des Klosters. Ihn wird er später zum Kardinal erheben. Unter dem Namen Gregor VII. wird dieser später einer seiner Nachfolger und Kirchengeschichte schreiben. Als ebenfalls kluger Kopf und scharfsinniger Denker beschäftigt er sich schon länger mit der erforderlichen Reform der Kirche und will dem Kaiser das Recht entreißen, die Päpste zu bestimmen. Er weiht Bruno in seine weitreichenden Überlegungen ein. Bei seiner Ankunft in Rom tauscht der das Gewand des Papstes gegen die schlichte Kleidung eines Pilgers und betritt mit nackten Füßen die Hauptstadt der christlichen Welt. Er erklärt gegenüber dem versammelten Volk Roms und dem Klerus seine Erhebung zum Papst für nichtig, wenn sie nicht einmütig durch sie bestätigt würde. Sogleich erhebt sich ein allgemeiner Jubel! Bruno von Dachsburg – das hört sich eher nach einer Zuchtlinie von Rauhaardackeln an als nach einem Papst! Und so setzt er sich unter dem Namen Leo IX. im Februar 1049 die Tiara auf.
Auch als Bruno mit den höchsten Würden ausgestattet ist, bleibt er seiner Heimatkirche treu. Noch drei Jahre lang ist er weiter Bischof von Toul. Er übergibt erst im Jahr 1052 den Bischofsstab an Udon, seinen Zögling und Freund, der ihn in den zurückliegenden Jahren stets begleitet hat. Bruno unternimmt drei Reisen nach Frankreich und jedes Mal hält er sich auch einige Zeit in Toul auf. Bei seinem zweiten Besuch überführt er die Gebeine des Heiligen Gérard und bestattet sie in einem

dafür vorgesehenen Altar. Bruno ist gerade fünfzig Jahre alt und erst fünf Jahre Papst, als er stirbt. Kurz vor seinem Tod sagte er: »Seht die Vergänglichkeit der Welt. Ich bin aufgestiegen aus dem Nichts zu höchsten Ehren und nun bin ich an dem Punkt angelangt, wo ich zurückkehre zu dem Nichts, aus dem ich gekommen bin. Ich habe erlebt, wie ich meine Mönchszelle gegen große Paläste eingetauscht habe und jetzt werde ich in Kürze wieder eingezwängt sein in die Enge meines Sarges.«

Die Touler Festungsanlagen von Vauban erinnern an Saarlouis.

Wassergefüllte Festungsgräben begrenzen die historische Altstadt der Bischofsstadt.

Aber natürlich gibt es nicht nur Promis unter den neunzig Touler Bischöfen. Einige Namen habe ich nie zuvor gehört: Trisorik, Dulcitius oder Frotaire. Heute werden Jungen auf die Namen Kevin, Steven oder Justin getauft. So ändern sich die Zeiten! Es tauchen Heilige in den Bischofslisten auf, die in Vergessenheit geraten sind. Saint Amon, Saint Alches und Saint Celsin waren die Bischöfe, die unmittelbar auf Mansuy folgten. Sicher gab es auch solche, die der Aufgabe nicht gerecht wurden, sondern in Luxus schwelgten und ihre Macht missbrauchten. Aber es gab auch Bischöfe, die in schwerer Zeit die Armen und Hilfsbedürftigen durch Pest und Hungersnot aufopferungsvoll begleiteten. Der Heilige Gérard, ein Bischof des 10. Jahrhunderts, ragt hier hervor und wird bis heute verehrt.
Der dreißigste Bischof von Toul hieß übrigens Ludeline. Diese Information ist genauso nützlich wie die Kenntnis, dass Nutella einen Lichtschutzfaktor von 9,7 besitzt. Aber man weiß ja nie…! Wenn ich in einigen Jahren unter sengender Sonne die spanische Meseta durchpilgere, könnte mich das Wissen um den Lichtschutzfaktor von Nutella vor einem schlimmen Sonnenbrand bewahren. Zumindest in der Theorie.
Die Altstadt von Toul wird durch Festungsanlagen begrenzt, die im 17. Jahrhundert von Sébastien Le Prestre de Vauban gebaut wurden. Dieser umtriebige und produktive General und Festungsbaumeister ist Saarländern bestens vertraut, da er auch die Saarlouiser Kasematten errichtete! In Diensten von Ludwig XIV. war Vauban mit seinem unverwechselbaren geometrischen Stil am Bau von 160 Festungsanlagen beteiligt, von denen ein Dutzend in die Liste des Weltkulturerbes aufgenommen wurde.

Wir gehen eine Weile an den wassergefüllten Festungsgräben und -wällen entlang. Dahinter leuchtet die Kathedrale in der Sonne. Als wir auf einer Parkbank einige Minuten ausruhen und uns auf der Karte orientieren, stellen wir fest, dass wir die falsche Richtung eingeschlagen haben. Also wieder zurück! Wenn auch nur dreihundert Meter, so weiß ich doch, dass ich am Ende eines Pilgertages alle Kraft brauche, um ans Ziel zu gelangen. Der richtige Weg führt über eine Brücke mit einem Gehweg. Doch ist dieser so schmal, dass wir nicht nebeneinander gehen können. Die Straße ist stark befahren und die vorbeibrausen-

Auf dem Treidelpfad komme ich gut voran.

den Autos und Lkw lassen meine Spastik merklich ansteigen. Es sind nur wenige Meter über die Brücke und ich befinde mich auf dem Gehweg. Keine wirkliche Gefahr; dennoch bedeutet die Situation für mich Stress. Und wie immer reagiere ich darauf mit erhöhter Spastik. Dann, wenn ich sie am wenigsten brauchen kann! Eine Windböe weht mir den Hut vom Kopf. Heinz reagiert geistesgegenwärtig und fängt das gute Stück wieder ein. Glück gehabt! Bei der starken Sonne ist eine Kopfbedeckung unverzichtbar. Als wir das Ende der Brücke erreicht haben, führt eine lang gezogene Treppe hinunter zum Kanal. Die nächsten Kilometer werden wir auf dem Treidelpfad zwischen Mosel und Kanal laufen. Schon nach einem kurzen Stück merke ich, dass meine Spastik wieder sinkt. Der Stress des Verkehrslärmes ist weg und sofort reduziert sich auch die Spastik. Immer wieder bin ich fasziniert, wie mein Körper auf die Psyche reagiert.

Anne, meine weltbeste Ergotherapeutin, meint aufgrund ihrer jahrzehntelangen Erfahrung, dass ich meine Spastik für den Rest meines Lebens nicht mehr loswerde. Ziel müsse es sein, die Spastik zu beherrschen, das heißt sie nicht ins Himmelhohe ansteigen zu lassen und Techniken zu entwickeln, sie wieder zu senken. Daran arbeiten wir jeden Dienstagnachmittag und Anne bringt viel Herzblut in meine Behandlung ein. Manchmal gibt es monatelang keine spürbaren Fortschritte und dann plötzlich tut sich eine Tür auf und ich mache einen Entwicklungssprung. Auch noch nach mehr als fünf Jahren! Dabei hatte ich in den ersten Monaten immer wieder zu hören bekommen, dass es nach zwei Jahren keine Fortschritte mehr gäbe. Unfug! Auch solche Fälle mag es geben. Aber es gibt eben auch solche, in denen sich nach Jahren noch erhebliche Fortschritte einstellen.

Besonders beeindruckend war die Begegnung mit einer Saarländerin in der Reha-Klinik in Heidelberg. Im Rahmen der »Saarländer-Zusammenführung« bekam ich zum Abendessen einen Platz neben der Frau angewiesen. Es entwickelte sich ein anregendes Gespräch. Sie redete ganz normal »saarländisch«, schien jedoch auch des Hochdeutschen mächtig zu sein, wenn sie sich mit den anderen Tischnachbarn unterhielt. Nach einem Schlaganfall hatte sie nicht mehr sprechen können und es erst wieder nach fünf Jahren gelernt. Und zwar so, als wäre nie etwas gewesen!

Für jeden noch so kleinen Fortschritt bin ich dankbar. Aber selbst wenn ich in meiner Entwicklung stagnieren sollte, bin ich zufrieden. Noch vor zwei Jahren hätte ich es nicht für möglich gehalten, auf meinen eigenen Füßen bis Metz zu laufen, und jetzt bin ich schon in Toul! Und es geht weiter! Gott sei Dank!

Der asphaltierte Weg verläuft auf einem Damm zwischen zwei Gewässern. Rechterhand verläuft der stauregulierte, technisch ausgebaute Kanal und links von uns die Mosel, naturnah und größtenteils frei mäandrierend. Die Sonne scheint und ein leichter Sommerwind verschafft etwas Abkühlung. Ideale Bedingungen zum Pilgern und wir kommen zügig voran.

Nach etwa zwei Kilometern finden wir einen Tisch mit zwei Bänken. Eine Familie mit einem etwa zehnjährigen Buben sitzt auf der einen. Die Leute sind erkennbar nordafrikanischer Abstammung. Aller Wahrscheinlichkeit nach Muslime. Der Bub betrachtet neugierig und interessiert die große Jakobsmuschel, die an meinen Rucksack angebracht ist. »Das ist das Erkennungszeichen der Pilger, die nach Santiago di Compostela pilgern.«, spreche ich ihn an. »So wie die Muslime nach Mekka pilgern,« fahre ich fort, »so pilgern die Christen nach Rom, Jerusalem oder Santiago di Compostela!« Fragend schaut der Knabe nach seinem Vater, der ihm lächelnd zunickt. So viel Neues und Fremdes für den jungen Mann! Die Fremden, die nicht fehlerfrei und schon gar nicht akzentfrei die Landessprache sprechen, die seltsame Gegenstände an ihren Rucksäcken mit sich herum tragen und ohne Auto dazu noch hinkend unterwegs sind – das sind wir. Die Familie hat ihre Mahlzeit beendet. Fein säuberlich räumt sie die Reste ihres Picknicks weg. Höflich wünscht sie uns einen guten Tag und fährt weiter.

Auf dem frei gewordenen Beton-Tisch breiten wir die Landkarte aus. Die Hälfte der Tagesetappe ist bereits geschafft. Vor der Autobahnbrücke müssen wir den Treidelpfad verlassen und uns auf der Landstraße links halten, um in das Dörfchen Chaudeney-sur-Moselle zu kommen. Offensichtlich hält es gerade kollektive Mittagsruhe. Jedenfalls sind die staubigen Straßen leergefegt. Völlig unerwartet finden wir an der Hauptstraße ein kleines Café. Ein kleiner Tisch mit zwei giftgrünen Plastikstühlen steht vor einem Haus, das kaum als Café zu erkennen ist. Ein winziger Werbeschirm spendet dürftigen Schatten. Obwohl unsere letzte Rast noch keine Stunde zurückliegt, setzen wir uns auf die heißen Kunststoffstühle, die wir so zurechtrücken, dass wir beide etwas von dem bisschen Schatten abbekommen.

Heinz schaut nach, ob das »Café« geöffnet hat. »Was darf ich dem Herrn servieren?« Mit einer angedeuteten Verbeugung macht mir Heinz klar, dass er den Service übernimmt. »Ich brauche Koffein und Zucker.«, antworte ich. »Bringe mir am liebsten eine kalte Cola und ein Pain au chocolat!« Heinz führt die Bestellung tadellos aus und ich genieße die eiskalte Cola genauso wie die skurrile Situation auf den giftgrünen Plastikstühlen am Rande der staubigen Hauptstraße.

Die zweieinhalb Kilometer nach Pierre-la-Treiche führen über eine schmale Landstraße durch Schatten spendenden Wald. Kurz vor dem Ort sind im Moselhang mächtige Kalksteinbänke zu sehen. Ein Schild weist auf die Höhlen von Pierre-la-Treiche hin, die ich aus einschlägigen Geografiebüchern kenne. Sie liegen bis zu 30 Meter über dem heutigen Niveau der Mosel und wurden gebildet, als deren Talboden noch deutlich höher lag und ein Teil des Moselwassers durch die unterirdischen Karsthöhlen zur Meurthe abfloss. Flussanzapfungen nennen die Geomorphologen diesen Vorgang, der manchmal zur Verlagerung eines ganzen Flusses führen kann. Ein besonders spektakuläres Beispiel hierfür ist die Mosel selbst bei Toul. Ursprünglich, das heißt vor etwa 250.000 Jahren, floss die Obermosel weiter in das Tal der Maas. Gerölle und Ablagerungen aus den Vogesen belegen den früheren Verlauf. Dann wurde die Mosel durch die Ur-Meurthe »angezapft«. Seither gibt es bei Toul das scharfe Flussknie, in dem sie ihre Fließrichtung ändert und heute in den Rhein entwässert. So spannend kann Geomorphologie sein! Doch reicht heute meine Kraft nicht aus, um noch einen Umweg einzulegen und mir das umfangreiche und verästelte Höhlensystem anzuschauen.

Wir überqueren die Mosel und erreichen das Dorf. An der Kirche finden wir eine Sitzbank. Jetzt gilt es, eine Möglichkeit zu finden, wieder zurück nach Toul zu kommen. Sollte kein Problem sein zurückzutrampen! Ich bitte Heinz sich auf die andere Straßenseite zu stellen und den Daumen in die Luft zu halten. Er hat wenig Tramper-Erfahrung, genau genommen ist er erst einmal in seinem Leben getrampt. Nämlich im vergangenen Jahr, als wir gemeinsam pilgerten. Damals hielt gleich beim ersten Versuch ein Bus. Trotzdem hat er seine Skepsis gegenüber dieser Art zu reisen nicht abgelegt. Und diese Skepsis ist Heinz anzusehen!

»Heinz, so wird das nix! Du musst freundlich gucken, wenn ein Auto kommt!« fordere ich ihn auf, woraufhin er eher gequält lächelt. Endlich kommt ein Auto; doch fährt es an uns vorbei. Auch das zweite Fahrzeug, eine gute Viertelstunde später, beachtet uns nicht. Jetzt versuche ich mein Glück: Als nach einer guten halben Stunde das erste Auto heranfährt, setze ich mein allerfreundlichstes Lächeln auf – vergeblich! Da wir ja erst wenige Kilometer von Toul entfernt sind, beschließen wir, uns ein Taxi zu nehmen. Ich rufe im Hotel an und bitte darum, uns ein Taxi vorbeizuschicken. Eine Viertelstunde später fährt es bereits vor und bringt uns zurück nach Toul. Wir steigen um in das Auto von Heinz und gemütlich kurven wir zurück in unsere saarländische Heimat.

FÜNFTES KAPITEL

in dem ich mich in eine lothringische Jungfrau verliebe und zum Abschluss der Pilgersaison (fast) erfriere …

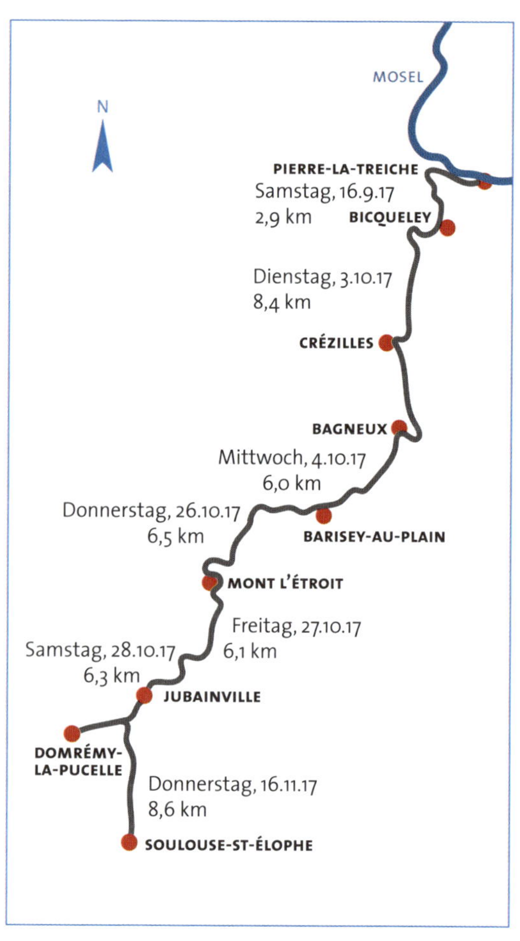

Elisabeth und ihr Freund begleiten mich. Und wie alle jungen Leute haben sie Termine über Termine. Zudem steckt Elisabeth in den Abiturvorbereitungen und legt schon jetzt, ein halbes Jahr vor den Prüfungen, eine Arbeitsmoral an den Tag, die mich beeindruckt. Um so mehr freue ich mich, dass sie Zeit gefunden hat, mich ein Wochenende lang zu begleiten.

Seit kurzem hat die Siebzehnjährige den Führerschein und darf in Begleitung Auto fahren. Ob »begleitetes Fahren« auch in Frankreich erlaubt ist? Wir gehen auf Nummer sicher und kurz nach der Grenze übernehme ich wieder das Steuer und fahre nach Toul. Wir beziehen unsere Zimmer in der gemütlichen »Villa de Lorraine«. Zwar bin ich nun erst das zweite Mal hier, doch werde ich begrüßt wie ein alter Bekannter. Heute will ich nicht mehr pilgern, sondern durch Toul bummeln. Elisabeth hat seit einiger Zeit große Freude daran gefunden zu backen und kunstvolle und leckere Torten zu fabrizieren. Ein Hobby, von dem die ganze Familie profitiert! So brauche ich keine Überredungskunst, um die beiden in die Patisserie genau gegenüber der Kirche zu führen. Mit Erläuterungen zur Geschichte der ehemaligen Bischofsstadt halte ich mich zurück. Gemeinsam besichtigen wir die Kathedrale und das ehemalige Benediktinerkloster mit seinem Kreuzgang, in dem Künstler ihre Bilder und Plastiken ausstellen. Dann lasse ich die beiden alleine und lege mich noch eine Stunde aufs Ohr. Für den Abend habe ich einen Tisch in einem Restaurant reserviert und wir genießen gemeinsam die französische Küche und eine Flasche Gris du Toul.

Am nächsten Morgen schmieden wir beim Frühstück Pläne für den Tag: Die beiden werden mich nach Pierre-la-Treiche bringen und am Nachmittag in Bicqueley wieder auflesen. Während ich an der Hotel-Rezeption auschecke, fahren die beiden das Auto vor. Kaum haben wir das Gepäck verstaut, erzählen sie grinsend von einer Begebenheit, die sich gerade auf dem Hotelparkplatz abspielte: »Die Leute, die am Nachbartisch gefrühstückt haben, die kennen dich!«, so erzählt Elisabeth schmunzelnd. »Muss man diesen Mörsdorf denn kennen?«, habe eine Frau ihren Begleiter beim Verladen der Koffer gefragt, und dieser habe geantwortet: »Nee muss man nicht, das ist bloß unser ehemaliger Umweltminister!«

Kurze Zeit später sind wir in Pierre-la-Treiche. Wir vereinbaren, dass ich ihnen am Nachmittag schreibe, wie weit ich gekommen bin und wo sie mich abholen sollen. Auf der Bank hinter der Kirche sortiere ich meine Sachen, verstaue meine Wasserflasche und werfe noch mal einen Blick auf die Landkarte. Obwohl ich vor einigen Tagen nur kurz hier war, kommt mir der Ort vertraut vor. Zunächst folge ich der Straße, die das Dorf Richtung Toul verlässt. An diesem Sonntagmorgen schläft der Ort noch. Niemand ist auf der Straße zu sehen. Nach einem Kilometer biege ich dann ab Richtung Schulzentrum. Heute Morgen fällt mir das Gehen, warum auch immer, schwer. Die Spastik ist bereits jetzt recht hoch, wie sonst erst nach einigen Kilometern. Sei's drum! Die Straße mündet in einen kleinen Platz, an dem Busse wenden können. An einer Bushaltestelle setze ich mich auf die Bank und lege eine kurze Rast ein. Dorfgemeinschaftshaus und Schulzentrum säumen den Platz. Plötzlich wird die Idylle jäh gestört: Ein dunkles Auto der Golfklasse bremst spektakulär mitten auf dem Platz und dreht sich um 180 Grad. Der überdimensionale Auspuff röhrt mit ohrenbetäubendem Lärm. Imponiergehabe eines Halbstarken! Einige Male lässt er den Motor aufheulen, dann legt er einen Blitzstart hin und verlässt mit quietschenden Reifen den Platz. Das Knattern des Auspuffes ist noch kurze Zeit zu hören, dann kehrt wieder Ruhe ein.

Weiter geht es über einen Waldweg, der zu einer kleinen Anhöhe hin ansteigt. Schon nach wenigen hundert Metern erreiche ich wieder die offene Landschaft. Vor mir liegt das Dörfchen

Bicqueley. Am Horizont sind die Cotes du Toul zu sehen. Hierbei handelt es sich um die Schichtstufe des Malm oder Weißen Jura. Der obere Rand ist durchgehend mit Wald bewachsen; auf dem Hang wechseln sich Rebflächen, Obstgärten und Wiesen ab. Dazwischen eingebettet kleine Dörfchen: Domgermain, Blenod, Bulligny. Dörfchen, in denen ich noch nie war. Orte, deren Namen ich noch nicht einmal kannte. Und doch fühle ich mich in dieser harmonischen Landschaft irgendwie daheim. Gehört dieser Landstrich noch zu meiner Heimat? Obwohl ich noch nie hier war? Und wenn das keine Heimat mehr ist: Befinde ich mich jetzt in der Fremde? Obwohl ich mich zugehörig fühle?

Das Thema Heimat beschäftigt mich seit Jahren. Was ist »Heimat«? Bereits im Jahr 2003 hatte ich zusammen mit meinem Freund Martin von Hohnhorst die ersten saarländischen Heimattage organisiert. Zu diesem Zeitpunkt sprach niemand außer uns über Heimat. An ein »Heimat-Ministerium« war nicht zu denken. Der Begriff war eher verstaubt als modern. Doch wollten wir die Idee der Heimat nicht den ewiggestrigen Dumpfbacken überlassen, sondern unternahmen eine zeitgemäße Interpretation dieses zeitlosen Begriffes. Drei Tage lang diskutierten wir in der »Illipse« auf frische und unkonventionelle Art dieses Thema.

Als ich Bicqueley erreiche, ist gerade Mittag. Am Ende der Hauptstraße steht ein Schlösschen. Ein guter Platz für eine Mittagsrast! Durch ein säulengeschmücktes Portal lässt sich ein schmucker Innenhof erkennen; dahinter das Hauptgebäude. Im Eingang hängt ein Plakat, das den »Tag des offenen Denkmals« bewirbt, der an diesem Sonntag europaweit stattfindet. Auch dieses Schlösschen hat seine Pforte geöffnet. In gut zwei Stunden findet eine Führung statt. Spontan entschließe ich mich, meine Mittagspause auszudehnen und an der Führung teilzunehmen. Im Innenhof steht ein einladender kleiner Tisch mit ein paar Klappstühlen. Weit und breit ist niemand zu sehen und ich setze mich einfach hin und breite meine Landkarte auf dem Tisch aus. Hier lässt sich gut warten! Ich schaue mich um: Das Schlösschen stammt aus dem 17. Jahrhundert und war ursprünglich das Hauptgebäude eines Landgutes. Zur Straße hin grenzen beidseits des Eingangstores zwei Pavillons den Platz ab. Einer davon weist keine Fenster, sondern nur kleine Luken auf. Offensichtlich handelt es sich um ein Taubenhaus. Im Internet versuche ich, ein paar zusätzliche Informationen über das Dorf und das Schloss zu finden. Plötzlich kommt eine Familie mit Fahrrädern durch das Eingangsportal. Die Eltern mit drei Töchtern »gehören« offenbar zu diesem Schloss. Erstaunt stellen sie fest, dass sich ein Fremder in ihrem Hof niedergelassen hat. Höflich frage ich, ob ich hier warten kann. Als es anfängt zu regnen, bietet der Schlossherr mir an, im zweiten Gebäude neben dem Eingang zu warten. Erst in dessen Innerem bemerke ich, dass es sich um eine ehemaligen Kapelle handelt.

Im Altarbereich entdecke ich zwei Kerzenhalter, die mit dem lothringischen Kreuz verziert sind. Dieses weist einen längeren und einen kürzeren Querbalken auf und war mir im letzten Jahr erstmals aufgefallen, als ich durch Welferding an der Saar pilgerte. Immer wieder einmal ist es mir nun auf meinem Weg durch Lothringen begegnet. Ursprünglich stammt das Kreuz aus dem Anjou. In der anfänglichen Version waren beide Querbalken gleich lang; in der neuzeitlichen ist der untere Querbalken etwas länger als der obere. René I. brachte das Symbol der Fürsten von Anjou nach Lothringen, als er 1431 Isabella von Lothringen heiratete und dadurch Herzog von Lothringen wurde. Im Zweiten Weltkrieg war das Kreuz mit dem doppelten Querbalken dann das Zeichen der Résistance.

Gegen 16 Uhr füllt sich der Innenhof mit weiteren Besuchern. Knapp fünfzig Leute sind gekommen, um an der Führung teilzunehmen. Viele davon zu Fuß aus dem Dorf. Schön zu sehen, dass die Dorfgemeinschaft Interesse an »ihrem« Denkmal zeigt! Auch im Saarland, wo ich zehn Jahre lang für den Denkmalschutz verantwortlich war, wurde der »Europäische Tag des offenen Denkmals« stets ein großer Publikumserfolg. An je-

In der ehemaligen Kapelle entdecke ich Kerzenhalter mit dem lothringischen Kreuz

dem ersten September-Wochenende strömten Zehntausende Menschen zu ausgewählten Monumenten. Die Idee entsprach meinen Vorstellungen von einem zeitgemäßen Denkmalschutz: Statt behördlicher Gängelung und einer Verbotskultur, setzte ich darauf zu informieren, zu überzeugen und zu begeistern. Die wichtigsten Denkmalschützer sind die Denkmal-Eigentümer – so das Leitmotiv.

Auch an diesem Sonntagnachmittag erlebe ich eindrucksvoll, wie wahr dieser Satz ist: Als der »Schlossherr« die Schar der Besucher im Innenhof des Schlösschens begrüßt, ist er erkennbar stolz. Sowohl auf sein Schloss, aber mehr noch auf seine drei Töchter, die er kurz vorstellt. Jedes der Mädchen hat einen Part an diesem Nachmittag übernommen. Zunächst schließe ich mich der Führung mit der ältesten Tochter an, die uns über eine hölzerne Außentreppe in das Dachgeschoss der Kapelle führt. Hier waren im Krieg Soldaten einquartiert und haben Wandschmierereien hinterlassen. Auch diese gehören inzwischen zum Denkmalbestand.

Die zweite Tochter erläutert den Taubenturm: Während die Tauben unter dem Dach lebten, diente das Erdgeschoss als Vorratslager für die landwirtschaftlichen Erzeugnisse. Das Mädchen – ich schätze es auf 14 Jahre – ist aufgeregt und redet schnell und ohne Pause, so dass ich leider nicht alles verstehe. Während wir im angenehm kühlen Keller seinen den engagierten Erklärungen lauschen, geht draußen ein wolkenbruchartiger Gewitterregen nieder. Ich bin froh, dass ich mich dafür entschieden habe, den Nachmittag hier im Schloss zu verbringen und nicht weiterzupilgern. Spätestens jetzt wäre ich klatschnass.

Es dauert noch eine Weile, bis Mathias und Elisabeth mich abholen. So habe ich Gelegenheit, mich einer weiteren Führung anzuschließen und zu erleben, mit wieviel Sachkenntnis und

Herzblut die Mädels über ihr Denkmal berichten. Die wichtigsten Denkmalschützer sind die Denkmal-Eigentümer, geht mir ein weiteres Mal durch den Kopf. Hier steht die nächste Generation bereit, Verantwortung für unser Kulturerbe zu übernehmen. Schneller als erwartet treffen Mathias und Elisabeth ein. Entspannt treten wir die Heimreise an.

Zwei Wochen später bin ich erneut in Bicqueley. Es ist der 3. Oktober, Tag der Deutschen Einheit. Exakt ein Jahr zuvor bin ich an der Kathedrale in Metz angekommen. Noch immer kommt es mir wie ein Wunder vor. Im zurückliegenden Jahr habe ich weitere Fortschritte gemacht. Der Fortschritt ist eine Schnecke, aber sie bewegt sich immer in die gleiche Richtung. In Crezilles habe ich mir ein Fremdenzimmer gebucht. Als ich die Dorfmitte verlasse, setzt leichter Regen ein. Das Wetter ist trüb, und auch meine Stimmung war schon mal besser. Am Dorfende kommt mir eine Joggerin entgegen mit einem großen schwarzen Hund an der Leine. Ich frage um Auskunft, ob es einen Fußweg nach Crezilles gibt. »Am besten gehen Sie über die Landstraße!«, antwortet sie. Als ich diese erreiche, bin ich überrascht über den regen Verkehr. Ich habe versprochen, keine Risiken einzugehen. Und auf dem schmalen Grünstreifen nach Crezilles zu gehen, ist definitiv zu gefährlich. Über die vom Regen aufgeweichten Äcker zu pilgern scheidet ebenfalls aus. Die mergeligen Böden würden kiloschwer an den Schuhen kleben. Also gehe ich zurück ins Dorf und fahre mit dem Auto zu meiner Unterkunft. Das Abendessen fällt aus; ein paar Kekse müssen reichen. Meine Unterkunft ist sauber und funktional. Ich gehe früh zu Bett, um Kraft für den nächsten Tag zu tanken. Während ich die französischen Fernsehprogramme durchzappe, prasselt der Regen gegen das Fenster. Ich vertraue auf die Wettervorhersage, die für morgen sonniges und trockenes Wetter ankündigt.

In der Nacht hat es tatsächlich aufgehört zu regnen und als ich in Bagneux in der Nähe der Kirche parke, scheint die Sonne. Ich gehe um die Kirche herum. Leider ist sie verschlossen und ich kann den romanischen Glockenturm aus dem 12. Jahrhundert nur von außen betrachten. Die Geschichte dieses Dörfchens, das heute gerade mal 160 Seelen zählt, reicht jedoch noch viel weiter zurück. Auf dem gesamten Gemeindebezirk finden sich römische Spuren, Baureste, römische Keramik und Münzen, die aus der Spätantike stammen. Das ist nicht erstaunlich, da hier eine der bedeutendsten Fernstraßen der Römer vorbeiführte. Die sogenannte »Via Agrippiensis« verband Trier und Lyon in der römischen Kaiserzeit und trägt den Namen von Marcus Vipsanius Agrippa. Aufmerksame Leser meines Buches »Schritt für Schritt« werden sich erinnern, dass eben jener Agrippa der Freund, Kampfgefährte und Schwiegersohn von Kaiser Augustus war. Er siedelte den Keltenstamm der Ubier um und gründete dabei »nebenbei« noch Köln. Ein Tausendsassa jedenfalls, der wesentlich zu einer funktionierenden Infrastruktur im römischen Kaiserreich des ersten nachchristlichen Jahrhunderts beitrug!

Auch nachdem das römische Reich längst untergegangen war, erfüllten die »Römerstraßen« noch jahrhundertelang ihren Zweck. Am Ortsrand von Baigneux finde ich die schnurgerade Trasse der römischen Fernstraße. Über diesen Weg zogen nicht nur Legionen römischer Soldaten auf dem Weg an die Kastelle am Rhein, sondern auch sicherlich die Promis unter den Großen wie Konstantin der Große und seine Mutter Helena. Die Straßen wurden von Invasoren genutzt und ich sehe vor meinem geistigen Auge Attila und seine Reiterscharen, die in der Mitte des fünften Jahrhunderts Trier und Metz ausplünderten. Im Mittelalter waren Tausende von Pilgern auf dem Weg nach Santiago di Compostela oder auch nach Rom. Reisen war im

Via agrippiensis.

Mittelalter beschwerlich und gefährlich. Die Bischofsstädte Toul und Langres boten den Pilgern Unterkunft und Schutz. Und heute ist es an mir, die Tradition und Kultur des Pilgers auf der Via Agrippiensis fortzusetzen! Frohen Mutes und voller Dankbarkeit schicke ich ein kurzes Dankgebet nach oben. Danke, dass ich hier sein darf! Einfach nur danke! Tief atme ich durch und genieße die Landschaft in vollen Zügen. Der Weg verläuft hier durch Felder, von denen einige schon umgepflügt sind, andere aber noch Stoppeln tragen. Man sieht den Kalkböden ihre Fruchtbarkeit an. Wenn der »Malm« die Schichtstufe am Horizont bildet, dann befinde ich mich jetzt auf der Verebnungsfläche des »Dogger«. Ganz sicher bin ich mir nicht und im Augenblick kann ich das auch nicht klären. Aber zu Hause werde ich nachschauen!

Den ganzen Tag bin ich parallel zur Côte de Toul gepilgert. Immer wieder ist mein Blick zu dem Hang gewandert, der einen bemerkenswert gradlinigen und wenig eingebuchteten Verlauf hat. Die Schichtstufe ist von einer ungewöhnlichen Entwässerung gekennzeichnet. Es gibt keinen subsequenten Fluss. Schon Ende des 19. Jahrhunderts war dieses Phänomen den Geografen aufgefallen. Wie erkläre ich dem interessierten, aber nicht geografisch vorgebildeten Leser, was ein subsequenter Fluss ist? Die Erklärung, dass subsequente Flüsse parallel zum Streichen der Schichten verlaufen, ist Fachchinesisch und hilft auch nicht weiter. Am ehesten lässt es sich so erklären, dass subsequente Flüsse am Fuß der Schichtstufe verlaufen. Normalerweise. Hier fehlt dieser Fluss. Überhaupt ist die gesamte Landschaft sehr arm an Bächen. Der Regen versickert schnell in dem klüfti-

gen, spaltenreichen Kalkgestein und fließt dann unterirdisch ab. Karst nennen die Geografen diesen Landschaftstyp.
Über mir ein wolkenloser blauer Himmel! Ich bleibe stehen und lasse den Blick streifen. Hinter mir sehe ich zwei Wanderer, die sich zügig nähern. Es sind Deutsche. Kurz überlege ich, woran ich das erkenne? Am professionellen Wander-Outfit? Den rot karierten Wanderhemden? Als sie mich überholen, beantworte ich ihr freundliches »Bonjour« mit »Guten Tag«. Tatsächlich: Es sind zwei Deutsche aus Nordrhein-Westfalen. Die Frau bleibt stehen, während der Mann mit strammem Schritt weitergeht. »Ach, so was!« Die Frau ist erstaunt, als ich ihr erzähle, dass sie auf einer historischen Römerstraße unterwegs sei. Schon drängelt ihr Mann. Man wolle heute noch bis Colombey-les-Belles; dort habe man eine Unterkunft gebucht. Und das Paar verschwindet ebensoschnell, wie es gekommen war.
Wenige hundert Meter, bevor die Römerstraße die Straße nach Colombey kreuzt, sehe ich mitten im Acker einen aufrechten Stein sehen. Ein Grenzstein? Ein Wegestein? Ein römischer gar? Ich weiß, dass die Römer entlang ihrer Straßen Wegesteine setzten, auf denen sie die Entfernung nach Rom angaben. Dorthin führen ja bekanntlich alle Wege. Außerdem wurden die Großtaten der jeweiligen Kaiser in Stein gemeißelt. Und da das viele waren, musste der Stein groß sein, damit alle Heldentaten draufpassten. Anderthalb Meter ragten die römischen Straßensteine aus dem Boden. Dieser guckt vielleicht gerade mal 40 Zentimeter aus dem Acker. Zudem ist er eckig und dir römischen Wegesteine waren rund gemeißelt. Also kein römischer Wegestein.
Jetzt kann ich die Landschaft nicht mehr wirklich genießen. Das Gehen ist zu beschwerlich geworden. Es ist Zeit für eine Mittagspause! Eigentlich schon seit einer Stunde. Aber es gibt weder Schatten noch eine Sitzgelegenheit. Also gehe ich tapfer

weiter. Schritt für Schritt. In einiger Entfernung steht ein Feldgehölz am schnurgeraden Weg. Bis dahin werde ich es schaffen und dann eine Pause einlegen! Ich schätze die Entfernung auf einen Kilometer. Ein kräftiger Schluck aus meiner Wasserflasche und weiter geht es! Schritt für Schritt. Das Gehen wird zunehmend beschwerlicher und ich konzentriere mich darauf, das Gehölz zu erreichen. Endlich komme ich an! Offensichtlich handelt es sich um einen Platz, an dem die Bauern die Lesesteine und Baumwurzeln entsorgen. Inzwischen sind einige Dornbüsche und Holunder aufgewachsen. Ein Lesesteinhaufen scheint mir am ehesten geeignet zu sein, um mich hinzusetzen. Bequem geht anders! Aber wenigstens kann ich für einige Minuten meine Beine entlasten und ausstrecken.

Ich werfe einen Blick auf die Karte: Die alte Römerstraße verläuft geradlinig in der Ebene weiter an den Dörfern vorbei. Es ist noch früh am Tag und ich könnte sicherlich noch ein Stück auf der Römerstraße weitergehen. Bis Punerot sind es noch etwa fünf Kilometer. Von dort könnte ich dann zurücktrampen. Als Alternative bietet sich an, auf der kreuzenden Landstraße nach Barisey-au-Plaine zu gehen. Das dürften nur noch zwei Kilometer sein! Nach kurzer Überlegung entscheide ich mich für die einfachere Variante. Die kurze Pause hat mir gut getan. Nach anderthalb Stunden habe ich Barisay erreicht. Am Ortsrand wartet unter einer schattigen Linde ein schlichtes Wegekreuz auf mich, daneben eine Holzbank. Diese Pause habe ich mir verdient! Im Rucksack finde ich noch einen letzten Müsliriegel und ein paar Kekse. Seit dem Frühstück habe ich nichts mehr gegessen. Aber irgendwie habe ich auch keinen Hunger. Die warmen sommerlichen Temperaturen und die Anstrengungen des Gehens lassen einen solchen erst gar nicht aufkommen. Aber jetzt freue ich mich über die leckeren Kekse! Ich bleibe eine ganze

Weile sitzen und genieße die stille und friedliche Umgebung. In der Ortsmitte suche ich mir ein Stelle, die mir zum Trampen geeignet erscheint, und setze mich auf eine kleine Mauer. Von hier aus kann ich die herannahenden Autos frühzeitig sehen und mich dann mit dem Daumen in der Luft rechtzeitig an den Straßenrand stellen. Nach zwanzig Minuten kommt endlich das erste Auto. Es fährt vorbei, ohne mich zu beachten. Kurze Zeit später das nächste Auto. Wieder ohne Erfolg!
Auf der gegenüberliegenden Straßenseite macht sich ein älterer Herr in seiner Garage zu schaffen. Kurze Zeit verschwindet er im Keller seines Hauses, dann taucht er wieder auf. Ich habe den Eindruck, dass er neugierig aus den Augenwinkeln beobachtet, was der Fremde auf der anderen Straßenseite so treibt. Ich drapiere die Jakobsmuschel an meinem Rucksack und rufe ein freundliches »Bonjour!« über die Straße. Sogleich überquert der Mann die Straße und fragt, ob er mir irgendwie helfen kann. »Ich möchte zurück nach Bagneux. Dort habe ich mein Auto geparkt. Gibt es eine Busverbindung?« »Nein, Busse gibt es nicht!«, antwortet der Mann. Und ohne zu zögern fügt er hinzu: »Warten Sie einen Augenblick, ich hole mein Auto und bringe Sie dorthin!« Als wir das Dorf verlassen, erzählt er mir, dass Barisay im Zweiten Weltkrieg heftig umkämpft gewesen sei und 1940 fast völlig zerstört wurde. Und tatsächlich fehlt dem Dorf jede historische Bausubstanz.
Der freundliche Herr ist sicher schon über siebzig Jahre alt, aber zu jung, um sich als Zeitzeuge erinnern zu können. »Das waren schlimme Zeiten. Heute könnt ihr jungen Leute quer durch Europa reisen!« Mit zwei knappen Sätzen bringt er die europäische Idee auf den Punkt. Dass er mich zu den »jungen Leuten« zählt, freut mich zusätzlich. Alles nur eine Frage der Perspektive! Solange ich mit dem Rucksack durch die Welt vagabundieren kann, bleibe ich jung. Hoffentlich wird sich das so bald nicht ändern!?

An der Kirche setzt mich der freundliche Lothringer ab. Es ist gerade erst Nachmittag und ich überlege, was ich mit dem Rest des Tages anfangen werde. Vaucouleurs an der Meuse ist zwanzig Kilometer entfernt. Eigentlich hatte ich überlegt, von Toul aus über Blenod und Vaucouleurs nach Domrémy-la-Pucelle zu pilgern. Doch schien mir die Etappe von Blenod nach Vaucouleurs durch den Wald zu weit und ich wählte diese Etappe, die sich in kleinere Abschnitte portionieren ließ. Aber wenigstens an diesem Nachmittag will ich mir Vaucouleurs anschauen! Zunächst fahre ich nach Blenod und parke im mittelalterlichen Ortskern, der sich verstaubt und wenig ansehnlich präsentiert. Viele Häuser stehen leer. Über den Vorplatz gehe ich auf die Kirche zu. Am Portal ist ein Aushang befestigt mit dem Hinweis, dass am kommenden Sonntag ein Festgottesdienst stattfindet, mit dem ein Kind der Stadt geehrt werden soll, das vor fünfhundert Jahren gestorben ist.

Hugues des Hazards heißt der Mann, den die Bewohner bis heute »le bon père« nennen« und der elf Jahre lang bis zu seinem Tod Bischof von Toul war. Bisher habe ich noch nichts von ihm gehört; aber meine Neugier ist nun geweckt. Ich will schauen, was ich über diesen Hugues herausfinden kann. Die Kirche ist geöffnet. Gerade werden Festvorbereitungen getroffen und die Verkabelung für eine Mikrofonanlage gelegt.

Noch im Eingangsbereich, links des Chores, ist das imposante Grab von Hugues nicht zu übersehen: Es ist vier Meter hoch und fast 3,50 Meter breit. Der untere Teil zeigt einen Trauerzug mit der lateinischen Inschrift: »Nasci, laborare, mori.« Ob Hugues sich diesen Spruch noch selbst ausgesucht hat? Gerne würde ich ihm entschieden widersprechen und das »laborare« durch »amare« ersetzen.

Die Evangelisten berichteten uns, dass Jesus auf die Frage eines Schriftgelehrten, was das höchste Gebot sei, geantwortet hat:

Das Grabmal von Hugues des Hazards.

»Du sollst den Herrn, deinen Gott, lieben von ganzem Herzen, von ganzer Seele und von ganzem Gemüt. Dies ist das höchste und größte Gebot. Das andere aber ist dem gleich: Du sollst deinen Nächsten lieben wie dich selbst. In diesen beiden Geboten hängen das ganze Gesetz und die Propheten.«

Im mittleren Teil des Grabmales ist Hugues des Hazards mit den Insignien eines Bischofs und einem kunstvollen Schulterüberwurf dargestellt. Darunter eine längere Grabinschrift in Latein. Ich fotografiere sie ab, um sie in Ruhe übersetzen zu können. Über der liegenden Figur im oberen Teil sind sieben Damen zu sehen. Jede ist fast einen Meter groß. Ihre Attribute zeigen, dass sie für die sieben freien Künste stehen, die aus der Antike stammen, aber auch im Mittelalter in den Klosterschulen gelehrt wurden. Jeder Betrachter des Grabes soll sehen, dass Hugues über eine solide gehobene Bildung verfügte.

Ich zünde eine Kerze an und setze mich in eine Kirchenbank. Neugierig google ich, was wohl in Wikipedia über Hugues zu finden ist. Die Informationen sind spärlich; aber wenigstens finde ich eine Übersetzung der Grabinschrift ins Französische. Dort lese ich, dass Hugues aus einer wohlhabenden und angesehenen Familie von Blénod stammte, das zu jener Zeit »Hazard« hieß. Er besuchte die Universitäten in Metz und Dijon, bevor er in Sienna sieben Jahre lang römisches Recht studierte und den Doktortitel erwarb. Von dort zog er nach Rom, um als Anwalt zu arbeiten und in die Dienste von René II. einzutreten, der König von Sizilien und Herzog von Lothringen und Bar war. Der förderte ihn und nachdem er nach Lothringen zurückgekehrt war, wurde er Domprobst von Saint Georges in Nancy. Diese Kirche war seit zweihundert Jahren die Grablege der lothringischen Herzöge.

Hugues empfahl sich durch seinen religiösen Eifer und seine gesellschaftliche Tugenden, die er in den Dienst seiner Heimat stellte. René II. übertrug ihm die Verwaltung des Herzogtums und ernannte ihn zum Vorsitzenden seines Rates. Hugues erfüllte die ihm übertragenen Aufgaben mit großem diplomatischem Geschick. Als der Bischof von Toul starb, wählte ihn das Domkapitel in Abwesenheit zu seinem Oberhirten. Papst Julius II. bestätigte die Wahl und vertraute ihm die vakante Abtei Saint Mansuy an. Hugues verwaltete seine Diözese und seine Abtei unparteiisch, fromm, mit Bedacht und gerecht. Er kümmerte sich persönlich auch um die schwierigsten Angelegenheiten in seinem Bistum. Nach dem Tod von René II. erwies ihm auch dessen rechtmäßiger Nachfolger und Sohn, Herzog Antoine Hugues, die gleiche Wertschätzung wie sein Vater. Dieser baute die Kirche Saint Médard und das Palais von Blénod, erneuerte die Abtei Saint Mansuy sowie mehrere Kapellen in seiner Diözese und verbesserte die Wasserversorgung für die Bevölkerung. Ich schaue mich in der Kirche um und entdecke eine Statue der Jeanne d'Arc. Ganz offensichtlich bin ich nun in der Heimat dieses einfachen Bauernmädchens angekommen, das hier in dieser Region in besonderer Weise verehrt wird. Im hinteren Teil der Kirche hat man eine ganze Menge von nicht mehr benötigtem Kirchenmobiliar aufgetürmt. Insgesamt macht die Kirche einen stark verwahrlosten und eingestaubten Eindruck. Eine Ordensschwester und ein älterer Herr stellen in einer der vorderen Bänke ein Radio auf. Der Herr erklärt mir, dass das tägliche Gebet von Lourdes live übertragen wird und lädt mich ein, mit zu beten. Ich setze mich für einige Minuten zu den beiden, finde jedoch keinen Zugang zu der mir unbekannten Liturgie und verlasse die Kirche, nicht ohne mich von den beiden mit einem freundlichen Nicken zu verabschieden.

Ich gehe um die Kirche herum und bemerke an der Hauptstraße eine kleine Bäckerei, die am Abend geöffnet hat. Prima, dann kann ich jetzt nach Vaucouleurs fahren und mich auf der Rückfahrt mit Verpflegung für den Abend eindecken! Über die bewaldete Hochfläche komme ich in das Tal der Maas – la Meuse, wie sie in Frankreich heißt. Dieser Fluss ist fast 900 Kilometer lang und mündet gemeinsam mit dem Rhein in die Nordsee, nachdem er Belgien und die Niederlande durchflossen hat. Damit ist die Maas zwar nicht so lang wie die Loire, aber deutlich länger als die Seine oder die Garonne. Da sie jedoch nur auf einem Teil ihres Verlaufes durch Frankreich fließt, rückt sie in der französischen Rangliste nach hinten auf Platz vier hinter Seine und Garonne. Auf der europäischen Liste rangiert sie jedoch vor den beiden!

Heute fließt die Mosa, wie die Römer sie nannten, durch das Herz Europas. In der Geschichte war sie oft genug Grenze. Bei der Aufteilung des Fränkischen Reichs unter den Söhnen Ludwigs des Frommen wurde die Maas zur Grenze zwischen dem Westfränkischen Reich unter Karl dem Kahlen und dem Mittelreich unter Lothar, der Lothringen seinen Namen gab. Im Hundertjährigen Krieg grenzten hier Frankreich, Burgund und Lothringen aneinander und die Hymne des Deutschlandliedes von Hoffmann von Fallersleben führte aus, dass Deutschland von der Maas bis zur Memel reichte. Geschichtsträchtiger und allzu oft blutgetränkter Boden. Zum Glück gibt es Europa!

Im Tal der Meuse erreiche ich das Dorf Uruffe, dessen ungewöhnlicher Name wohl auf die Römerzeit zurückgeht. In diesem kleinen Dorf geschah 1956 ein entsetzliches Verbrechen. Der Pfarrer ermordete eine neunzehnjährige junge Frau, die er geschwängert hatte, kurz vor der Geburt. Er schnitt ihr das Ungeborene aus dem Leib und tötete das Kind.

Über ein Sträßchen geht es weiter nach Pagny-la-blanche-Côte. Im Ort überquere ich die Meuse, die sich in zwei Arme auf-

Faszinierend: Prallhang der Maas.

gespalten hat. Kalk-Schotterbänke, Schlammflächen, Röhrichte, Schwimmblatt-Gesellschaften, besonnte und beschattete Bereiche, mal schnell fließend, mal fast stehend, tiefere Kolke und seichte Stellen – vielfältiger kann ein Fluss nicht sein. Eine echte Fundgrube für jeden Naturkundler! Dazu die breite Grünland-Aue, in der sich Wiesen und Weiden abwechseln. Ich drehe um und fahre im langsamen Schritttempo über die Brücke und dann rechts der Meuse flussabwärts. Am Ortsausgang verschlägt es mir die Sprache:

Die Maas hat hier einen fantastischen, nahezu gehölzfreien Prallhang geschaffen, der jetzt in der frühen Abendsonne weiß leuchtet. Nun erklärt sich auch der Name des Dorfes. Weit und breit bin ich das einzige Auto, so dass ich an einer übersichtlichen Stelle die Warnblinkanlage anschalte und aussteige, um zu fotografieren. Im Schneckentempo fahre ich weiter. Der Hangfuß reicht unmittelbar an die Asphaltdecke, so dass es keine Möglichkeit für einen kurzen Halt gibt. Die weit mäandernde Maas hat den sich am Hangfuß sammelnden Verwitterungsschutt abtransportiert und so im Laufe der Jahrtausende die Malmstufe Meter für Meter zurückverlegt. Seit man die Straße gebaut hat, sorgt ein kleiner Zaun dafür, dass die hangabwärts rollenden Steine nicht auf die Straße gelangen. Den Abtransport erledigt nun nicht mehr der Fluss, sondern die französische Straßenbauverwaltung. Moderne Zeiten!

Nach einer Haarnadelkurve am Ende des Prallhanges finde ich eine Haltemöglichkeit in einem kleinen aufgegebenen Steinbruch, in dem nun Bauschutt und Gartenabfälle abgelagert werden. Aus dem Schutt ziehe ich ein paar blütenweiße Kalksteine heraus, die ich in den Kofferraum lade. Über Champougny fahre ich nach Chalaines, überquere die Maas und fahre auf Vaucouleurs zu. Der kleine Ort hat noch nicht einmal 2.000 Einwohner, besitzt aber dennoch Stadtrechte. Aufgrund ihrer Bedeutung für die Geschichte Frankreichs zu Recht! Im 14. Jahrhundert war Vaucouleurs ein französischer Grenzposten, an den gleich drei fremde Herrschaften angrenzten: die Herzogtümer Burgund sowie Lothringen und Bar. Es herrschte schon lange Krieg zwischen Frankreich und England. Seit 1346 versuchten die Engländer, ihren Machtbereich zu erweitern. Der französische König Charles VI. war aus Paris vertrieben worden. In der Schlacht von Azincourt und zuvor bei Crecy sowie Maupertuis/Poitiers hatten die englischen Langbogen die Franzosen vernichtend geschlagen. Die burgundischen Herzöge wollten die Lücke zwischen ihren Herrschaftsbereichen in Burgund und Flandern schließen und zum Königtum aufsteigen.

Und genau in dieser Situation klopft ein lothringisches Bauernmädchen an das Stadttor von Vaucouleurs an und will den Hauptmann Robert von Baudricourt sprechen. Es erzählt, dass ihr die Heilige Katherina und die Heilige Margarethe sowie der Erzengel Michael erschienen seien und zu ihr gesprochen hätten: Es solle helfen, das Land von den Engländern zu befreien und wünsche, zu Charles VI. gebracht zu werden. Der Thronfolger der französischen Krone hielt sich in Chinon auf, da Paris in der Hand der Engländer war. Robert de Baudricourt zeigt der Göre den Vogel und schickt sie nach Hause. Doch Jeanne lässt nicht locker: Wenige Wochen später steht sie erneut vor dem Hauptmann, der immer noch skeptisch, aber nicht mehr so schroff abweisend ist.

Als ich langsam durch Vaucouleurs fahre, bemerke ich, dass die Hinweise auf Jeanne d'Arc hier allgegenwärtig sind. Das winzige Kleinstädtchen hat sogar ein Office de tourisme, das die Jungfrau vermarktet, passenderweise in der Rue de Jeanne d' Arc. Das Konzept scheint aufzugehen: Es gibt einige kleine Läden, sogar ein Hotel in der Hauptstraße. Vermutlich kann man hier sogar Jeanne d'Arc-Bettwäsche kaufen oder Eisbecher »Coup de Jeanne d'Arc« essen!?

Doppelselfie mit Rindvieh (Mitte).

Vor dem Rathaus steht eine Reiterstatue von ihr, die bis 1951 in Algier stand. Nachdem Algerien seine Unabhängigkeit erlangt hatte, wurde das Monument kurzerhand ab- und in Vaucouleurs wieder aufgebaut. Auch ein Museum Jeanne d' Arc darf natürlich nicht fehlen! Für heute jedoch reicht es. Ich werde wiederkommen – da bin ich mir sicher. Ich bin irgendwie angefixt. Gestern hatte ich bestenfalls Schulbuchwissen über die Jungfrau von Orléans. Jetzt interessiert mich brennend, was Legende ist und was der historischen Wahrheit entspricht. Auf der Rückfahrt stoppe ich noch mal kurz in dem verschlafenen Blénod und decke mich in der Bäckereifiliale mit Brot und leckeren Eclairs chocolat ein: Ein kleiner Beitrag, um die letzte in dem verschlafenen Ort verbliebene Infrastruktur zu stärken. Aber ein großer, um meinen Hungertod abzuwenden!
Noch immer fühle ich mich nicht sicher beim Autofahren. Insbesondere die viel befahrene Straße an meiner Unterkunft berei-

tet mir Sorgen. Doch problemlos stelle ich mein Auto auf dem Parkplatz ab und wende es, damit ich morgen ebenso problemlos die Heimreise antreten kann.
Die nächsten Tage ist Norbert wieder mit von der Partie. Es ist schon Ende Oktober und es war schwierig, einen gemeinsamen Termin zu finden. Norbert ist als Zoodirektor viel in der Welt unterwegs. Tagung der Zoodirektoren in Südostasien, Kongress der Zuchtbuch-Koordinatoren in Antwerpen und, und, und. Neider behaupten, er sei häufiger außer Landes als im Zoo und übersehen völlig, dass er den Neunkircher Zoo aus seinem Provinzdasein in eine internationale Liga geführt hat. Ich freue mich sehr, dass er mich die nächsten Tage begleitet und hole ihn zu Hause in Eschringen ab. Stolz präsentiert er mir seinen jüngst selbst gebauten Carport, in dem er auch sein Kajak und sein Motorrad untergebracht hat. So viel handwerkliches Geschick hätte ich Norbert nicht zugetraut! Aber er ist immer für Überraschungen gut und vermutlich hatte er bauerfahrene Helfer.
Wir starten mit meinem Wagen und ich bitte Norbert, auf den Fahrersitz zu wechseln. »Norbert, das Auto hat eine Automatikschaltung. Das heißt, du darfst nicht versuchen, die Kupplung zu treten!« »Jawoll, kriege ich hin; ich fahre nicht zum ersten Mal einen Automatik!« Wir haben Eschringen noch nicht verlassen, als Norbert die erste abrupte Vollbremsung hinlegt. Einige weitere sollten an den nächsten Tagen folgen!
Wir starten in Barisay und stellen das Auto nahe der Kirche ab. Zuvor fahren wir an der Straßenecke vorbei, wo mich der freundliche Franzose vor drei Wochen angesprochen hat. Heute ist die Garage geschlossen. Schade, ich hätte ihm gerne einen guten Tag gewünscht! Das Wetter ist trüb und es nieselt ein wenig, als wir losgehen. Auf dem Weg durch den Ort begleitet uns eine hübsche dunkelhäutige Briefträgerin in einem Elektrofahrzeug. Wir wechseln ein paar freundliche Worte. Dann gehen wir

weiter, während sie die Post verteilt. Nach wenigen Minuten hat sie uns wieder eingeholt. Dieser Vorgang wiederholt sich noch einige Male. Bald haben wir jedoch den Ortsrand erreicht und gehen durch die frei Feldflur auf die Côte zu. Die Postbotin hat uns an die »Okapi-Affäre« erinnert und schmunzelnd erzählen wir uns gegenseitig, was vor einigen Jahren vorgefallen war:

Norbert hatte beim Skifahren eine Kongolesin kennengelernt, die in der Schweiz lebte. Bei einem Kochabend unserer »Männer-Selbstfindungs-Gruppe« beschrieb er die afrikanische Schönheit wort- und gestenreich: »Sie hat Beine wie ein Okapi!«, erläuterte er mit sichtbarer Begeisterung. Von da an hieß das Mädel für den Rest des Abends nur noch »das Okapi«. Inzwischen war auch Ministerpräsident Peter Müller zu unserer Runde gestoßen, der unregelmäßiger, aber gern gesehener Gast war. Natürlich wurde auch er über »das Okapi« ins Bild gesetzt. Peter hatte für den kommenden Tag zu einer Pressekonferenz eingeladen. Dort woll-

Kein Tier furzt so laut wie ein Esel.

te er seinen baldigen Abschied aus der Politik verkünden und Annegret Kramp-Karrenbauer als seine Nachfolgerin vorschlagen. Irgendwann zu vorgerückter Stunde und möglicherweise nach dem einen oder anderen Glas Wein entstand dann eine Wette: Peter Müller behauptete, er würde mühelos das Wort »Okapi« in dieser Pressekonferenz unterbringen, ich wettete dagegen.

Am nächsten Tag hingen wir alle vor den Fernsehgeräten, um der live übertragenen Pressekonferenz zu folgen. Peter, inzwischen dienstältester Ministerpräsident und durchaus des Hochdeutschen fähig, erläuterte in gewohnt lockerer Weise die Gründe für seinen Rückzug aus der Politik. Dann gegen Ende – wir hofften schon, er habe die Wette vergessen! – sagte er jenen Satz: »Zwar hat Caligula sein Pferd zum Senator gemacht; ich aber schlage kein Okapi, sondern Annegret Kramp-Karrenbauer für meine Nachfolge vor.« Dabei schaute er den SR-Moderator Joachim Weyand an, der ihm gegenüber stand. Der war am Vorabend dabei gewesen und somit eingeweiht.

Ich hatte meine Wette verloren und kurze Zeit später löste ich meine Wettschuld, eine Kiste Rotwein, ein. Die Etiketten des Médoc hatte ich feinsäuberlich ausgetauscht und durch ein neues Etikett ersetzt. Dieses zeigte natürlich ein Okapi. Hierzu hatte ich eine meiner Lieblings-Briefmarken vergrößert, die in der Zeit herauskam, als der Kongo noch belgische Kolonie war. Das Okapi ist ein Paarhufer und gehört zur Familie der Giraffenartigen. Seine nächste Verwandte ist die Giraffe. Auf den ersten Blick sieht das anmutige Tier eher aus wie eine Kreuzung aus Antilope und Zebra. Das sehr scheue Tier lebt im Regenwald des Kongobeckens und wurde erst 1901, sozusagen als letzter der Großsäuger beschrieben.

Trotz des trüben Wetters schwelgen wir fröhlich in unseren Erinnerungen und erreichen etwa gegen 14 Uhr den 300-Seelen-Ort Saulxures-lès-Vannes. In der Ortsmitte steht eine Ru-

Mont l'Étroit.

hebank, die für eine Mittagspause wie geschaffen ist. Ich habe heute morgen noch ein paar Brote geschmiert; vorsichtshalber für Norbert gleich mit. Eine Maßnahme, die sich jetzt als sinnvoll herausstellt. So teilen wir brüderlich. Auf der anderen Straßenseite steht die Mairie. Jedes noch so kleine Dorf in Frankreich besitzt noch ein Rathaus. Auch wenn es manchmal nur an wenigen Tagen für einige Stunden geöffnet hat: Der französische Staat bezieht hier wortwörtlich Flagge und die Bürgermeister sind Ansprechpartner für die nicht mehr mobile Landbevölkerung.

Gerade als wir unser Mittagsmahl verzehren, parkt ein kleines Auto neben dem Rathaus. Ein Mann steigt aus und schließt die Tür zum Rathaus auf. »Möchten Sie zu mir?«, ruft er freundlich über die Straße. Als wir diese Frage verneinen, fragt er, ob er irgendwas für uns tun könne. Wir freuen uns über so viel Hilfsbereitschaft und Freundlichkeit und ich frage ihn nach dem Weg. Natürlich haben wir längst die Karte angeschaut und auf dem Straßenschild in der Ortsmitte ist unser Zielort auch mit großen Buchstaben ausgeschildert. Aber so können wir dem freundlichen Bürgermeister das Gefühl geben, uns geholfen zu haben.
Inzwischen hat es aufgehört zu regnen, sogar die Sonne läßt sich blicken und wir gehen weiter. Der Weg steigt jetzt an. Wir müssen den Höhenunterschied der Schichtstufen überwinden, immerhin 150 Höhenmeter. Am Ortsrand warten zwei Esel auf einer Weide mit alten Obstbäumen. Als sie uns sehen, begrüßen sie uns mit einem lautstarken »Iahh, Iahh«. Ein echtes Idyll! Wir halten ein paar saftige Kräuter über den Zaun; doch sind die Grautiere nicht dazu zu bewegen, sich uns zu nähern. »Norbert, weißt du, dass kein Tier so laut furzen kann wie der Esel?«, frage ich den erfahrenen Zoodirektor und freue mich, dass es auch noch Dinge gibt, die er von mir lernen kann. »Wirklich?«, fragt er und beginnt sogleich, Theorien zu entwickeln, warum dies so sei. Eine schräger als die andere; aber wir haben wieder ein amüsantes Thema für die nächste halbe Stunde gefunden.
Wir erreichen die Hochfläche, die von einem Buchenmischwald bestanden ist. Das Laub ist bereits bunt eingefärbt und auf dicken Buchenstämmen legen wir die nächste Rast ein. Wir genießen den Herbstwald, der inzwischen von der Nachmittagssonne durchflutet wird. Nun geht es über einen Waldweg wieder leicht talwärts und es riecht kräftig nach Maggi. Ein untrügliches Zeichen, dass erst vor kurzem Wildschweine hier waren.
Das Dorf liegt am Fuß eines Bergspornes und darüber zu gehen

Kaffeeplausch am Esstisch.

ist eine Abkürzung. Allerdings müssen wir wieder bergan. Der Weg ist zudem von schweren Maschinen zerfahren, der tonige Boden aufgeweicht. Dennoch entscheiden wir uns, den kürzeren, aber schwierigeren Weg zu nehmen. So langsam komme ich an meine Grenzen und bin froh, als wir endlich das Dorf erreichen. Nachdem wir den engen Bergsporn überquert haben, weiß ich nun auch, warum das Dorf Mont-l'Etroit heißt. In einem Unterstand an der Bushaltestelle in der Ortsmitte setzen wir uns auf eine Betonbank. Besser als gar nix! Die Haltestelle hat auch schon bessere Tage gesehen! Der Aushang mit dem Fahrplan fehlt. Während ich beginne, im Internet zu surfen, ob ich dort etwas über Bus-Verbindungen zwischen dem 300-Seelen-Dorf und der 400-Einwohner-Metropole Barisay finde, werden wir aus dem Dunkel einer gegenüberliegenden Garage neugierig beäugt.

Die Geschichte von vor einigen Wochen wiederholt sich: Ich rufe einen freundlichen Gruß über die Straße und der »Garagist« antwortet mit der Frage: »Jungs, wollt ihr einen Kaffee?« Keine zwei Minuten später sitzen Norbert und ich in seiner Küche und der freundliche Lothringer stellt zwei große Tassen mit rabenschwarzem Kaffee auf den runden Küchentisch. Ausführlich erzählt er uns sein Leben: Sein Vater sei italienischer Kommunist gewesen und als Gastarbeiter nach Frankreich gekommen. Seit ein paar Jahren sei er Witwer und lebe allein. Er habe fünf Kinder, die verstreut im Süden Frankreichs leben. Dann führt er uns in das benachbarte Wohnzimmer und zeigt uns voller Stolz die Familienbilder, die über einem barocken Sofa an der Wand hängen. Es tut ihm erkennbar gut, Gäste zu bewirten. »Ja, manchmal ist es hier ganz schön einsam. Vor allem im Winter. Aber ich kenne jeden im Dorf und wir unterstützen uns gegenseitig.« Als ich ihn nach einer Busverbindung frage, zögert er keine Sekunde: »Selbstverständlich bringe ich euch nach Barisay! Aber trinkt doch erstmal in Ruhe euren Kaffee.«

Wieder zurück an unserem Auto in Barisay, schlage ich Norbert vor, in Vaucouleurs zu übernachten. Die beeindruckenden Malm-Hänge liegen am Weg und ich kann sie ihm zeigen. Mitteleuropa ist ein Waldland. Von Natur aus wäre es fast vollständig mit Wald bedeckt. Nur die Küsten und das Hochgebirge wären auch waldfrei. »Das ist einer der wenigen natürlich waldfreien Standorte im Binnenland. Und das Kalksubstrat sorgt für einen besonderen Artenreichtum.« Norbert kennt sich aus. Er hat sowohl Biologie als auch Geologie studiert. So erzähle ich ihm wenig Neues. »Auch im Saarland gibt es einen natürlich waldfreien Standort, genau genommen sogar zwei.« »Die Steinrauschen an der Saarschleife. Auch dort handelt es sich um einen Prallhang und vor dem Saarausbau sind die Steine bis in die Saar gerollt. Vor einigen Jahren hat man hässliche und teure Zäune gebaut, um zu verhindern, dass abgehendes Gestein eventuell Radfahrer, die den Treidelpfad benutzen, gefährdet.

Der Taunus-Quarzit beherbergt auch deutlich weniger Arten als die Kalke.« »Die Saarschleife kenne ich natürlich, aber was ist der zweite natürlich waldfreie Standort?«, fragt Norbert. »Der ist noch kleiner. Verglichen mit den Malm-Hängen geradezu winzig«, antworte ich. »Es ist der Elsenfels an der Nahe, hinter Nohfelden, kurz vor der Grenze zu Rheinland-Pfalz. Dort hat die Nahe den vulkanischen Rhyolith angeschnitten, also auch einen Prallhang!«

Zu Hause habe ich mich inzwischen umgehört und kundig gemacht über die besondere Artenausstattung. Mein langjähriger Kollege und Freund Dr. Steffen Caspari ist der beste Artenkenner des Saarlandes. Niemand kennt so viele Arten wie er. Nicht nur alle Moos-Arten und höhere Gefäßpflanzen kennt er vollständig und sicher, sondern auch alle Tag- und Nachtfalter und dazu noch so manch andere zoologische Gruppe. Und als ich ihn auf die Malm-Hänge an der Maas anspreche, sprudelt es sofort aus ihm heraus: »Auf diesen Hängen wächst Galium fleurotii. Dieses Labkraut hat nur ein sehr eng begrenztes Verbreitungsgebiet und kommt ausschließlich in Nordfrankreich vor.« Arten, die nur ein, zudem noch eng umgrenztes Verbreitungsgebiet haben, nennen die Biologen Endemiten. Und noch ein weiterer Endemit ist hier zu finden: Die Violette Schleifenblume Iberis violletii, mit ihrer verworrenen Nomenklatur bzw. Taxonomie, dient als Futterpflanze für die Raupen der westeuropäischen Unterart des Karst-Weißlings Pieris mannii subsp. Andegava. Mit dem äußerst seltenen Glückswidderchen Zygaena fausta und dem Genfer Waldportier Hipparchia genava zählt Steffen zwei weitere Schmetterlings-Raritäten auf, die mit etwas Glück und Sachkunde auf dem Maashang zu finden sind. Vor wenigen Jahren habe er mit der Familie den Sommerurlaub in Pagny verbracht und kenne daher die Trockenrasen gut. Einmal mehr stellt Steffen sein Wissen unter Beweis!

In Vaucouleurs wartet eine unliebsame Überraschung auf uns: Das Hotel ist ausgebucht! Ebenso die Tische im Restaurant. Als ich an der Rezeption nachfrage, wo es in der Nähe ein weiteres Restaurant gäbe, empfiehlt man uns den Hähnchen-Grill auf dem Parkplatz gegenüber. Nein, mag der Hunger auch noch so groß sein, wir beschließen weiterzufahren nach Toul. Ein kurzer Anruf in »meinem Hotel« bringt Klarheit: Dort hat man noch Zimmer für uns und eine halbe Stunde später werde ich wie ein alter Bekannter begrüßt. Schließlich habe ich in den letzten Wochen schon zweimal hier übernachtet. Auch in dem georgisch-französischen Restaurant kennt man mich bereits. Wir essen köstliches geschmortes Lamm. Norbert ist das erste Mal in Toul und ich gebe ihm einen kurzen Abriss zur reichen Geschichte der Bischofsstadt.

Als ich am nächsten Morgen zum Frühstück erscheine, hat Norbert bereits einen Rundgang durch die Innenstadt gemacht. Das Wetter ist sonnig und vielversprechend und auf dem Wochenmarkt, der französischer nicht sein könnte, decken wir uns mit Käse, Bauernsalami und Baguette ein. Es verspricht ein guter Pilgertag zu werden. »Wir hätten unserem Garagisten doch auch eine Salami mitbringen können!«, kommt mir in den Sinn, als wir unser Auto in der Ortsmitte von Mont-l'Etroit abstellen. Manchmal kommen gute Ideen einfach zu spät. Aber unsere einzige Salami jetzt verschenken? Fast erleichtert stellen wir fest, dass das Garagentor geschlossen ist, und vermuten, dass unser Garagist noch schläft.

Die Verbindungsstraße zwischen den Dörfern ist nicht breiter als ein Feldweg und völlig verkehrsfrei. Kein einziges Auto begegnet uns auf unserem Weg nach Ruppes. »Gestern hast du gesagt: Irgendwie werden wir schon wieder zum Auto zurückkommen. Da konnte ich mir nicht vorstellen, wie das gehen soll. Aber es hat dann ja gut geklappt!«, meint Norbert und fügt hinzu: »Auch heute kann ich mir nicht vorstellen, wie wir heute Abend zurücktrampen, wenn es so überhaupt gar keinen Verkehr gibt.« »Wir brauchen ja auch nicht viele Autos,« antworte ich ihm, »sondern genau genommen nur eines.« Auf den Weiden stehen hübsche Rinder verschiedener Rassen. Die kräftigen Limousins kenne ich, die anderen nicht. Herrliche Tiere in einer wunderschönen Landschaft. Da wir weit und breit alleine sind, stoße ich ein kräftiges gutturales »Muh« aus. Niemand antwortet. Klar, die französischen Kühe verstehen eben kein deutsches »Muh«.

Ein großer schwarzer Hund mit wuscheligem Fell kommt uns entgegen und begrüßt uns mit wedelndem Schwanz. »Der macht nix.« Ein Bauer, den wir bisher nicht bemerkt haben, ruft aus einiger Entfernung. Ich frage ihn nach der schokoladenbraunen Rinderrasse; aber auch er kann mir keine Auskunft geben. Ruppes hat gerade mal 150 Einwohner, von denen an diesem Mittag aber niemand zu sehen ist. Wir verlassen den Ort wieder, ohne einer einzigen Menschenseele begegnet zu sein. Jubainville ist kaum größer, wirkt aber irgendwie lebendiger. Vielleicht liegt es an den blühenden und gepflegten Bauerngärten.

Unterhalb der Kirche finden wir eine Sitzbank. Unser Tagesziel ist erreicht! Jetzt gilt es, noch mal zurückzukommen. Zunächst vertilgen wir bei einer ausgiebigen Rast unsere Wurst und unseren Käse. Nach dieser Stärkung gehen wir wieder zum Ortsausgang. Hier stößt die Haupt- auf die Landstraße und die Wahrscheinlichkeit, dass ein Auto vorbeikommt, scheint hier am höchsten. Wir haben noch keine halbe Stunde gewartet, hält auch schon ein Kleinwagen. Ein älteres Ehepaar nimmt uns mit. Als wir uns auf die Rückbank des Kleinwagens quetschen, fällt uns auf, dass dort Tier- und Pflanzen-Bestimmungsbücher liegen. Ein Naturkundler-Ehepaar! Zufälle gibt's!

Bei der Anreise heute morgen hatten wir in der Hauptstraße von Bulligny ein Schild »chambres d'hôte« bemerkt. Dort wol-

Abendessen im Weingut Crochet in Bulligny.

len wir versuchen unterzukommen und haben in der Tat Glück: Die Zimmer sind nicht nur frei, sondern auch wunderschön. Themenbezogene Zimmer: Ich beziehe das Nord-Afrika-Zimmer, während Norbert im Kelten-Zimmer übernachtet. Auch ein einfaches Abendessen wird uns in Aussicht gestellt und auf Norberts Frage, ob es auch eine Flasche Wein gibt, antwortet unsere Wirtin ebenso knapp wie resolut: »Wir sind Winzer!«. Volltreffer! Die Zeit bis zum Abendessen nutzen wir zu einem kleinen Spaziergang zur gotischen Dorfkirche, deren Seiteneingang geöffnet hat. Darin finden wir eine schöne Figur des Heiligen Nikolaus, dem Regionalheiligen Lothringens. Die drei Kinder zu seinen Füßen erinnern an die Legende von den drei Kindern, die in ein Salzfass gefallen und darin umgekommen waren. Der Bischof von Myra habe sie herausgezogen und wieder zum Leben erweckt, lautet die Heiligen-Legende, die bei uns kaum jemand kennt. Aber in Lothringen!

Ich zünde eine Kerze an und singe meinen Psalm. Bis zum Abendessen verbleibt sogar noch Zeit, um sich ein halbes Stündchen aufs Ohr zu legen. Dann geht es zum Abendessen:

Im offenen Kamin knistert ein munteres Feuer und das angekündigte »kleine« Abendessen erweist sich als ein opulentes Mahl mit leckerer Pâté und regionalem Käse bei hervorragendem Wein. Wie Gott in Frankreich!

Als wir am nächsten Morgen abreisen, sind wir uns sicher: Irgendwann kommen wir wieder zurück an diesen gastfreundlichen Ort. Heute ist Domrémy-la-Pucelle unser Ziel. 6,6 Kilometer sind es bis zum Geburtsort von Jeanne d'Arc. In den zurückliegenden Wochen habe ich eifrig gelesen und recherchiert: Die unglaubliche Geschichte der Jungfrau von Orléans entspricht den historischen Tatsachen und ist durch Quellen sehr gut, ja lückenlos belegt. Also keine fromme Legende wie Nikolaus und die drei Kinder aus dem Salzfass oder die Wiedererweckung des Fürstensohnes durch den Heiligen Mansuy!

Die Geschichte von Jeanne d'Arc ist historisch wahr und vielfach bis ins kleinste Detail belegt: Ein sechzehnjähriges Bauernmädchen, das weder Lesen noch Schreiben gelernt hat, »schreibt« Weltgeschicht! Es nervt so lange, bis es zum schwächlichen Thronfolger, der sich im Exil in Chinon aufhält, gebracht wird, und überzeugt diesen, dass er um seine Krone und Frankreich kämpfen muss. Sodann befreit es das von den Engländern stark bedrängte Orléans. Ein Ereignis, das in dem Loire-Städtchen bis heute jedes Jahr am 8. Mai kräftig gefeiert wird. Anschließend fügt es den Engländern weitere Niederlagen zu und begleitet den Dauphin nach Reims, wo er in der Kathedrale zum König gekrönt wird.

Der Versuch, Paris zu erobern, scheitert und das Mädchen gerät in die Gewalt der Burgunder, die es den Engländern überstellen. Diese machen ihm den Prozess und verbrennen die inzwischen

Neunzehnjährige auf dem Scheiterhaufen auf dem Marktplatz in Rouen. Jahre später findet ein Revisionsprozess statt und Jeanne d'Arc wird freigesprochen. Posthum! Die umfangreichen Prozessakten blieben erhalten. Genau 500 Jahre später wird die Jungfrau von Orléans heilig gesprochen. Selbst die Jungfräulichkeit von Jeanne d'Arc ist aktenkundig belegt. Zweimal wurde sie medizinisch untersucht und festgestellt, dass sie eine »virgo intacta« war: das erste Mal, bevor sie zum König nach Chinon geführt wurde, und das zweite Mal in ihrem Prozess in Rouen. »Jungfräulichkeit« galt bis in die frühe Neuzeit als Beweis dafür, dass man sich nicht mit dem Teufel eingelassen haben konnte. Was, wenn sich die Geschichte tausend Jahre früher zugetragen hätte? Und keine Akten, Unterlagen, Beweise erhalten geblieben wären? Niemand würde diese unglaubliche Geschichte für historisch wahr halten; sondern jedermann würde sie in den Kreis der frommen Legenden verweisen.

Im Frühherbst 2017, während ich mich mit la »pucelle«, dem jungfräulichen Flöhchen, beschäftige, ist Greta Thunberg noch gänzlich unbekannt. Nun, zwei Jahre später, kennt sie fast jeder. Und der Vergleich zwischen Greta und Jeanne drängt sich auf: Beide waren sechzehn, als sie ihre Mission starteten. Beide zeichnen sich durch Überzeugungskraft und Hartnäckigkeit aus. Beide stellten sich eine nahezu unlösbare Aufgabe. Die Engländer aus Frankreich zu vertreiben schien Anfang des 16. Jahrhunderts genauso unmöglich wie heute die Klimaerwärmung zu stoppen. Beide wurden zunächst vom Establishment belächelt und nicht ernst genommen. Beiden gelang es, Massen zu mobilisieren. Soweit die Parallelen. Die Geschichte von Greta Thunberg ist nicht zu Ende. Jetzt segelt sie erst mal nach Amerika und ich wage zu prognostizieren, dass sie nicht mit neunzehn auf dem Scheiterhaufen verbrannt wird.

Solche Gedanken beschäftigen mich, während Norbert und ich

Maxey erreichen. Dieser kleine Nachbarort von Domrémy liegt rechts der Maas und gehörte Anfang des 16. Jahrhunderts zu Burgund, war also ebenso wie Domrémy ein Grenzort in diesen politisch so aufgewühlten Zeiten. Jeanne berichtet in ihrem Prozess, dass sie als Kind habe mitansehen müssen, »wie einige aus ihrem Dorf, die gegen die von Maxey gekämpft hatten, manchmal schwer verletzt und blutend von dort zurückkamen:« Früher waren Auseinandersetzungen zwischen den Halbstarken aus Nachbardörfern nicht selten. Mein Vater, der seine Kindheit in Marpingen verbrachte, erzählte mir von den Kämpfen mit den Alsweiler Buben. Und regelmäßig flogen bei der Kirmes die Fäuste, wenn junge Männer in den Nachbarort kamen, um dort mit den Mädchen zu tanzen. Noch in den Achtzigerjahren des 20. Jahrhunderts gab es heftigen Widerstand bei dem Versuch, im Zuge der Gebietsreform manche Dörfer unter dem Dach einer Kommune zusammenzulegen. Schnee von gestern! Heute ist Maxey nicht weniger französisch als Domrémy. Jedenfalls ehrt es die Jungfrau aus dem Nachbarort mit einer großen Statue unmittelbar neben der Kirche.

Norbert und ich rasten auf einer Bank an einer Bushaltestelle direkt gegenüber dem Denkmal und verzehren das Wenige, was unsere Rucksäcke noch hergeben. Noch ein Stück durch die sehr breite Maas-Aue an einer aufgegebenen Bahnlinie und einem Altarm entlang pilgern wir bei herrlichem Sonnenschein auf Domrémy zu. Der Herbst hat die Landschaft bereits bunt eingefärbt und trotz meiner Spastik kann ich dieses besondere Fleckchen Erde in vollen Zügen genießen. Wir überqueren die Maas und erreichen das Geburtshaus von Jeanne d'Arc.

Es liegt unmittelbar am Ortsrand und hat durch sein Pultdach eine seltsam anmutende Form. Es sieht irgendwie abgeschnitten aus. Das unmöblierte Haus ist seit 1818 in öffentlichem Besitz und steht bereits seit 1840 unter Denkmalschutz. An der

Rezeption des angrenzenden modernen Museums bestellen wir uns ein Taxi und werden zu unserem Auto nach Jubainville gebracht. Norbert, der inzwischen gelernt hat, dass mein Auto keine Kupplung hat, bringt uns sicher und ohne Vollbremsung nach Eschringen zurück. Das letzte Stück muss ich dann alleine und selbst fahren. Inzwischen hat es zu regnen begonnen. Bei Dunkelheit und Regen Auto zu fahren, ist noch immer eine Herausforderung für mich. Ich fühle mich nicht sicher und unwohl, aber schließlich komme ich wohlbehalten zu Hause an.

Domrémy sollte der Abschluss der Pilgersaison 2017 sein. Der Sommer war lang. Inzwischen sind die Tage kürzer geworden. Als ich im November ein paar Freunde zu einem lothringischen Abend mit Speckkuchen und Gris du Toul einlade und wir den eben gebrannten Mirabellen-Schnaps von Hans-Walter verkosten, ergibt sich spontan noch die Möglichkeit zu einer weiteren Etappe. Hans-Walter ist vor wenigen Monaten in den Ruhestand getreten. Vor wenigen Wochen starb seine Mutter, »es Elsje«, um die er sich seit Jahren hingebungsvoll kümmerte, im Alter von 90 Jahren. Jetzt hat er, den wir in unserer Männer-Selbstfindungs-Gruppe auch »Jean-Voltaire« nennen, Zeit und wird mich einen Tag lang begleiten.

Wir parken in Maxey an der Kirche vor dem Jeanne-d'Arc-Denkmal. Das erste Stück des Weges bin ich erst vor kurzem mit Norbert gelaufen. Dann queren wir jedoch nicht das Tal, sondern laufen weiter entlang der Vair, einem von Weidenbüschen gesäumten Seitenflüsschen der Meuse. Im Tal liegt der Herbstnebel. Während wir über ein Sträßchen nach Moncel-sur-Vair pilgern, erzählt und erzählt Hans-Walter ohne Punkt und ohne Komma: Beginnend mit seiner Schulzeit über das Studium der Geologie in Aachen, seine verflossenen Liebschaften, sein Arbeitsleben bis hin zu seinen Plänen im Ruhestand. Mir scheint, als ob er an diesem Pilgertag ein Zwischen-Resümee seines bisherigen Lebens ziehen wolle. Verständlich nach den beiden gravierenden Einschnitten innerhalb weniger Wochen! Ich höre ihm gerne und geduldig zu. Wir kennen uns bereits ein Vierteljahrhundert und vieles wusste ich bereits: etwa seine Abenteuer im Tschad und in Mali, wo er einige Jahre arbeitete, oder seine Tätigkeit in vielen Ländern der Sahelzone, wo er im Auftrag der Saudis Wasser suchte und Brunnen bohrte. Aber ich erfahre auch manches Neue: Etwa dass er gegen Ende des Studiums beinahe eine Kneipe in Aachen übernommen hätte und Gastronom geworden wäre.

In Moncel legen wir eine Mittagspause auf einer Bank vor der Kirche ein. Jetzt sind es noch zweieinhalb Kilometer bis Soulosse. Die werde ich schaffen, auch wenn meine Spastik begonnen hat, merklich anzusteigen! Und in der Tat brauche ich für das letzte Stück fast drei Stunden. Ich bin froh angekommen zu sein und es geschafft zu haben. Da wartet am Ortsrand unter einem Baum eine kleine Holzbank. Nun gilt es, den Rückweg zum Auto zu organisieren. Auf der Straße zwischen Moncel und Soulosse ist uns während der letzten drei Stunden keine Handvoll Autos begegnet. Die Chancen, per Anhalter zurückzukommen, sind also eher überschaubar. Hans-Walter schlägt vor, den Weg zurückzulaufen, während ich auf der kleinen Holzbank auf ihn warte. Ich willige ein und stelle mich auf zwei Stunden Warten ein.

Die Sonne geht nun schon deutlich früher unter und mit der aufziehenden Dunkelheit wird es kalt. Längst habe ich meinen Pullover angezogen. Jetzt ziehe ich noch meine dünne Regenjacke drüber. Mehr gibt der Rucksack nicht mehr her. Die Kälte dringt durch meine Jeans. Ich lege meinen Rucksack auf die Oberschenkel. Auch das isoliert wenigstens ein klein wenig. Die Kälte treibt die Spastik weiter nach oben. Immer wieder schaue ich auf die Uhr. Die Hälfte des Weges dürfte Hans-Walter jetzt

geschafft haben. Zur Abwechslung versuche ich es mit Bewegung. Aber ich kann mich nicht mehr schnell genug bewegen, um mich aufzuwärmen. Also wieder zurück auf die Bank.
Unvermittelt hält ein Auto. Zwei junge Frauen fragen mich, ob sie mich mitnehmen können. Aber ich muss jetzt hier warten, wie mit Hans-Walter vereinbart. Trotzdem freue ich mich über die spontane Hilfsbereitschaft. Kurz darauf ein Anruf von Hans-Walter: »Ich bin bald da, ich kann bereits den Kirchturm von Maxey sehen.« Endlich, nach einer weiteren langen halben Stunde und kurz bevor ich gänzlich zu Eis erstarrt bin, ist Hans-Walter wieder zurück. Selten habe ich mich so über eine Sitzheizung gefreut!
Die Rückfahrt gestaltet sich schwieriger als erwartet: Wegen einer Verkehrsstörung lotst uns das Navigationssystem von der Autobahn und über kleine Gassen am Stadtrand durch das dunkle Nancy. Mit einiger Verspätung und reichlich genervt kommen wir schließlich zu Hause an. Jetzt ist die Pilgersaison 2017 definitiv zu Ende! An diesem Abend habe ich aber keine Energie mehr, um Bilanz zu ziehen. Todmüde falle ich ins Bett.

Abschluss einer erlebnisreichen Pilgersaison 2017.

SECHSTES KAPITEL

in dem ich noch zwei weiteren kopflosen Heiligen Lothringens begegne, in eine vermeintliche Filmkulisse Astrid Lindgrens hineingerate und erfahre, dass Pilger selbst beim Frisör Privilegien genießen …

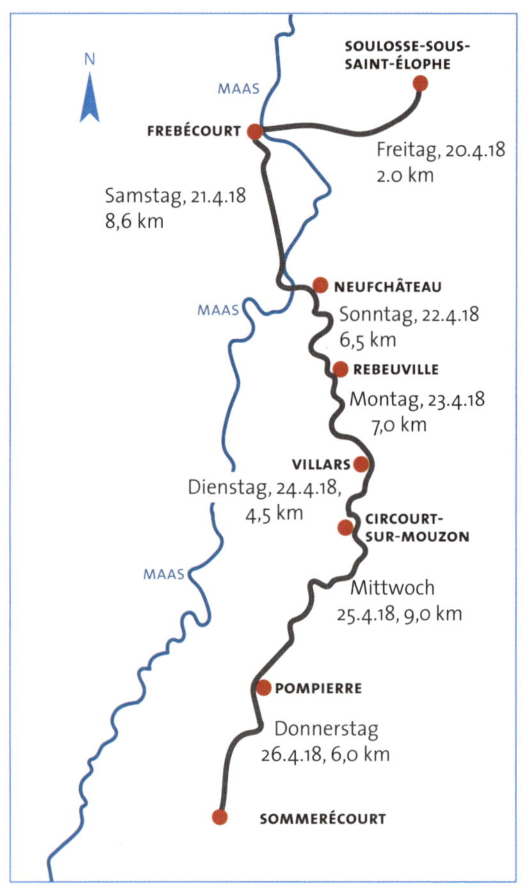

Der Winter ist vorbei. Endlich geht es weiter! Vor wenigen Wochen habe ich mein Buch vorgestellt, zunächst auf der Buchmesse in Leipzig, dann in »meinem« Benediktinerkloster zu Tholey. Eine neue Erfahrung für mich! Und eine gute Übung. Ich lerne wieder, vor Menschen und Gruppen zu treten. Für den kommenden Winter habe ich eine Reihe von Autorenlesungen geplant und werde über die saarländischen Dörfer tingeln. Doch jetzt freue ich mich, dass meine Pilgerschaft weitergeht! Im zurückliegenden Jahr hatte ich mein Jahresziel Neufchâteau nicht ganz erreicht, es aber immerhin bis Soulosse geschafft, zehn Kilometer entfernt. In Gondrecourt-le-Château habe ich mir für die nächsten Tage eine Ferienwohnung als Basisstation angemietet.

Doch zunächst reise ich gemächlich an. Bis Toul über die Autobahn, dann über die Landsträßchen entlang der Maas. Es ist noch früh am Tag und da ich meine Ankunft erst für 18 Uhr angekündigt habe, beschließe ich, ein erstes kleines Stück zu pilgern. Ich parke an der Kirche von Saint Élophe. Das Dörfchen Soulosse-sous-St. Élophe hat mehrere Ortsteile. Soulosse liegt am Hangfuß, während Saint Élophe auf der Höhe über dem Tal der Vair und der Meuse thront. Saint Élophe? Wieder ein Heiliger, von dem ich noch nie etwas gehört habe! Lothringen hat ein ganzes Arsenal unbekannter Heiliger. Mal sehen, was ich über den Heiligen Élophe herausfinden kann! Ich gehe um die Kirche herum, stehe an der Hangkante und habe einen weiten Blick ins Land. Vor mir liegt Neufchâteau, im Tal mäandrieren die Vair und die Maas. Die Straße von Soulosse nach Neufchâteau ist stark befahren. Deshalb will ich morgen lieber durch das Maas-Tal pilgern statt mich dem Straßenverkehr auszusetzen; auch wenn der Weg etwas weiter ist.

In der römischen Kaiserzeit war Neufchâteau ein bedeutendes Regionalzentrum. Hier kreuzte die Nord-Süd-Achse der Via

Agrippiensis die Ost-West-Verbindung, die aus den Vogesen kommend nach Reims führte. Schon in der Antike hatte eine funktionierende Verkehrs-Infrastruktur das Aufblühen einer Region und wirtschaftliche Aktivitäten zur Folge. Solimariaca hieß der Ort in der Antike. Auf der Höhe haben Archäologen ein Castellum, eine römische Befestigungsanlage, ausgegraben. Am Hangfuß weisen viele Funde auf eine florierende Handwerkersiedlung hin.

Die Kirchentür ist nicht verschlossen. Prima! Neben dem Altar steht ein Reliquienschrein. Die Knochen oder wenigstens ein Teil davon sind in einem schmuckvollen gläsernen Kasten ausgestellt und liegen angeleuchtet auf einem roten Samtkissen. Über Jahrhunderte hinweg hatten Reliquien eine sehr hohe Bedeutung für die Menschen. Schon im 2. Jahrhundert wurde den sterblichen Überresten von Märtyrern eine besondere Kraft zugeschrieben. Und über ihren Gräbern wurden Kirchen errichtet. So entstand etwa der Petersdom in Rom oder auch der Kölner Dom. Im Mittelalter ging man in der katholischen Kirche dazu über, unter oder in den Altar Reliquien einzubetten. Da es deutlich mehr Kirchen als Heilige gab, wurden die Reliquien geteilt, gestohlen, gehandelt und gefälscht. Nichts, was es nicht gab!

Humbug? Die zahlreichen Marmortäfelchen, die an der Kirchenwand angebracht sind, stimmen mich nachdenklich. Oft ist nur ein schlichtes »Merci« eingraviert. Offensichtlich hat der Glaube vielen Menschen geholfen. Einbildung? Autosuggestion? Die naturwissenschaftliche Evidenz ist jedenfalls nicht geringer als bei der Homöopathie. Genauso wenig wie die Wirkungsweise der Homöopathie mit moderner Naturwissenschaft erklärbar ist, ist es die Heilkraft der Märtyrer-Reliquien. Doch während die Homöopathie chic und modern ist und viele Menschen auf die Heilkraft der kleinen Kügelchen vertrauen, gelten die »Reliquien« als verstaubt, antiquiert und hinterwäldlerisch

Reliquien. Verstaubt und antiquiert, aber ebenso wirksam wie Homöopathie.

und werden vielfach mit spöttischer Verachtung betrachtet. Ich bin überzeugt: Der Mensch ist nicht nur Chemie. Er hat nicht nur einen Körper, sondern auch eine Seele. Und es gibt Dinge jenseits von Chemie und Physik, die wir naturwissenschaftlich nicht erfassen können, die jedoch nicht weniger existent sind und die in unserer »realen« Welt wirken.

Ich schaue mich in der Kirche um: Vor dem Altar steht ein marmorner Sarkophag, auf dem in weißem Marmor der Körper des Heiligen Élophe nachgebildet ist. Ohne Kopf, jedenfalls nicht dort, wo er hingehört: Er hält ihn in den beiden Händen. Es wird immer seltsamer! Im vergangenen Jahr habe ich in Liverdun einen ähnlichen Sarkophag gesehen. Den des Heiligen Eucharius. Der Heilige Élophe wurde am 16. Oktober 362 geköpft, also im gleichen Zeitraum wie Eucharius, während der Christenverfolgungen durch Kaiser Julian. Ob die beiden, sich kannten? Mehr kann ich in diesem Kirchlein hoch oben auf dem Berg nicht in Erfahrung bringen, beschließe aber, daheim weiter zu recherchieren. Meine Neugier ist geweckt!

Zu Hause besorge ich mir den Nachdruck von Band 1 des Vollständigen Heiligenlexikons von Johann Stadler, der im Jahr 1858 in Augsburg erschienen ist. Der Faksimile-Nachdruck ist ein echter Schinken, in dem alle Heiligen der katholischen Kirche akribisch und alphabetisch aufgelistet sind. Leider endet der Band mit dem Buchstaben D. Als ich im Internet recherchiere, um Band 2 zu bestellen, stelle ich fest, dass das Vollständige Heiligenlexikon auch in der »Digitalen Bibliothek« als CD erschienen ist. Das spart mehrere Dezimeter in meiner ohnehin schon überquellenden Bibliothek.

Nach wenigen Tagen bringt mir der Postbote das nun wirklich Vollständige Heiligenlexikon ins Haus und als ich nun darin den Heiligen Elophe aufrufe, staune ich nicht schlecht: Elophe und Eucharius waren Brüder! Und außerdem hatten sie eine Schwester: die Heilige Libaire, die ebenfalls als Märtyrerin geköpft wurde und wenige Kilometer von Neufchâteau in Grand begraben liegt. Von diesem Ort hatte ich schon einiges gelesen. Hier wollte ich in diesem Sommer mal hin, auch wenn er nicht unmittelbar auf meinem Pilgerweg liegt. Aber ich bin ja noch jung und muss nicht schnurstracks nach Santiago di Compostela!?

Pilgern hat viele Reize. Einer und sicher nicht der kleinste liegt in dem Abenteuer, Neuem und Unerwartetem zu begegnen.

Manchmal ist es nur eine seltene Pflanze in einer alten Mauer; manchmal ist es die Begegnung mit Menschen. So vielfältig wie das Leben selbst, so vielfältig sind auch die Abenteuer, die dem Pilger widerfahren: So wie ich es liebe, in Büchern zu stöbern, im Internet zu recherchieren, Hypothesen zu bilden und sie wieder zu verwerfen, den Stand meiner Recherchen mit Freunden bei einem Glas Wein zu diskutieren, in Sackgassen zu geraten und »zufällig« auf eine neue Spur zu kommen. Genau die richtige Beschäftigung für dunkle und verregnete Wintertage! Und so pilgere ich den Weg mehrfach, mindestens aber dreimal:

Das erste Mal, wenn ich mich vorbereite, auf die Karte schaue, Entfernungen ausmesse und die Strecke festlege, (an die ich mich meistens dann doch nicht halte).

Das zweite Mal, wenn ich den Weg dann tatsächlich pilgere, mich Sonne, Kälte und Regen aussetze, Gott um seinen Schutz bitte, immer wieder die Erfahrung mache, dass die Welt voller Wunder und hilfsbereiter Menschen ist und ich einmal mehr meine eng gesteckten Grenzen erreiche und den inneren Schweinehund überwinde.

Und das dritte Mal, wenn ich meine Abenteuer niederschreibe und zu einem Buch verarbeite, dazu weiter recherchiere und schließlich von meinem Weg erzähle und berichte.

Ich bin langsam. Na und? Wäre ich schnell und würde 25 Kilometer am Tage pilgern können, käme meine Seele nicht mit. Vieles, dem ich unterwegs unerwartet begegnet bin, hätte ich übersehen, wäre achtlos daran vorbei gehastet. Vielleicht hätte ich es auch gesehen und doch nicht wahrgenommen. Vielleicht hätte ich mir nie die Zeit genommen, die kleine Kirche hier auf dem Berg zu besuchen, sondern wäre in das in Sichtweite liegende Neufchâteau geeilt und hätte vielleicht nie etwas von Saint Élophe und seinen Geschwistern erfahren, die hier im 4. Jahrhundert zu Märtyrern wurden.

Vielleicht? Ich hadere nicht mit meiner Behinderung, sondern mache das Beste daraus. Und meine Langsamkeit hilft mir, genauer hinzuschauen, meine Behinderung zwingt mich zur Geduld. Die Entdeckung der Langsamkeit! Ich sollte mal wieder Stan Nadolny lesen! Jetzt aber will ich zuerst die Geschichte von Élophe erzähle:

Er taucht unter verschiedenen Namen auf: Auf Lateinisch heißt er Eliphius; manchmal wird er auf Französisch auch Éloffe, Éliphe oder seltener Alophe genannt. Jedenfalls ist er ein lothringischer Heiliger und der Namensgeber des Dorfes Saint-Élophe. Hier wurde der Diakon bestattet, nachdem er im Tal der Vair bei Solimariaca, wenige Kilometer von hier, am 16. Oktober 362 geköpft und zum Märtyrer wurde. An der Stelle seiner Enthauptung steht eine kleine Kapelle. Diese heißt seltsamerweise »Sainte Epaïotte« und war ursprünglich der Heiligen Libaire geweiht, seiner Schwester.

Élophe wird bezeichnet als der »Saint Denis der Lothringer«.

Seine Verehrung im Süden der Diözese von Toul, besonders in Soulosse, ist schon alt. Gérard, einer der großen Bischöfe, die Toul hervorgebracht hat, bringt um 963 einen Teil der Reliquien nach Köln und schenkt sie dem dortigen Erzbischof, dem Heiligen Bruno, der sie im Stift Sankt Martin aufbewahrt. Nun setzt auch in der Kölner Gegend eine Verehrung von Élophe ein. Zu diesem Zeitpunkt war der bereits sechshundert Jahre tot. Weitere zweihundert Jahre später schreibt ein Abt von Tuitz-Deutz, Rupert, die Lebens- und Heiligen-Geschichte von Èlophe auf. Dabei stützt er sich auf die Hagiografie eines anonymen Autors aus Toul. Im Laufe der Jahrhunderte ist in der Erinnerung einiges durcheinander geraten. Jedenfalls verortet Rupert den Ort der Enthauptung nun in der Nähe von Köln. Warum bringt Gérard die wertvollen Reliquien nach Köln? Nun wissen wir, dass Gérard Cellular, eine Art Kellermeister, von Sankt Peter in Köln war und möglicherweise seine Bischofswürde der Unterstützung von Bruno verdankt. Möglich auch, dass er die Absicht verfolgte, die Verbindungen zwischen der lothringischen Kirche und dem deutschen Reich systematisch auszubauen. Ein Teil von Élophe blieb jedoch in seiner alten Heimat und wird hier ausgestellt.

Die Überführung seiner Gebeine im Jahr 964 ist gleichzeitig die erstmalige Erwähnung von Élophe. Rupert und der anonyme Touler Autor berichten, dass er zu einer christlichen Familie im Land des keltischen Volksstammes der Leuquer gehörte, die eine hohe Reputation besaß. Die Eltern Baccius und Litrude hatten zwei Söhne und mindestens drei Töchter. Der ältere Bruder war Eucharius, dem ich in Liverdun im letzten Jahr begegnet bin. Die Töchter hießen Menne, Libaire und Suzanne. Die beiden ersten werden ebenfalls als Heilige verehrt. Andere Quellen nennen noch zwei weitere Töchter: Ode und Gontrude. Jedenfalls eine kinderreiche Familie, die durch die Christenverfolgungen unter Kaiser Julian ausgelöscht wurde!

Es wird berichtet, dass auf dessen Befehl 33 Christen, darunter auch Élophe, eingesperrt wurden, auf wundersame Weise jedoch wieder freikamen. Élophe begibt sich daraufhin nach Toul, um seiner alten Mutter, die im Sterben liegt, beizuwohnen und sie in Remirement zu bestatten. Er bekehrt 226 Personen in Toul und kehrt nach Grand zurück. Auch dort verkündet er den christlichen Glauben und macht sich dabei gleichzeitig bei Heiden und Juden unbeliebt. Letztere beschweren sich bei Kaiser Julian, der Élophe am Ufer der Vair einem Verhör unterziehen lässt. Er verlangt von ihm, den römischen Götzen zu huldigen. Nach dessen hartnäckiger Weigerung und langen Diskussionen verurteilt ihn Julian zum Tod durch das Schwert. Die Hinrichtung findet bei Soulosse (dem alten Solimariaca) statt.

Der Legende nach nimmt Élophe seinen Kopf und trägt ihn auf den Gipfel des Hügels, der seither seinen Namen trägt. Er

Saint Élophe, der nächste kopflose Heilige.

setzt sich auf einen Stein, der sich zu einem Sitz formt. Nach einer späteren Version der Legende spricht der abgeschnittene Kopf eine letzte Predigt. Die fromme Sage berichtet uns, dass er über tausend Schritte gegangen sei und zuvor den Kopf in einer Quelle gewaschen habe. Eine analoge Legende gibt es auch über seine Schwester Sainte Libaire. Auch sie soll ihren mit Blut befleckten Kopf gewaschen haben, nachdem sie enthauptet wurde. Diese Kopfwaschung nach der Enthauptung wird immer wieder in den Heiligen-Legenden berichtet und ist eine Anspielung auf die Taufe. Die Quelle, der Brunnen oder der Fluss sind die Kennzeichen einer zweiten Taufe, die man den wundertätigen Heiligen zuschreibt.

Auf dem Hügel wird Élophe schließlich begraben und über seinem Grab eine Kapelle errichtet, die später zur Pfarrkirche wird. Offensichtlich kommt Gérard im 10. Jahrhundert die Überreste des Märtyrers suchen, um sie nach Köln zu bringen. Die heiligen geköpften Geschwister werden an unterschiedlichen Orten, aber in derselben Region, verehrt. Auch ihre Festtage fallen zeitlich zusammen und liegen alle im Oktober. Und noch eine Gemeinsamkeit: Nach ihrer Enthauptung haben Eucharius und Libaire genauso wie Élophe ihre Köpfe bis zu der Stelle getragen, die sie als ihr Grab ausgewählt hatten.

Wieder einmal stelle ich mir die Frage: Was ist fromme Legende, die über die Jahrhunderte mündlicher Überlieferung gewachsen ist, und was historische Wahrheit? Seit der Beschäftigung mit der Geschichte Jeanne d'Arcs im letzten Winter bin ich ein gutes Stück vorsichtiger geworden, vorschnell all das der Legende zuzuordnen, was mir unwahrscheinlich erscheint.

Historische Wahrheit und vielfach belegt ist, dass in der kurzen Regierungszeit von Kaiser Julian (361–363) die Christenverfolgung wieder aufflammte, die sein Großvater Konstantin einige Jahre zuvor beendet hatte. Die Enthauptung mit dem Schwert war eine Form der Hinrichtung, die als weniger grausam galt und denjenigen vorbehalten blieb, die römisches Bürgerrecht besaßen. Die Wahl griechischer Vornamen deutet auf einen gehobenen Bildungsstand hin, so dass man auch römisches Bürgerrecht annehmen konnte. In der Zeit der römischen Republik wurde die Enthauptung in der Regel mit einem Beil durchgeführt. In der Kaiserzeit kam dann zunehmend das Schwert zum Einsatz.

Darin spiegelte sich auch der wachsende Einfluss des Militärs beim Strafvollzug nach der Etablierung des Prinzipats wieder. Die Enthauptung wurde von ausgebildeten Scharfrichtern (Speculatores) vorgenommen, die den Legionen zugeordnet waren, aber direkt den Statthaltern als Inhaber der Blutgerichtsbarkeit unterstanden. Sie waren darin geübt, den Kopf eines Verurteilten mit einem Schlag vom Rumpf zu trennen, was durchaus einer Humanisierung des Strafvollzuges gleichkam. Archäologen haben festgestellt, dass es auf der Höhe von Sankt Élophe im 4. Jahrhundert ein römisches Militärlager gab. Insofern gibt es auch hier einen dokumentierten Hinweis auf einen historischen Kern der Legende. Aber dass die Enthaupteten dann mit dem Kopf unter dem Arm zu einer Quelle marschierten, den Kopf wuschen und sich dann den Ort ihres Begräbnisses aussuchten, ist eindeutig fromme Legende!

Christ sein heißt nicht naiv sein. Im Gegenteil! Und Glauben heißt nicht, jede fromme Legende für die historische Wahrheit zu halten, sondern sich auf die Suche nach der Wahrheit zu begeben. Die Frage »Was ist Wahrheit?« beschäftigt mich nicht erst seit heute. Johannes (14/6) berichtet uns, dass Jesus sagt: »Ich bin der Weg und die Wahrheit und das Leben; niemand kommt zum Vater außer durch mich.«

Wie die Benediktiner von Paris feststellten, erfordert es eine tiefe Kenntnis der Kirche und ihrer Geschichte in dieser Region im 9. und 10. Jahrhundert um zu verstehen, wo und unter welchen Umständen sich diese Legenden etabliert haben. Das Thema der Enthaupteten, die ihren Kopf tragen (Cephalophoren), ist im Nordosten Frankreichs weit verbreitet und könnte auf die Legende von Saint Denis zurückgehen. Dieser gründete im 3. Jahrhundert das Bistum Paris. Auch er wurde der Legende nach geköpft, wusch seinen abgeschlagenen Kopf in einer Quelle und lief dann noch sechs Kilometer weit bis zu dem Ort, wo er begraben werden wollte. Das bedeutende königliche Kloster Saint Denis im Norden von Paris hatte reichen Besitz in Lothringen und vielleicht ist so diese Legende in die Region gekommen. Möglicherweise war es aber auch genau umgekehrt und die ersten lothringischen Christen haben den Mönchen von Saint Denis als Vorbild gedient?

Schon im Mittelalter wird der Ort das Ziel von Pilgern. Die Pilgertätigkeit nimmt im 19. Jahrhundert stark zu. Mindestens zweimal wird das Dorf verwüstet: 1587 durch die Protestanten und 1633 durch die Schweden. Aber beide Male werden die Reliquien in Sicherheit gebracht. Die Kirche besitzt bis heute einen antiken Sarkophag, der Élophe zugeordnet wird, und eine Heiligen-Figur, die im 16. Jahrhundert aufgestellt wurde.

Auch heute noch führt jedes Jahr im Oktober eine Pilgerwanderung von der Kapelle Sainte-Épéotte (oder Épéiotte) im Tal der Vair hoch zur Kirche von Saint-Élophe. Entlang dieses Weges kann man einige Spuren aus der Legende wiederfinden: Einen Felsen mit einer kleinen Grotte, die ihm Schutz und einen Augenblick der Erholung bot, sowie eine Quelle, wo er das Blut von seinem Kopf abwaschen konnte. Die Leute gingen den Weg nach Saint-Élophe, um vom Fieber und vom Zipperlein zu genesen.

Ich rätsele, wieso die Kapelle im Tal Sainte-Epéotte heißt? Ein ehemaliger Pfarrer liefert eine Erklärung: Der Namen spielt auf die Enthauptung der Sainte Libaire an, von der eine Statue in einer kleinen Gebetsnische stand. Sie zeigte, wie sie ihren Kopf in einer Quelle wusch. Im Laufe der Zeit verwitterte die Statue und man hatte zunehmend Schwierigkeiten, einen Kopf zu erkennen. Als die Erinnerung deren Ursprung verblasste, dachten die Menschen von Soulosse, der verwitterte Kopf sei ein Sieb. Und »épagnotte« bezeichnet im lothringischen Dialekt ein solches. Die Volksfrömmigkeit verehrte fortan das »Heilige Sieb«, bewahrte aber die ethymologischen Wurzeln des erhobenen Schwertes. Das galt im Mittelalter als ein Zeichen der Treue gegenüber Gott. Wohingegen sich das zum Boden gerichtete Schwert den dunklen Mächten zuwandte. Die gleiche Symbolik findet man im Mittelalter auch bei den Pfeilen.

Aber wie wurden Élophe und seine Geschwister zu Heiligen? Auch hier forsche ich nach, als ich wieder zu Hause bin und erfahre, dass das formalisierte dreistufige Anerkennungsverfahren, wie es heute vom Vatikan praktiziert wird, erst seit 1634 gilt. Die »Heiligsprechung« ist dabei die dritte und letzte Stufe einer langwierigen und detaillierten Prüfung, die durch die Ritenkongregation, eine Art Verwaltungsbehörde der päpstlichen Kurie, durchgeführt wird.

Im frühen Mittelalter war das noch anders: Fast ein ganzes Jahrtausend lang wurden die Heiligen der Christenheit auf regionaler Ebene ausgewählt und gewürdigt. Erst im 10. Jahrhundert setzte ein formaler Prozess der Anerkennung ein, als mehrere Bischöfe von Rom für sich das alleinige Recht beanspruchten, Heilige zu ernennen. Papst Alexander III. gründete im 12. Jahrhundert eine eigene Kongregation ranghoher Kirchenmänner, die die Eignung einer Person zur Heiligsprechung durch den Papst untersuchte. Élophe und seine Geschwister jedenfalls wurden durch ihre Mitmenschen als Heilige anerkannt und verehrt. Ein urdemokratisches Verfahren, für das ich viel Sympathie hege!

Jetzt, wo ich weiß, wie man zu einem Heiligen oder zu einer Heiligen wurde, will ich auch wissen, was das überhaupt ist: »heilig«? Und ich finde eine sehr schöne Definition: Im Hebräischen gibt es das Wort »kadosch«, das zwei Bedeutungen hat. Zum einen bedeutet es »heilig«, zum anderen aber auch »ganz besonders, nicht alltäglich, außergewöhnlich«. Heilige sind demnach Menschen, die in ihrem Leben in ganz besonderer Weise im Glauben gelebt und sich um die Nachfolge Jesu bemüht haben. Wieder wird mir bewusst, dass das Leben an sich heilig ist. Im riesigen Universum vermuten wir nur auf unserem kleinen Planeten Erde Leben. Womöglich ist es einzigartig und hat sich zu unglaublicher Schönheit und Vielfalt entwickelt. Etwas unfassbar Besonderes. Kadosch! Heilig!

Mit meiner Hirnblutung im Juli 2012 war plötzlich vieles, aber nicht alles anders. Zwar war ich von einem Tag auf den anderen halbseitig gelähmt und für die ersten Wochen ans Bett gefesselt. Die Krankenschwestern, allesamt freundliche und hilfsbereite Menschen, mussten mich mehrmals täglich umdrehen, damit ich mich nicht wund lag. Aber nicht alles war anders: Meine Lebensfreude, meinen zugegebenermaßen leicht schrägen Humor und mein Gottvertrauen hatte ich nicht verloren. Obwohl ich nicht wusste, wie meine weitere Entwicklung sein würde – aber wer weiß das schon?, – ob ich jemals wieder auf zwei Beinen würde stehen können: Zu keinem Zeitpunkt hatte ich Angst vor der Zukunft, sondern wurde von tiefem Vertrauen auf Gott getragen.

Als mich in der Früh-Reha in Kusel Ulli Heintz, der Landesvorsitzende des NABU, besuchte, brachte er mir in einem Einmachglas eine kleine Gelbbauchunke mit. Zwei Jahre zuvor hatte ich angeregt, diese hübsche kleine Krötenart im ökologischen Landschulheim in Berschweiler anzusiedeln. Dies war gelungen und Ulli brachte mir eine der ersten erfolgreichen Nachzuchten mit in die Klinik. Ich bewunderte die hübsche kleine Kröte mit dem gelb-schwarzen Bauch und entwickelte dann den Plan, sie in meine Urinflasche zu setzen und bei der allmorgendlichen Visite den Chefarzt mit naivem Augenaufschlag zu fragen, ob es denn normal sei, dass man solch kleine Tiere im Urin habe. Natürlich setzten wir die Idee nicht in die Praxis um, sondern der Unkerich kam wieder zurück in seinen angestammten Lebensraum. Aber wir kicherten wie Pennäler, als wir uns das Gesicht des Arztes vorstellten. Mir aber war einmal mehr klar: Lachen hat noch nie geschadet!

Das alles liegt gerade mal fünf Jahre zurück. Ein halbes Jahr lang war ich auf den Rollstuhl angewiesen und wusste nicht, ob ich jemals wieder würde gehen können. Und heute starte ich in mein drittes Pilgerjahr! Mein Herz läuft über und nach einem kräftig geschmetterten Psalm zünde ich eine Kerze an...

Der Abstieg von dem Bergsporn hinunter nach Soulosse ist steil; immerhin 50 Höhenmeter sind zu überwinden. Auf dem schmalen schattigen Pfad liegen lockere Kalksteine und ich setze vorsichtig einen Fuß neben den anderen. Schritt für Schritt. Der Weg wird gesäumt von weißblühenden und duftenden Weißdorn-Hecken. Ein herrlicher Anblick! Der Frühling ist angekommen. Ich bin begeistert und summe und singe Frühlingslieder. Jetzt erst fällt mir ein, dass auch das wieder geht: Gehen und zugleich singen und gleichzeitig noch die Frühlingspracht genießen. Multitasking, wie das auf Neudeutsch heißt und wie ich es erst wieder lernen muss. Wieder ein Schritt nach vorne! Johannes von Vandières kommt mir in den Sinn. Der Abt von Gorze, der im 11. Jahrhundert lebte und den Kalifen von Cordoba besuchte, hatte den Spitznamen »Johannes, der Stammler«, weil er die Eigenschaft hatte, tagaus, tagein durch sein Kloster zu laufen und dabei unverständliche Lieder zu summen. »Wo man singt, da lass dich nieder; böse Menschen haben keine Lieder!«

Eine Kerze zum Auftakt des Pilgerjahres 2018.

war eine der Lebensweisheiten, die mein Vater mir als Kind mit auf den Weg gegeben hatte. Ich vermag es zu singen, obwohl ich nie den richtigen Ton oder gar die richtige Melodie treffe. Aber hier inmitten der blühenden Weißdorn-Hecken, hier stört es niemanden! Eine Lücke in der Hecke gibt den Blick frei auf eine mit einigen Obstbäumen bestandene Weide. Tausende Primeln tauchen das Grünland in ein zartes Gelb. »Wie die Haare auf dem Hund!«, pflegte mein alter Botaniklehrer Dr. Sauer zu sagen, wenn eine ansonsten eher seltene Pflanze reichlich vorkam. Ja, die Primeln wachsen hier wie die Haare auf dem Hund! An den ersten Häusern von Soulosse kehre ich um und fahre zu meiner Ferienwohnung in Gondrecourt, die die kommenden Tage mein Basislager sein wird.

Ein Meer aus blühendem Weißdorn.

Schlüsselblumen so zahlreich wie die Haare auf dem Hund.

Achtung! Gänsemarsch!

Als ich mich am nächsten Morgen zu meinem Startpunkt nach Frebécourt begebe, begeistert mich die Landschaft: Einige Kilometer fahre ich an einem in Wald eingebetteten Wiesental entlang, durch das sich die Ornain schlängelt. Das Bachbett ist randvoll mit Wasser gefüllt. An vielen Stellen haben sich Röhrichte gebildet. Dazwischen immer wieder versumpfte Stellen und Altarme. Schattige Erlensäume und besonnte Strecken wechseln sich ab. Ein Traum für jeden Naturkundler! Weit und breit kein weiteres Auto, so dass ich langsam, fast im Schritttempo fahre, um die herrliche Landschaft zu genießen. Als ich in Frebécourt ankomme, erwartet mich schon beim Aussteigen die nächste Überraschung: Ein Stieglitzpärchen fliegt vor mir auf. Der leuchtend gelbe Flügelstreif dieses hübschen Vogels ist deutlich zu sehen. Früher ein Allerweltsvogel, ist auch diese Art inzwischen selten geworden. Ich kann mich nicht erinnern, auf meiner Pilgerwanderung im letzten Jahr welche gesehen zu haben.

Ich bin noch keine fünfzig Schritte gegangen, erwartet mich ein weiteres unerwartetes Geschenk am Wegesrand: Ein Vorfahrtsschild an einer Mauer zeigt eine Gans und dahinter eine ganze Schar von Gösseln. So ein Verkehrsschild habe ich noch nie gesehen! Ich schmunzele. Da Gänse keine Verkehrsschilder beachten, kann es nur bedeuten: Hier haben sie Vorfahrt. Was für eine sympathische Verkehrsregel!

Und noch eine Überraschung an diesem ereignisreichen Pilgertag: Am Ortsrand kommen mir drei Mädchen im Grundschul-

Astrid Lindgren-Idylle ganz real in Frébécourt.

alter entgegen. Eines führt einen kleinen Esel am Strick spazieren; die beiden anderen reiten auf ihm. Ich grüße und frage höflich, ob ich ein Foto machen darf. Die Mädels kichern und posieren gerne; nur der Esel wendet sich immer wieder von der Kamera ab. Sogleich schicke ich das Foto kommentarlos an meinen Freund Heinz Günnewig. Dieser antwortet prompt: »Sind die beiden Mädchen nicht zu schwer für Dich?«

Kann es so was geben? Soviel Idylle am ersten Pilgertag? Fast scheint es mir, als sei ich in eine Filmkulisse einer Astrid-Lindgren-Verfilmung geraten. Wenn jetzt noch Michel aus Lönneberga aus einem Schuppen herauskommt und eine tönerne Schüssel über dem Kopf trägt, würde es mich nicht mehr wundern. Fröhlich und beschwingt mache ich mich auf den Weg.

An diesem Frühlingsmorgen präsentiert sich Lothringen in kräftigen Farben; Der wolkenlose Himmel ist strahlend blau; die Wiesen zeigen sich in kräftigem sattem Frühlingsgrün und der Feldweg leuchtet in der Sonne strahlend weiß! Dazu eine unbeschreiblich frische Frühlingsluft. Vogelgezwitscher in jedem Gebüsch. Meine Begeisterung findet keine Grenzen! Selbst das Gehen fällt mir an diesem wundervollen Morgen leichter als sonst.

Nach etwa einer Stunde kommt mir auf dem Feldwirtschaftsweg ein Polizei-Auto entgegen. Im Schritttempo fahren die beiden Gendarmen an mir vorbei und nicken freundlich. Spontan fällt mir ein Erlebnis von einer meiner ausgedehnten Radtouren durch Frankreich ein: Als Jugendlicher, gerade mal siebzehn Jahre alt, war ich mit Zelt und Schlafsack auf dem Gepäckträger muttergottseelenallein Richtung Atlantik unterwegs, als ich von der französischen Polizei angehalten und kontrolliert wurde. Die Polizisten wollten meinen Personalausweis sehen und gaben über Funk meine Daten durch, wohl um festzustellen, ob ich von zu Hause ausgebüxt sei. Das dauerte einige Minuten und während dieser Zeit versuchte ich mich in meinem Schulfranzösisch in einer Unterhaltung mit einem der Polizisten. Dabei sprach ich ihn mit »Monsieur le Flic« an, nicht wissend, dass »Flic« als Schimpfwort für die Polizisten gilt und soviel wie »Bulle« heißt. Der Polizist grinste und klärte mich auf. Dann ließ er mich weiterfahren.

Der halbe Weg nach Neufchâteau ist geschafft! Die kleine Holzbank im Schatten der Baumweiden an der Maas kommt

Frühlingstag im Tal der Meuse; im Hintergrund Château de Bourlement und »Leben wie Gott in Frankreich«.

wie gerufen und ich lege eine Mittagsrast ein. Ein Baguette, eine Scheibe Pâté, zum Nachtisch ein paar getrocknete Feigen und Butterkekse. Dazu eine Flasche mit klarem Wasser. Wie wenig man doch braucht, um gut zu leben! Ich bin rundum froh und zufrieden. Als ich weitergehe, werde ich am Gehölzsaum von Schmetterlingen begleitet: Kohlweißlinge, Zitronenfalter, ein Kleiner Bläuling und ein Landkärtchen. Die letztgenannte Falterart habe ich schon lange nicht mehr gesehen. Dieser Schmetterling fliegt in zwei Generationen im Jahr und die Frühlingsgeneration sieht ganz anders aus als die Sommergeneration. Man könnte meinen, es würde sich um zwei verschiedene Schmetterlinge handeln. Die Natur steckt voller Wunder!

Der Stadtrand von Neufchâteau ist wie so häufig in den französischen Städten ein bunter Mix unterschiedlicher Nutzungen: Gewerbe, Tankstellen, leer stehende Lager- und Fabrikationshallen, Wohnhäuser und Brachen zeugen vom Fehlen einer ordnenden und planenden Städtebauentwicklung. Irgendwo hier am Stadtrad muss es auch eine Walt-Disney-Straße geben. Der weltbekannte Filmproduzent und Erfinder von Donald Duck hielt sich am Ende des Ersten Weltkrieges ein Jahr lang in Frankreich und einige Monate in dieser Stadt auf und war im Lazarett des Roten Kreuzes eingesetzt. Noch so ein unbekannter Schatz Lothringens! Ich lächele, als ich daran denke, wie die Franzosen Donald Duck aussprechen: »Donalde Dögge« heißt hier die tolpatschige Ente aus Entenhausen.

Auf einem Gehweg komme ich sicher in die Innenstadt. In der verkehrsberuhigten Hauptstraße setze ich mich in ein Straßencafé und schnaufe erst mal durch. Immerhin liegen schon acht Kilometer hinter mir. Erst auf dem letzten ist meine Spastik merklich angestiegen. Mein Blick fällt auf einen Friseursalon auf der gegenüberliegenden Straßenseite. Kurz überlege ich: Soll ich mir hier die Haare schneiden lassen? Nötig wäre es und eine gewisse Tradition hat es auch. Früher kam ich vor Reisen immer mal wieder in die Situation, dass ich kurz vor der Abreise keine Zeit oder Gelegenheit mehr hatte, mir die Haare schneiden zu lassen. Das holte ich dann während der Reise nach. So kam es, dass ich schon an den ausgefallensten Orten dieser Welt die Haare geschnitten bekam.

Einmal, vor meiner ersten Indien-Reise versuchte ich, ebenfalls aus Zeitgründen, mir selbst die Haare zu schneiden. Mit einer Nagelschere vor dem Spiegel im Bad meines Elternhauses. Das ganze endete im Fiasko: Mal waren sie auf der einen Seite zu lang, mal auf der anderen. Jedenfalls hatte ich am Ende eine Glatze. Haare wachsen ja wieder, dachte ich mir, und vielleicht ist so eine Frisur für die Tropen ja auch ganz praktisch. Nicht bedacht hatte ich allerdings, dass die Fotos im Reisepass und im Visum mich mit voller Haarpracht zeigten. Bei der Einreise musterte mich dann ein Zollbeamter auch kritisch: »Sie sehen aus wie Gandhi.«, sagte er zu meinem Erstaunen. »Hatte der auch so kurze Haare?«, fragte ich nach. »Nein, aber abstehende Ohren.« lautete die niederschmetternde Antwort. Dennoch ließ er mich passieren.

Warum also nicht in Neufchâteau die Haare schneiden lassen? Kurz entschlossen betrete ich den Friseursalon. Außer mir ist noch eine geschätzt Achtzigjährige im Salon. Sie lässt sich blonde Dauerwellen legen und mir wird ein Platz neben der stark duftenden Dame angewiesen. Schnell entwickelt sich ein lebhafter Plausch und ich erzähle ihr von meinen Pilgererlebnissen. Freundlich verabschiedet sich die elegante Dame und die junge Frisörin widmet sich meinen Haaren. »Kurz, aber nicht zu kurz, alles andere ist egal«, lautet meine wenig präzise Antwort auf die Frage, wie sie mir die Haare schneiden soll. Ich mache noch ein Dokumentationsfoto und schicke es in die Familiengruppe. Kurze Zeit später ist mein Haarschnitt wieder zivilisationstaug-

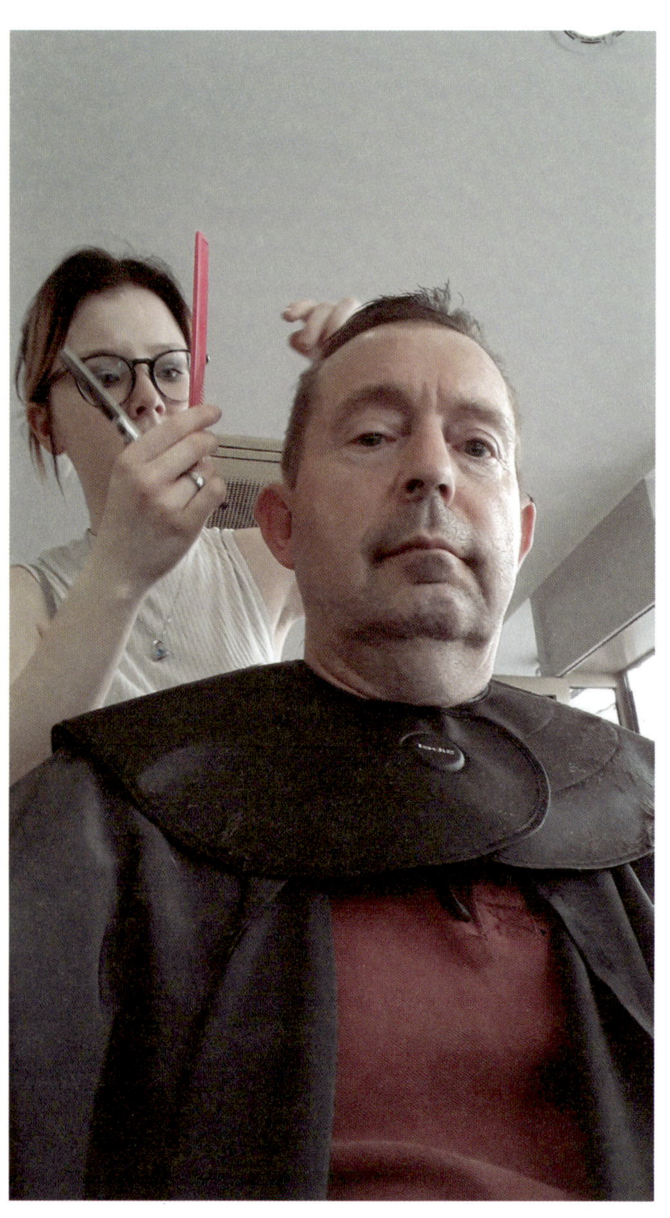

Spontaner Friseurbesuch in Neufchâteau.

lich und ich gehe zur Kasse. Dort eröffnet mir die Frisörin, sie könne kein Geld von mir annehmen. Die Dame, mit der ich geplaudert hätte, habe meine Rechnung beglichen. Sie habe einen armen deutschen Pilger unterstützen wollen… Längst ist die Dame über alle Berge. Nicht einmal bedanken kann ich mich. Aber einmal mehr hat sich bewahrheitet, dass es sich lohnt, bei Reisen örtliche Frisöre aufzusuchen.

Neufchâteau hat sogar ein Bureau de Tourisme. Dort decke ich mich mit Karten und Informationen ein und bitte darum, mir ein Taxi zu bestellen. Nach mehreren vergeblichen Versuchen ruft sie einen UBA-Fahrer, der mich in seinem Peugeot der Luxusklasse zurück nach Frebécourt bringt.

Am nächsten Morgen besuche ich die Sonntagsmesse in Saint Nicolas in Neufchâteau. Ich bin positiv überrascht: Die Messe ist gut besucht; viele junge Leute sind da. Noch hat sie nicht begonnen und im Eingangsbereich herrscht lebhaftes Treiben. Man kennt sich und begrüßt sich herzlich. Schnell hat man mich als Pilger identifiziert. Eine Dame spricht mich an: »Vous faites le chemin?«, will sie wissen. »Ja, ich mache den Weg. In Etappen«, antworte ich. Wir sprechen nur von dem »Weg«. Aber natürlich meinen wir beide denselben: den Jakobsweg. »Bis nach Compostela?«, fragt sie nach. »Ich hoffe es.«, entgegne ich.

In diesem Moment wird mir klar, dass ich mir noch nicht überlegt habe, wie weit ich eigentlich pilgern will. Aber warum nicht bis Santiago di Compostela? Wenn mir Gott den Mut und die Kraft schenkt, will ich bis zum Grab des Apostels pilgern. Nach der Messe schaue ich mich noch in der Kirche um. Auch hier soll es Reliquien des Heiligen Élophe geben. Zwar kann ich sie nicht finden, dafür aber eine beeindruckende Gruppe von lebensgroßen Skulpturen, die aus dem Mittelalter stammen und die Grablegung Jesu darstellen.

Heute steht die Etappe nach Rebeuville an. Ich habe mich für die Route durch das Tal der Mouzon entschieden. Sie ist zwar weiter, soll aber landschaftlich reizvoller sein und führt nicht an der lebhaft befahrenen D 1 vorbei, die schnurgerade auf der Trasse der alten Römerstraße verläuft. Ich verlasse die Kirche und gehe über eine uralte Treppe hinunter ins Tal. Im Laufe der Jahrhunderte sind die schweren Kalksteinplatten verrutscht; dazwischen sprießen Wildkräuter. Der Ausblick auf den Zusammenfluss von Mouzon und Meuse entschädigt mich für den schwierigen Abstieg. Am Fluss angekommen, raste ich kurz auf einer Bank und breite zur Orientierung meine Karte aus. Zunächst geht es ein Stück durch die Mouzon-Aue auf einem beliebten Freizeitweg. Zahlreiche Radfahrer und Spaziergänger begegnen mir an diesem Sonntagmittag. Dann steigt der Weg zum Ortsteil »Mon Plaisir« an, der auf einem Hügel liegt. In dieser Wohnlage stehen zahlreiche villenartige Einfamilienhäuser, die einen traumhaften Blick auf die Kirche und das Tal gewähren. In den Gärten wird gegrillt. Der Duft von gebratenem Fleisch steigt mir in die Nase. Ein kurzes Stück muss ich noch an der Landstraße vorbei, dann führt ein schmaler und steiler Pfad hinab ans Ufer der Mouzon. Jetzt ist keine Menschenseele mehr zu sehen und durch den schattigen Bachsaum führt der Weg direkt nach Rebeuville.

Als ich durch den Ort gehe, fallen mir die vielen leer stehenden Gebäude auf. Ich zähle durch: In der Hauptstraße sind 80 Prozent der Häuser erkennbar unbewohnt. Trotzdem hat das Dorf ein Neubaugebiet, wenn auch nur ein kleines. Am Rande wuchern die Dörfer und im Ortskern faulen sie! Schon gestern war mir der hohe Leerstand in Neufchâteau aufgefallen. In der ehemaligen Prachtstraße St. Jean, die zur Kirche führt, stehen etliche schöne Bürgerhäuser aus dem 17. und 18. Jahrhundert leer. An der Einmündung der Dorfstraße suche ich mir einen geeigneten Platz zum Trampen. Auf einem Blumenkübel finde ich sogar eine Sitzgelegenheit. Immer wenn sich ein Auto nähert, stehe ich auf und halte den Daumen in den Wind. Nach zwanzig Minuten hält ein junger Mann, der mich wie gewünscht an der Kirche in Neufchâteau absetzt.

Für die Rückfahrt nach Gondrecourt habe ich eine andere Route gewählt und lege einen Halt an der Basilika Jeanne d'Arc im Bois Chenu in der Nähe von Domrémy ein. Aus einiger Entfernung hatte ich die Kirche beim Pilgern bereits bemerkt. Gerade wird sie renoviert. Gebaut wurde sie um die Wende vom 19. zum 20. Jahrhundert im Stil des Manierismus. Die Kirche ist sehr bunt, voller Mosaiken und großer Wandgemälde. Meine Erschöpfung ist stärker als meine Neugier. So fällt meine Besichtigung nur kurz aus und ich fahre zurück in meine Ferienwohnung.

Früh gehe ich zu Bett und am nächsten Tag geht es mit frischer Kraft weiter. Am Himmel sind Wolken aufgezogen; aber noch ist es trocken. Von der Mairie in der Ortsmitte gehe ich bergan durch Rebeuville und dann weiter am Oberhang zunächst durch Wiesen und Felder, dann durch einen krautreichen Kalk-Buchenwald. Der Bärlauch ist bereits verblüht, aber den kräftigen Knoblauchgeruch kann man noch deutlich wahrnehmen. Auf der Karte habe ich gesehen, dass der Weg an der »Grotte de l'Enfer«, der Höllen-Grotte, vorbeiführt. Den kleinen Umweg nehme ich gerne in Kauf! Diese Grotte, so habe ich im Internet gelesen, ist eine verbreiterte Felsspalte am Fuß eines Felssturzes in der geologischen Epoche der Kreidezeit, der auch die berühmten Felsen von Dover oder von Rügen zuzuordnen sind. Inzwischen hat es zu regnen begonnen. Die kleine Abzweigung, die zu der Felshöhle führt, ist ein schmaler und rutschiger Pfad. Nach einem kurzen Stück beschließe ich umzukehren. Zu groß ist mir das Risiko, auf den jetzt nassen und rutschigen Steinen

Rutschiger Weg zur Grotte de l'enfer.

auszurutschen. Kein Risiko! Das habe ich meiner Frau und den Kindern versprochen. Und dieses Versprechen werde ich auch halten! Egal wie verlockend diese Felspartie mit ihrer Vegetation auch ist. Schon auf den wenigen Metern habe ich drei interessante Felsenfarne entdeckt: Neben der Mauerraute (Asplenium ruta-muraria) und dem Braunen Streifenfarn (Asplenium trichomanes) wächst hier auch ein ansehnlicher Bestand der Hirschzunge (Phyllitis scolopendrium).
Durch den Regen sind die Steine nun gefährlich glitschig und dieser schmale Pfad wird sicher auch nicht jede Woche begangen. Wenigstens hat mein Handy in diesem Wald eine Netzverbindung. Trotzdem bin ich froh, als ich wieder den breiten Waldweg erreicht habe. Der kurze Regen hat den an Edellaubholz reichen Wald in einen Feenwald verwandelt. Der warme Waldboden dampft und durch die Nebelschwaden scheint inzwischen wieder die Sonne. Am Wegrand finde ich ein kräftiges Exemplar der Stinkenden Nieswurz (Helleborus foetidus) und wenige hundert Meter weiter gleich zwei Orchideenarten: Helm- und Geflecktes Knabenkraut. Zwischen diesen botanischen Kostbarkeiten ist ein Baum umgestürzt und ich ruhe auf dessen Stamm eine Weile aus. Ohnehin ist es jetzt Zeit für eine Mittagspause! Nach Crezilles sind es noch zwei Kilometer und von dort noch ein weiterer Kilometer bis nach Villars im Tal der Mouzon. Gerade rechtzeitig erreiche ich die Bahnunterführung

Stinkende Nieswurz (Helleborus foetidus).

und stelle mich dort unter. Der Regen hat wieder eingesetzt und wird von Minute zu Minute stärker. Zwar stehe ich trocken, doch ist es kein guter Platz zum Trampen. Nachdem ich es eine halbe Stunde vergeblich versucht habe, rufe ich den freundlichen UBA-Fahrer aus Neufchâteau an. Schon eine Viertelstunde später ist er da und wir begrüßen uns wie alte Bekannte.
Der Raps steht jetzt in Vollblüte. Die Rapsfelder leuchten in kräftigem Gelb. Am strahlend blauen Himmel ziehen Rotmilane ihre Kreise. Frühling in Lothringen: einfach herrlich!
Für den kommenden Tag habe ich mir eine kürzere Strecke vorgenommen. Bis nach Circourt-sur-Mouzon sind es lediglich 4.5 km und mir stecken die letzten Tage noch in den Knochen. Oder besser in den Muskeln. Mit jedem Pilgertag hat die Spastik früher anzusteigen begonnen. Dennoch: Im Vergleich zu den beiden letzten Jahren geht es deutlich besser.
Meine Pilgerstrecke führt auf einem Sträßchen ohne jeden Verkehr nach Brechaincourt. Die Mouzon führt viel Wasser und an einigen Stellen sind die flachen Uferbereiche überschwemmt. Die Fließgeschwindigkeit des mäandrierenden Flüsschens variiert stark. In den Abschnitten, in denen das Wasser fast still steht, sehe ich große Polster von Wasserpflanzen. Die einzelnen Arten kann ich aus der Entfernung nicht erkennen;, aber ich vermute, dass es sich um Wasserstern (Callitriche) handelt. Eine Gebirgsstelze fliegt auf und lässt sich wenige Meter weiter auf einer Kiesbank nieder. Dieser hübsche Vogel hat den gleichen wellenartigen Flug wie die Bachstelze, eine nahe Verwandte. Genau wie diese wippt sie am Boden aufgeregt mit dem langen Schwanz. Doch verwechseln kann man die beiden nicht. Die Gebirgsstelze hat im Federkleid ein kräftiges Gelb, das der Bachstelze gänzlich fehlt.
Auch den Kühen scheint die Mouzon zu gefallen. Einige Rinder stehen mitten im Fluss und scheinen sich wohl zu fühlen.

Gebirgsstelze.
FOTO BERND KONRAD

Ob sich eine Kuh »pudel«wohl fühlen kann? Warum nicht? Ich jedenfalls tue es an diesem Morgen. Begeistert betrachte ich das Weide-Idyll. Über mir sehe ich schon wieder einen Rotmilan. Dieser farbenprächtige Greifvogel mit seinem eingekerbten roten Schwanz und seinem eleganten Flug ist einer der hübschesten Vögel unserer Heimat. Gleichzeitig haben wir eine besondere Verantwortung für ihn. Weltweit kommt er nämlich nur in Mitteleuropa vor und hier in Lothringen hat er seinen Verbreitungsschwerpunkt.

Bald ist Brechaincourt erreicht. Am Rand des Dorffriedhofes steht ein »Calvaire«, davor eine kleine Ruhebank, ideal für eine kurze Pause. »Calvaires« sind Kalksteinkreuze, die auf einem mehrere Meter hohen Sockel stehen. Oft stammen sie aus dem Mittelalter. Das ist das erste »Calvaire«, dem ich auf meiner Pilgerreise begegne. Im Burgund gibt es sie häufig. Mein Ruheplatz ist etwas erhöht und ich habe einen guten Überblick über die Dorfstraße. Spatzen tschilpen, Mauersegler – die ersten für dieses Jahr – fliegen über den mit Ziegeln gedeckten Dächern. Danach bleibe ich an einer Blumenrabatte stehen und fotografiere die bunte Tulpenpracht.

Eine ältere Frau tritt aus der Tür und schnell entwickelt sich ein lebhaftes Gespräch über Blumen und Gärten. Offensichtlich bin ich eine willkommene Abwechslung in dem doch eher eintönigen Dorfleben. Gerne nehme ich das angebotene Glas Wasser und frage nach. Nein, Pilger kommen hier nur selten vorbei. In

Kurzer Plausch mit einer Dorfbewohnerin in Bréchaincourt.

Mittagsrast.

diesem Jahr bin ich der erste. Nach diesem kurzen Plausch ziehe ich weiter und erreiche Circourt-sur-Mouzon bereits gegen Mittag. Neben der Kirche steht ein Steintisch mit einer Bank. Darauf breite ich Brot, Wurst und Käse aus. Aus dem Nachbarhaus kommt ein kleiner struppiger Hund angelaufen und schaut mich bettelnd an. Die Käserinde und die Wursthaut gebe ich ihm ab.

Ein Postauto mit Elektro-Antrieb fährt vor und hält an. Ich habe es gar nicht kommen hören, aber der kleine Hund wendet sich von mir ab und schwanzwedelnd dem Postboten zu. Fragen kostet ja nichts, denke ich, und nutze die unerwartete Begegnung: »Fahren Sie nach Villars und können mich mitnehmen?« »Gerne, aber erst in einer Stunde; zuerst muss ich noch im Nachbardorf die Post ausfahren.« Ich nutze die Zeit, um mich im Dorf umzuschauen. Die schmucke Kalksteinkirche ist leider abgeschlossen. Sie steht auf einem Kalksteinfelsen, von dem man einen schönen Blick auf die Mouzon und die Kalkfelsen und Trockenrasen am Gegenhang hat.

Nach einer Stunde ist der Postbote zurück und lädt mich in sein Elektro-Auto ein. Ich frage nach und er erklärt mir, seine tägliche Fahrstrecke betrage 45 Kilometer. Diese Entfernung sei problemlos mit dem Elektrofahrzeug zu bewältigen. Überhaupt sei er rundum zufrieden mit dem Fahrzeug. Mein Auto, das ich am Ortsrand von Villars geparkt habe, war ihm bereits heute morgen aufgefallen, und kurze Zeit später setzt er mich dort ab. Es ist gerade erst 14 Uhr und ich will den Nachmittag nutzen, um das Amphitheater von Grand zu besuchen. In den Reiseführern wird es wärmstens empfohlen und mit einem kleinen Umweg ist es leicht zu erreichen.

Der Anfahrtsweg führt durch einen menschenleeren Wald. Ausgerechnet hier in der Einsamkeit steht ein antikes Amphitheater! Und was für eines: Große Teile des kolossalen Bauwerkes sind erhalten geblieben und beeindrucken bis heute. Im Eingangsbereich informiert eine kleine Ausstellung über das Am-

Das beeindruckende Amphitheater von Grand bot einst 17.000 Menschen Platz und steht heute in einer sehr dünn besiedelten Gegend.

phitheater und die archäologischen Funde. Ich erfahre, dass es einst Platz für 17.000 Zuschauer bot – und das in einer Gegend, in der heute nur wenige Menschen wohnen: Das Dorf Grand hat gerade mal 370 Einwohner, die Nachbardörfer sind ebenfalls nicht größer und das Arrondissement Neufchâteau ist mit 36 Einwohnern pro Quadratkilometer sehr dünn besiedelt.
Die weitere Recherche führt zu der Erkenntnis, dass Grand oder Andesina, wie der Ort zur römischen Zeit hieß, ein sehr beliebtes Pilgerziel war. Sogar die Peutingersche Straßenkarte verzeichnet diesen Ort mit einem Bädersymbol. Damit gehört Andesina zu den großen und bedeutenden Thermen des Reiches. Ein Bad? Es gibt doch überhaupt kein Wasser!? Nicht einmal ein schmales Bächlein auf dieser Kalkhochfläche. Die besondere Wasserführung des Kalk-Plateaus ist der Grund für dieses monumentale Bauwerk. Das Niederschlagswasser der verkars-

teten Hochfläche versickerte an Ort und Stelle und sammelte sich unterirdisch, erschien in Form eines kleinen Teichs (einer Art Karstquelle) an der Oberfläche, verschwand dann wieder in einem Felsspalt und kam erst 3,5 km nördlich als kleiner Fluss (heute »Maldite« genannt, der Oberlauf des »Ornain«) wieder ans Tageslicht.

Die Schüttung der Wasseraustrittsstelle in Grand war unmittelbar von der jeweiligen Niederschlagsmenge abhängig und zeitweise lag der kleine Teich völlig trocken. Diese geologische Besonderheit des verkarsteten Kalksteingebietes und der Quelltopf mit seinem wechselnden Wasserstand regten bereits die mystische Fantasie der Kelten an. Sie schufen hier eine Verehrungsstätte ihres Heil- und Quellgottes Grannus, der vor allem im Nordosten Galliens hohes Ansehen als Heilspender genoss. Die Römer vereinigten diese keltische Gottheit deshalb ohne Schwierigkeiten mit Apollo, dem Gott der Weissagung und der Heilung. Heerscharen von Pilgern kamen hier her, um dem Heilgott Apollo Grannus zu opfern und von den Heilkräften des Wassers zu profitieren. Auch Promis stellten sich ein:

Kaiser Caracalla stattete dem Ort 213 einen Besuch ab und sorgte für eine Renovierung des in die Jahre gekommenen Amphitheaters. Auch Kaiser Konstantin kam an diesen Ort. Eine zeitgenössische Quelle berichtet, dass er hier eine Himmelserscheinung, möglicherweise eine kreuzförmige Halo, gesehen hat. Er interpretierte sie als göttliches Zeichen, das ihm den Sieg gegen seinen Widersacher Maxentius und den Sieg an der Milvischen Brücke (312) vorhersagte. Unter bestimmten atmosphärischen Bedingungen kann das Sonnenlicht gebrochen werden und dadurch Kreis- und Kreuzstrukturen am Himmel sichtbar werden lassen. Erzählungen über göttliche Erscheinungen sind in der Antike allerdings nicht selten, zumal alle römischen Kaiser für sich göttlichen Beistand in Anspruch nahmen. Das

Kreuzzeichen ist als christliches Symbol bereits vor 312 mehrmals belegt, aber nicht verbreitet. Die Kreuzesverehrung begann aber erst in konstantinischer Zeit und auf Münzen erscheint das Kreuz zum ersten Mal in den 330er Jahren. Sicher ist, dass Konstantin schließlich seinen Sieg an der Milvischen Brücke auf den Beistand des Christengottes zurückführte.

Heute bin ich offenbar der einzige Pilger und habe das eindrucksvolle Amphitheater alleine für mich. Gemächlich schlendere ich durch den breiten Zugang über die 148 Meter lange Hauptachse. Hier im Eingangsbereich befanden sich die Käfige für die wilden Tiere, die zur Belustigung der Besucher auf die Gladiatoren gehetzt wurden. Inmitten der Arena steht ein lebensgroßer Gladiator aus Sperrholz. Er ist mit einem Netz und einem Dreizack ausgerüstet. Gut möglich, dass auch Libaire, die Schwester von Eucharius und Élophe, hier geköpft wurde. Hinrichtungen waren in römischer Zeit ein öffentliches Spektakel. Die Ränge wurden in den zurückliegenden Jahren mit Holz restauriert und sind begehbar. Ich steige die Holzstufen hoch, alleine schon um die gewaltigen Ausmaße dieses Amphitheaters am eigenen Leib zu erfahren. Ein »Kolosseum« mitten im dünn besiedelten Lothringen!

Eine hier in Grand (der Name geht übrigens auf Grannus zurück) gefundene römische Votiftafel bestätigt mit der Inschrift »somno iussus« die Praxis des Tempelschlafs der Pilger, die die Nacht im Innern des Heiligtums verbrachten und nach vorausgegangenen Reinigungs- und Wasserriten in einem Traumzustand das Erscheinen des Gottes erwarteten. Als Pilger des 21. Jahrhunderts ziehe ich eine heiße Dusche und die Übernachtung in meiner kleinen Ferienwohnung vor. Die Schönwetterperiode hält weiter an. Wie schon in den letzten Tagen frühstücke ich auch heute morgen in der Sonne auf der Terrasse des Hotels unmittelbar an der Ornais, auf der zwei Schwäne ihre Bahn ziehen. »Le central« hat nur vier Zimmer. Es ist eher eine gemütliche Dorfkneipe, die auch einfache Gerichte anbietet. In der benachbarten Bäckerei habe ich mir ein Éclair chocolat gekauft und der Wirt bringt mir eine Riesentasse Milchkaffee. »Welche Strecke hast Du denn heute vor?«, fragt er. Denn inzwischen weiß er, dass der merkwürdige Typ, der nun schon den dritten Morgen auf seiner Terrasse Milchkaffee trinkt, ein Jakobspilger ist. »Gestern bin ich bis Circuit-sur-Mouzon gekommen und heute will ich weiter nach Pompierre. Das sind rund neun Kilometer.«, antworte ich. »Bonne route!«, wünscht mir der Wirt . »Wenn du willst, kannst du heute Abend mit uns Fußball schauen. Championsleague.« Ich schmunzele: Wenn Franzosen englische Worte verwenden, hört es sich einfach drollig an!

Als ich in Circourt starte, überquere ich zunächst die Mouzon. Von der Brücke aus sehe ich, dass meine Vermutung von gestern richtig war: Die Wasserpflanzen-Polster im Fluss werden vom Wasserstern (Callitriche) gebildet. Ideale Versteckmöglichkeiten und Jagdreviere für Hechte! Seltsam, in den letzten Tagen habe ich keinen einzigen französischen Angler gesehen. Dabei lädt der Fluss doch geradezu zum Forellenfischen ein. Zunächst gehe ich zwei Stunden über die Landstraße, die im Tal parallel zur Mouzon verläuft. Nur zwei Autos kommen mir in dieser Zeit entgegen. Dann verlasse ich die Aue und pilgere durch schattigen Laubwald bis nach Pompierre. Keine einzige Menschenseele begegnet mir unterwegs und auch Pompierre scheint ausgestorben zu sein. Ich gehe zur Brücke in der Ortsmitte. Gerade finden hier Straßenbauarbeiten statt.

Auf dieser Brücke oder eher auf ihrem Vorgängerbau fand vor fast 1500 Jahren ein Treffen der Söhne der Merowingerkönigs Chlothars I. statt. Hier grenzten die Teilreiche von Neustrien im Westen und Austrasien in unserer Region aneinander. Chilperich und Sigibert hießen die beiden Halbbrüder, von denen

Romanisches Tympanom in der Dorfkirche von Pompierre.

jeder das Erbe des anderen neidete. Im austrasischen Teil des Dorfes steht die Kirche, die ein romanisches Portal aufweist, das noch von ihrem Vorgängerbau stammt und ein beeindruckendes Tympanon aufweist. Den Türsturz tragen zwei nackte Atlanten. In detailreicher Darstellung ist darauf der Einzug Christi in Jerusalem dargestellt.

Die Szenen im Bogenfeld zeigen die Verkündigung der Geburt Jesu an die Hirten, die Flucht nach Ägypten, die Ermordung aller Neugeborenen durch Herodes sowie die Magier aus dem Osten, die Jesus anbeten. Die Kirche selbst, die wie meine Heimatkirche unter dem Schutz des Heiligen Martin steht, ist deutlich jünger. Ein Neubau aus dem 19. Jahrhundert hat den romanischen Vorgängerbau ersetzt. Glücklicherweise blieb das figurenreiche Portal erhalten!

Auch im Saarland sind die Reste eines solchen Tympanons aus dem 12. Jahrhunderts erhalten geblieben: Das Nordportal der Klosterkirche von Tholey wies einen reichen Figurenschmuck auf. Durch Verwitterung und unsachgemäße Sanierungsversuche vor Jahrzehnten waren die Darstellungen jedoch kaum mehr zu erahnen und baufällig geworden. Als sie jetzt im Zuge der Generalsanierung der Klosterkirche abgenommen wurden, stand prompt Streit ins Haus: Soll man die völlig erodierten Steine wieder an gleicher Stelle einbauen oder durch von namhaften Bildhauern gestaltete Figuren ersetzen? Ausgang offen.

Die Tür steht offen und ich zünde in der dunklen und angenehm kühlen Kirche eine Kerze an. Ich bete ein Vaterunser und singe meinen Psalm und nach einer Weile suche ich mir eine Stelle um zurückzutrampen. Zunächst stehe ich an dem Sträßchen, das durch das Mouzon-Tal direkt nach Circourt führt. Nachdem eine geschlagene Stunde lang kein einziges Auto vorbei gekommen ist, wechsele ich den Standort und versuche mein Glück auf der anderen Seite der Mouzon. Diese Strecke, die über die alte Römerstraße und damit über die Höhe führt, ist zwar etwas weiter, aber wenigstens kommt hier ab und zu ein Auto vorbei. Ich gehe durch den Ort bergan, immer darauf achtend, ob sich ein Auto nähert. Dann positioniere ich meinen Rucksack so, dass man die Jakobsmuschel sieht, und hoffe, dass ein Auto anhält. Doch vergeblich! Schon seit zwei Stunden stehe ich an der Dorfstraße und bin inzwischen am Ortsausgang angelangt. Noch immer hat niemand angehalten.

Der Akku meines Handys ist leer; aber wen sollte ich auch anrufen? Mein UBA-Fahrer hatte mir bereits gesagt, dass er heute keine Zeit hat. Und ein Taxi ist hier in der ländlichen Einsamkeit schwerlich zu finden. Bleibt also nur zu warten und zu hoffen, dass das nächste oder übernächste Auto mich mitnimmt. Dann nach zwei Stunden, die mir wie eine Ewigkeit vorkommen, hält endlich ein Auto an: Ein netter älterer Herr erzählt mir, dass er jeden Tag mit seiner Frau zehn Kilometer marschiert, und bringt mich zum Ausgangspunkt meiner Tagesetappe zurück. Gerade noch rechtzeitig bin ich zurück in der Dorfkneipe. Auf zwei Bildschirmen läuft hier das Halbfinalspiel zwischen den Bayern und Real Madrid, das die Königlichen mit 2:1 für sich entscheiden.

Mein Interesse an Fußball ist nicht sonderlich groß, doch gefällt mir die Atmosphäre in dieser Dorfkneipe. Zwei Dutzend Männer, allesamt kernige Typen, kommentieren lautstark das Geschehen auf dem Bildschirm. Man trinkt Bier und keinen Rotwein. Ein untrügliches Zeichen, dass ich noch in Lothringen und noch nicht in Burgund angekommen bin.

Am nächsten Morgen verlasse ich meine Ferienwohnung. Inzwischen ist die Anreise zu meinem Pilgerweg lang geworden und so will ich heute Abend in Thiébault übernachten. Ich habe dort telefonisch ein Zimmer reserviert. Doch zunächst gilt es den letzten Tag dieser Pilgeretappe zu bewältigen. In der Kirche

Prachtvolle Kirschblüte am Ortsrand von Sartres.

Sankt Martin noch ein kurzes Gebet. Natürlich darf auch mein Psalm nicht fehlen! Dann geht es auf dem Gehweg parallel der Straße nach Sartres.

Im Ort biege ich rechts ab und quere das Tal der Mouzon auf einem Feldwirtschaftsweg, der an prächtig blühenden Zierkirschen vorbeiführt. Irgendwo zwischen den beiden Ortschaften überquere ich die Departements-Grenze. Jetzt bin ich im Departement Haute-Marne. Lothringen habe ich also hinter mir gelassen. Ich ziehe ein kurzes Zwischenfazit und schreibe in die What'sApp-Gruppe unserer Männer-Selbstfindungs-Gruppe: »Die Toscana ist sicher ein schönes Fleckchen, darf aber an den Süden Lothringens nicht tippen!»

Als ich Sommerécourt erreiche, ist meine Spastik hoch, obwohl es nur viereinhalb Kilometer waren und ich zwischendurch eine Pause eingelegt habe. Offensichtlich stecken mir die letzten Tage noch in den Kleidern. Ich bin ja auch schon fast eine Woche unterwegs, so lange wie noch nie seit meiner Erkrankung. In Sommerécourt setze ich mich zunächst auf eine kleine Mauer und strecke die Beine aus. Alles andere als bequem, aber eine andere Haltung, die meine schmerzenden Beine entlastet. Am Ortsrand finde ich eine Holzbank. Hier lässt es sich bequemer ausruhen! Nach einer Weile stelle ich mich an die Landstraße, die am Ort vorbeiführt, und halte meinen Daumen in die Luft. Vergeblich! Keines der Autos, die teilweise mit einem Affenzahn an mir vorbeibrausen, hält an. Nach einer knappen Stunde ändere ich meine Strategie und gehe zurück in den Ort.

In einer offenen stehenden Scheune schraubt ein junger Mann an einem Auto herum. Ich frage ihn, ob es eine Möglichkeit gibt, nach Pompierre zu kommen. »Busse gibt es keine.«, entgegnet der ölverschmierte junge Mann, »aber ich fahre Sie gerne nach Pompierre«. Keine zehn Minuten später bin ich wieder an meinem Auto. Spontan drücke ich ihm ein ordentliches Trinkgeld

in die Hand, das er zunächst nicht einmal annehmen will. Ein letztes Mal gehe betrachte ich das Tympanon und gehe in die Kirche. Offenbar war ich heute nicht der erste Besucher, denn es brennt bereits eine Kerze. Weiter geht's zu dem Landgasthof »Cheval blanc« in Thiébourg. Die Einfahrt in den Hof ist sehr eng. Vorsichtig, aber schrammenfrei parke ich ein. Die Einrichtung meines Zimmers einschließlich der Tapete stammt aus den fünfziger Jahren. Eine blonde dralle Bedienung serviert mir ein leckeres Abendessen, dazu ein Glas Pinot noir. Was will ich mehr? Den nächsten Tag habe ich für meine Rückfahrt vorgesehen. Ich schlafe lange und frühstücke spät und ausgiebig. »Je fais la grasse matinée«, wie die Franzosen so schön sagen. Ich gönne mir einen richtig fetten Morgen, bevor ich gemütlich die Heimreise antrete. Dabei stoppe ich nochmal an den faszinierenden weißen Malmhängen bei Pagny-sur-blanche-Coté und kaufe Wein in Bulligny. Kurz entschlossen verlasse ich bei Metz die Autobahn und fahre

Der dünn besiedelte Süden Lothringens ist geprägt von der Landwirtschaft.

bei Monique und Gérard vorbei, bei denen ich im vergangenen Jahr zwei Tage verbracht habe. Monique ist zu Hause und bittet mich zu einer Tasse Kaffee in die Küche. Der Mensch ist ein Gewohnheitstier und wieder nehme ich den gleichen Platz ein wie vor einem Jahr. »Stefan, du wirst nicht glauben, was Gérard und ich im letzten Jahr gemacht haben.« In diesem Moment ahne ich, dass die beiden das Pilgern begonnen haben. Und bevor ich antworten kann, fährt sie strahlend fort: »Wir sind fünf Tage lang gepilgert und dieses Jahr gehen wir weiter.« Als ich ihr mein Buch in die Hand drücke und die Seite aufschlage, auf der sie mit ihrem Mann zu sehen ist, ist sie ganz gerührt. Pilgern ist eben infektiös. Sagte ich doch!

SIEBTES KAPITEL

in dem ich erzähle, wie ich eine Etappe zweimal laufe,
mich ein Fremdenlegionär beim Trampen mitnimmt
und warum mein Lieblingsvogel »Pups« oder so ähnlich heißt

…

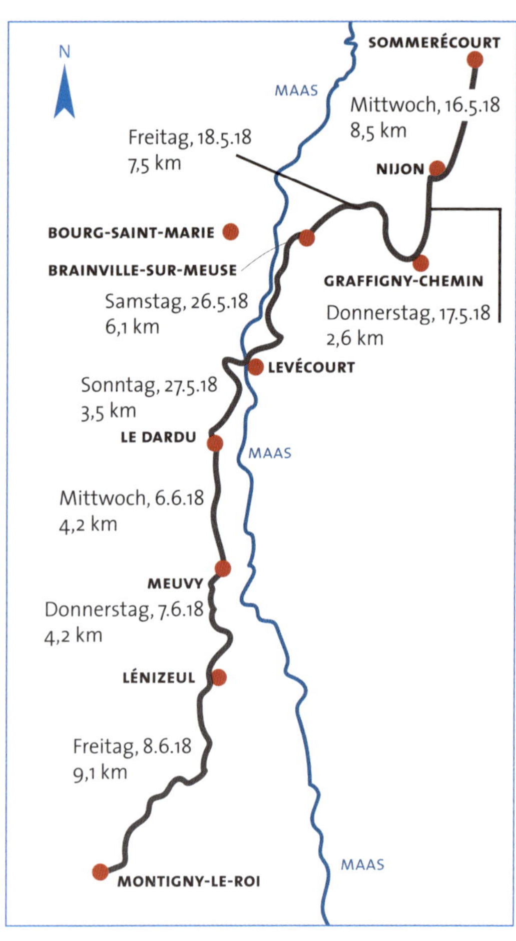

Die letzten Etappen waren ein Quantensprung. Von Saint Élophe bis Sommerécourt habe ich 45 Kilometer zurückgelegt. Und obwohl die Erhöhung meiner Spastik von Tag zu Tag früher eingesetzt hat, habe ich eine ganze Woche am Stück durchgehalten. Und – was vielleicht noch wichtiger ist – ich habe nicht nur gekämpft, sondern ich konnte genießen. Tag für Tag habe ich die herausragend schöne Landschaft in mich aufgesogen, bin ich in die reiche Kultur und Geschichte Lothringens eingetaucht und habe ich mal wieder die unkomplizierte Gastfreundschaft und Hilfsbereitschaft der Lothringer erfahren dürfen. Solche Erlebnisse motivieren. Aufgeräumt und voller Tatendrang gehe ich die nächste Etappe an.
Ich habe mich entschlossen, heute über die Autobahn anzureisen, sodass mir am Nachmittag noch Zeit bleibt, ein kurzes Stück zu pilgern. Als ich die Autobahn verlassen will, akzeptiert die Mautstelle meinen Maut-Zettel nicht. Egal, wie herum ich ihn in den Schlitz des Automaten stecke, immer wieder spuckt er ihn raus. Die Mautstellen sind offensichtlich videoüberwacht: Nach einer halben Minute meldet sich eine Stimme aus dem Lautsprecher und bittet mich, die Nummer des Zettels durchzugeben. Nachdem ich dieser Anweisung gefolgt bin, erscheint der zu zahlende Betrag auf der Anzeige. Ich bleche und die Schranke öffnet sich und entlässt mich in die Freiheit Lothringens.

Die nächste Überraschung erwartet mich an meiner Unterkunft: Diese hatte ich über das Internet gebucht, allerdings keine Bestätigung erhalten. Und nun erklärt man mir, dass keine Buchung eingegangen sei. Zudem sei die Unterkunft auch ausgebucht. Desolé! Also rufe ich im »Cheval Blanc« in Thiaucourt an und reserviere dort ein Zimmer für die nächsten beiden Nächte. In Sommerécourt stelle ich mein Auto an der kleinen Kirche neben dem Friedhof am Ortsrand ab. Wie fast jedes Dorf hatte auch dieser Ort mal ein Schlösschen: Heute ist es zerstört und zerfallen! Mauerreste ragen noch aus dem Boden und schöne, behauene Kalkstein-Quader liegen verstreut herum und künden von der vergangenen Pracht. Zu schwer, zumal für mich, um sie in den Kofferraum zu hieven!

Wieder führt die Strecke über die Route der ehemaligen Römerstraße. Die Römer bauten ihre Straßen bevorzugt auf den Höhen und mieden, wenn immer möglich, die Täler. So behielten sie einen besseren Überblick und konnten bei Angriffen schneller ihre Verteidigungsstellung einnehmen.

Germanenüberfälle habe ich heute nicht zu befürchten; stattdessen profitiere ich von dem weiten Blick, den der Trassenverlauf bietet. Obwohl erst Mitte Mai, ist die Gerste bereits geerntet. Die Äcker sind schon gepflügt und geeggt und für die Aussaat des Wintergetreides vorbereitet. Ich komme gut voran und habe bereits gegen 16.30 Uhr Vaudrecourt erreicht. In dem Weiler leben 35 Menschen. Anfang der Sechzigerjahre waren es noch mehr als doppelt so viele. Der Süden Lothringens ist von Landflucht geprägt. Arbeitsplätze außerhalb der Landwirtschaft gibt es kaum; und auch die Bauernhöfe haben einen dramatischen Strukturwandel hinter sich. Ähnlich wie bei uns ist oft nur ein großer landwirtschaftlicher Aussiedlerbetrieb übrig geblieben, der nun die gesamte Fläche bewirtschaftet.

Da ich noch gut bei Kräften bin, beschließe ich, bis Nijon weiterzugehen. Immer noch zügig, wenn auch nicht mehr ganz so leicht, komme ich voran und erreiche kurz nach 18 Uhr die Abzweigung nach Nijon. Die Römerstraße führt jetzt als Feldweg geradeaus weiter. Nach rechts geht es nach Nijon, nach links in das Tal der Mouzon. Ich lege mich auf eine Wiese und entspanne einige Minuten. Wenn ich von hieraus trampe, kann ich die Autos aus dem Mouzon-Tal abgreifen. Jedenfalls theoretisch! In der Realität habe ich seit einer Stunde kein Auto mehr gesehen.

Also gehe ich die letzten fünfhundert Meter weiter nach Nijon in der Hoffnung, dort eine Fahrgelegenheit zu finden. Aber der Ort ist wie ausgestorben. Von den siebzig Menschen, die hier leben, ist an diesem frühen Abend kein einziger zu sehen. Das Dorf wirkt geisterhaft und so gehe ich zurück zur Abzweigung.

Jetzt fängt es auch noch an zu regnen und ich ziehe meinen Hut fest auf den Kopf. Moritz hat mir diesen Hut und einen sportlichen Wanderstab zu Weihnachten geschenkt. Mein Haselstock, an dem ich nach wie vor sehr hänge, und mein Strohhut schienen ihm zu altbacken zu sein. Und in Modefragen haben Kinder meistens Recht! Jetzt bin ich froh, eine regenfeste Kopfbedeckung zu haben! Noch immer ist weit und breit kein Auto zu sehen. Ob ich hier rumstehe oder langsam zurückgehe, macht keinen Unterschied. Und so gehe ich langsam wieder in Richtung Sommerécourt. Endlich, nach einer gefühlten Ewigkeit, tauchen gleich zwei Autos am Horizont auf. Das eine biegt jedoch zu einem Aussiedlerhof ab, bevor es mich erreicht. Das andere fährt an mir vorbei, ohne dass der junge Fahrer mir auch nur einen einzigen Blick schenkt.

Meine Spastik ist mittlerweile kräftig angestiegen. Von entspanntem Gehen kann keine Rede mehr sein. Ich kämpfe und gehe weiter. Was bleibt mir auch anderes übrig? Von der Höhe aus sehe ich jetzt Vaudrecourt vor mir liegen. Bis zu meinem Auto dürften es noch drei Kilometer sein. Notfalls werde ich auch die noch schaffen! Und so kommt es. Eine alte Tramper-Weisheit sagt: »Wenn kein Auto kommt, kann man auch keines anhalten.« Nur ein Milch-Laster, der die Höfe abklappert, fährt vorbei. Ich versuche gar nicht erst, ihn anzuhalten. Den Einstieg in die hoch gelegene Fahrerkabine könnte ich ohnehin nicht mehr bewältigen. Die Straße führt über eine kleine Brücke mit einem Mäuerchen. Hier setze ich mich einige Minuten hin und strecke die Beine aus. Inzwischen habe ich mich wieder auf meine Zähltechnik verlegt: Hundert Schritte, dann stehen bleiben und kurze Pause, dann die nächsten hundert Schritte. Die Zähltechnik hilft mir, meinen inneren Schweinehund zu bezwingen.

Als ich den Ortsrand von Sommerécourt erreiche, haben sich meine Intervalle verkürzt. Nun muss ich schon nach zehn Schritten eine Pause einlegen. Das Gehen ist nun zu einer echten Qual geworden. Aber auch das letzte Stück durch Sommerécourt schaffe ich noch irgendwie. Endlich, als mein Auto schon in Sichtweite ist, kommt mir ein Friedhofs-Besucher entgegen. Der ältere Mann erkennt sofort, dass ich schon bessere Tage hatte, und bietet mir seine Hilfe an. Höflich dankend zeige ich auf mein Auto. Mein Ziel ist erreicht. Wenn auch auf dem Zahnfleisch.
Inzwischen ist es dunkel geworden. Die Straße von Sommerécourt nach Thiébault führt über die Höhe durch den Wald. Hier ist die Nacht wirklich rabenschwarz. Perfekte Szenerie für einen Gruselfilm! Außer den Lichtkegeln meiner Scheinwerfer ist kein einziges Licht irgendwo zu sehen. Da die Wolken sich zugezogen haben, ist am Himmel kein Stern und kein Mond zu sehen. So viel Dunkelheit hatte ich schon lange nicht mehr!
Nach zwanzig Minuten erreiche ich mein Hotel. Auch hier ist alles dunkel. Als ich im Innenhof parke, kommt die sympathische junge Kellnerin aus dem Dunkel auf mich zu. Sie hat auf mich gewartet und lässt mich ein. Glück gehabt!
Die Erfahrung, dass ich nach einem sehr strapaziösen Tag nur schlecht schlafe, wiederholt sich einmal mehr: Lange wälze ich mich im Bett von der einen auf die andere Seite. Erst gegen Morgen finde ich festen Schlaf und träume von Konrad Adenauer. Sachen gibt's!
Als mich ein Hahn im Garten im Morgengrauen weckt, bin ich alles andere als ausgeschlafen. Das Federvieh nimmt darauf je-

doch keine Rücksicht und kräht unmittelbar vor meinem Fenster aus Leibeskräften. Französische Hähne krähen nicht »kikeriki«, sondern »cocerico«. Die Wirkung ist jedoch die gleiche. Ich überlege mir, ob ich zum Frühstück «coq au vin« bestelle, und summe das französische Volkslied »Le coq est mort!« vor mich hin.

Heute will ich nur eine kleine Etappe machen. Von Nijon bis Graffigny-Chemin sind es nur 2,6 km. Das sollte auch nach der gestrigen Strapaze möglich sein! Als ich meinen Rucksack packe, fährt mir ein Schrecken in die Glieder: Mein Hut ist unauffindbar. Auch im Auto ist er nirgends zu finden. Wo kann er sein? Habe ich ihn unterwegs verloren? Solange es regnete, hatte ich ihn jedenfalls auf dem Kopf. Aber später? Nicht nur, dass er mir als Geschenk von Moritz sehr am Herzen liegt; sondern heute wird es ein sonniger Tag werden und bei meinem schütteren Haupthaar ist eine Kopfbedeckung unverzichtbar. Der Hut kann nur irgendwo an meiner gestrigen Pilgerstrecke abgeblieben sein! Im Schritttempo fahre ich die Strecke ab und suche den Straßenrand ab. Da ist doch diese kleine Mauer, auf der ich gestern gerastet habe! Ich halte das Auto an, steige aus und finde meinen Hut dahinter im Gras liegen. Noch mal Glück gehabt!

Mein Auto parke ich wie immer an der Kirche. Als ich Nijon verlasse, habe ich genau wie gestern keinen einzigen Menschen gesehen. Skurril! Nach wenigen hundert Metern schwenkt die Straße wieder auf die Trasse der Römerstraße ein. Die Sonne brennt kräftig vom Himmel und ich freue mich, dass ich meinen Hut wieder habe. Hoch über mir ziehen Milane ihre Kreise im lauen Sommerwind. Mindestens sieben, vielleicht sogar mehr. Da ihre Kreise sich ständig schneiden und ich gegen die Sonne schauen muss, kann ich sie nicht sicher zählen. Außerdem mischt sich noch eine Handvoll Schwarzmilane unter den Trupp Rotmilane.

Milane im Wind. FOTO: BERND KONRAD

Während der Rotmilan in seiner Verbreitung auf Mitteleuropa begrenzt ist, ist der Schwarzmilan ein echter Kosmopolit und in allen großen Städten der Tropen beheimatet. Wie die Geier kreisen sie über mir. Milane sind Aasfresser fällt mir in diesem Augenblick siedend heiß ein: Ist mein Gangbild nach dem gestrigen Tag etwa so schlecht? »Nein, den Gefallen tue ich euch nicht!«, rufe ich in Gedanken den Greifvögeln zu und nehme zur Bekräftigung einen großen Schluck aus meiner Wasserflasche.

Nach anderthalb Stunden ist Graffigny-Chemin erreicht, ein lang gezogenes Straßendorf entlang der Trasse der Römerstraße. Am anderen Ende des Dorfes mündet die Straße in einen Kreisel, ein guter Platz um zurückzutrampen. Schon das dritte Auto hält. Der Fahrer nimmt mich gerne mit nach Nijon. Er war einige Jahre in Heidelberg beim französischen Militär und spricht ein paar Brocken Deutsch. Dann war er noch einige Jahre bei der französischen Fremdenlegion. Als wir an meinem Mercedes ankommen, stößt er mit der Zigarette im Mund einen anerkennenden Pfiff aus und raunt: »Quelle bagnole!« – was für ein Schlitten! Das können nur Franzosen und das habe ich schon früher bewundert: Mit einem Zigarettenstummel im Mundwinkel gleichzeitig reden und pfeifen.

Auf meiner Fahrt zurück ins Hotel bemerke ich im Wald eine lebensgroße, mit Goldfarbe gestrichene Figur. Offensichtlich handelt es sich um den Heiligen Thiébault, von dem nicht viel bekannt ist. Nur dass es sich um einen Einsiedler aus dem 11. Jahrhundert handelte, der in den Wäldern Luxemburgs lebte. Wieso ausgerechnet hier ein Ort nach ihm benannt ist, weiß ich nicht. Aber sinnigerweise hat man das Denkmal für den Klausner mitten in einen einsamen Wald gestellt. Sein Einsiedlerdasein unterbrach Thiébault nur für zwei Pilgerreisen, von den eine nach Rom und die andere zum Grab des heiligen Apostels Jakobus in Compostela nach Spanien führte. Also einer der ers-

ten Jakobspilger! Ich ziehe meinen wieder gefundenen Hut und grüße ihn mit einem »Buen Camino!«
Zurück im Hotel, hole ich noch eine Runde Schlaf nach; dann fahre ich nach Bourmont. Das Dorf thront auf der Spitze eines lang gezogenen Bergsporns etwa hundert Meter über der Maas. Von meinem Hotelzimmer aus habe ich einen guten Blick auf diesen Ort, der jetzt eine zentrale Funktion besitzt, nachdem die umliegenden Dörfer in ihn eingemeindet wurden. Obwohl er nur fünfhundert Einwohner hat, besitzt er zwei Kirchen. Doch finde ich beide nur verschlossen vor. Dafür entschädigt mich der weite Blick ins Land, den ich vom Kirchenvorplatz über die Ziegeldächer hinweg genieße. Viele prachtvolle Häuser stehen leer und werden zum Verkauf angeboten. Ich bummele eine gute Stunde durch den Ort, der sicher schon bessere Zeiten gesehen hat.
Abends auf der Terrasse des Hotels suche ich auf der Speisekarte vergeblich »coq au vin«, schließlich entscheide ich mich für Flammkuchen. Der Hahn hat Glück gehabt!
In dieser Nacht habe ich wieder gut geschlafen und mit neuer Kraft mache ich mich auf den Weg. Von der Kirche in Graffigny aus geht's steil bergan. Heute will ich aus dem Tal der Mouzon über die Schichtstufe wieder zurück ins Tal der Meuse. Als ich den Ort verlassen habe, drehe ich mich immer wieder um. Nicht nur zum Verschnaufen, sondern vor allem, um die beeindruckend schöne Landschaft zu genießen. Das Departement Haute Marne hat nur eine durchschnittliche Bevölkerungsdichte von 29 Einwohnern pro Quadratkilometer. Im Vergleich dazu ist die Bevölkerungsdichte im Saarland mit 380 Einwohnern pro Quadratkilometer mehr als dreizehnmal so hoch. Kein Wunder, dass mir die Landschaft so weit und so menschenleer erscheint!
Wieder sind Rotmilane in der Luft. Die extensive Weidehaltung bietet dem stolzen Greifvogel offenbar günstige Lebensbedingungen.

Ein Stück vom Paradies: der Süden Lothringens.

In den krautreichen Wiesen wächst reichlich Salbei. Der obere Teil und die Hochfläche sind mit Wald bestanden. Der Feldweg wird nun zum Waldweg und wurde schon lange nicht mehr gepflegt: Büsche wachsen vom Rand in ihn hinein und lassen ihn zunehmend enger werden. Dann knickt der Weg nach Osten ab. Ich muss aber weiter nach Norden und finde einen kleinen Waldweg, der in diese Richtung führt. Nach wenigen hundert Metern liegen erste umgestürzte Bäume über dem Weg, die ich übersteige. Manche kann ich gebückt unterwandern. Am schwierigsten ist es, wenn ganze Baumkronen auf dem Weg liegen und ich zwischen mehreren Ästen hindurch muss. Erschwerend hinzu kommen Brombeer-Ranken, die sich mit ihren hundsgemeinen Stacheln in meiner Kleidung festhaken. Ich komme mir vor wie der Prinz auf dem Weg zu Dornröschen. Vielleicht etwas weniger elegant; aber ich übe ja noch!

Nur langsam komme ich voran. Für die letzten zweihundert Meter habe ich vierzig Minuten gebraucht. Aber irgendwann muss das Dickicht ja zu Ende sein! Nach einer weiteren Viertelstunde erreiche ich eine Lichtung. Ein kleines Denkmal erinnert daran, dass hier gegen Ende des Weltkrieges amerikanische Soldaten den Tod fanden. Von dort führt ein gut gangbarer Weg in die richtige Richtung aus dem Tal heraus. Bald schon habe ich die freie Feldflur erreicht und sehe mein Zwischenziel Brainville vor mir im Tal liegen. Auf einer Wiese am Waldrand strecke ich alle viere aus und erhole mich von der mühevollen Dschungel-Durchquerung. Doch schon bald gehe ich über einen weit geschwungenen Feldweg talwärts auf Brainville zu, das ich nach anderthalb Stunden erreiche.

In der Ortsmitte labe ich mich an dem kühlen Wasser des Dorfbrunnens und setze meinen Weg fort. Bald überquere ich die Maas, die hier im Oberlauf um diese Jahreszeit nur wenig Wasser führt. Das letzte Stück führt entlang der D74 nach Bourg-

Über weit geschwungene Feldwege geht es talwärts nach Brainville.

Saint-Marie. Auf der Straße sind einige Lkw unterwegs und ich bin froh, als ich den Ortsrand und damit einen befestigten Gehweg erreiche. Am anderen Ende des Dorfes liegt ein kleines Hotel. Die kleine Dorfkirche, an der ich in der Ortsmitte vorbeigelaufen bin, zeigt über dem Eingangsportal ein Tympanon mit dem Heiligen Martin zu Pferde. Ich nehme an, dass deshalb auch das Hotel ganz in der Tradition der Martins-Verehrung »Hotel Saint Martin« heißt. Der Gastraum des Hotels gleicht einer Rumpelkammer. Das Zimmer ist sauber, aber leider zur Straße hin gelegen. Der freundliche Wirt bringt mich zu meinem Auto nach Graffigny zurück.

Pfingsten steht ins Haus und Norbert hat zu seinem 60. Geburtstag eingeladen, so dass ich am nächsten Morgen über die kleinen Landstraßen Richtung Heimat fahre. Der Geburtstag, den wir bei ihm in familiär-gemütlichem Rahmen feiern, bringt eine Überraschung: Unser Kommilitone Alfons Ewen befindet sich unter den Gästen. Ihn habe ich seit gefühlten hundert Jahren nicht mehr gesehen! Alfons, schon zu Studentenzeiten mit allen Wassern, nur nicht mit Weihwasser gewaschen, landete nach dem Studium bei der Spielbank. Zunächst als Croupier, stieg er schnell auf und als er vor einigen Jahren in Ruhestand ging, war er Chef aller saarländischen Spielbanken. Quasi vom Tellerwäscher zum Küchenchef! Ein Beweis mehr, dass Geografen zu allem fähig sind! Ruhestand und Alfons, das passt nicht zusammen. Seit einigen Jahren lebt er mit seiner brasilianischen Frau an der Waterkant Südafrikas. Mehrmals im Jahr ist er jedoch immer wieder in seiner alten saarländischen Heimat oder in seinem Ferienhaus auf Korsika. »Nirgendwo auf der Welt schmeckt der Calvados so gut wie auf Korsika!«

Wir haben viel zu erzählen. Alfons hatte bisher nichts von meiner Behinderung gewusst. »Unkraut vergeht nicht! Auch wenn ich derzeit keine Kopfballtore mache, mir geht es trotz allem gut. Seit zwei Jahren bin ich auf dem Jakobsweg unterwegs. Gerade gestern erst bin ich zurückgekommen. Und nächste Woche geht es weiter. Komm doch einfach ein Stück mit!« Alfons schaut in seinen Handykalender: »Jawoll, das haut hin! Drei Tage kann ich mitpilgern.« Handschlag, abgemacht! Schon immer war Alfons für Überraschungen gut. Schön, dass er seine Spontaneität nicht verloren hat.

Eine Woche später sitzen wir abends auf der Terrasse des Cheval blanc in St. Thiébault und studieren Speise- und Landkarte. Auch seine Frau Duda und ihr kleiner Yorkshire sind mit von der Partie. Bei der Anreise habe ich Alfons, der sich schon im Studium für Gewässerökologie interessierte, die Maas bei Pagny und natürlich die weißen Malm-Hänge gezeigt. Alfons und Duda sind einige Kilometer entfernt in einem Ferienhäuschen untergebracht, während ich für die nächsten beiden Tage wieder mein Zimmer in dem Landgasthof bezogen habe. »Morgen früh frühstücken wir hier gemeinsam im Hotel. Punkt acht Uhr! Und dann laufen wir von Braincourt durch das Maastal bis nach Levécourt. Okay?«

Einen Kilometer lang geht es auf dem Schotterbett der Bahngleise weiter.

»D'accord, Monsieur«. Und tatsächlich: Am nächsten Morgen parken Alfons und Duda pünktlich vor dem Hotel ein. Als Alfons aussteigt, grinst er übers ganze Gesicht: »Duda, sag mal Stefan, welchen Vogel wir gerade gesehen haben!« »Pups!«, antwortet Duda wie aus der Pistole geschossen und im gleichen Augenblick ahne ich, dass sie Upupa epops, den Wiedehopf, meint. »Der Bursche ist vor uns über die Straße geflogen.« » Das ist ja super! Der Wiedehopf ist mein Lieblingsvogel, aber nördlich der Alpen habe ich noch nie einen gesehen.«
Zügig brechen wir auf und stellen das Auto an der Maasbrücke zwischen Braincourt und Bourg-Sainte-Marie ab. Über einen Feldweg geht es durch die sehr breite Aue, die so gar nicht zu dem kleinen Bach passen will, parallel zur Bahnlinie. Plötzlich endet der Feldweg. Über die Gleise zu wechseln scheidet aus. So bleibt uns nichts anderes übrig, als an deren Rand auf dem Schotterbett weiterzugehen. Mühsam und nicht schön, aber we-

Rast unter einem Calvaire in der Ortsmitte von Hacourt.

nigstens sicher. Ein Güterzug braust an uns vorbei und alleine schon der Zugwind sorgt für einen Anstieg der Spastik. Glücklicherweise nur vorübergehend! Kurz bevor wir das Dorf Hâcourt erreichen, können wir über einen unbeschrankten Bahnübergang auf die andere Seite des Bahndammes wechseln. Jetzt geht es einfacher und über die Landstraße sind wir bereits eine halbe Stunde später in Hâcourt.

Auf einer bequemen Holzbank neben einem Calvaire plündern wir unsere Rucksackvorräte. »Du solltest wissen, dass Calvaire nix mit Calvados zu tun hat!«, belehre ich Alfons. »Schafskopp!« Alfons‘ Reaktion auf meine schulmeisterliche Bemerkung ist knapp, deutlich und typisch für ihn. Schon vor drei Jahrzehnten hat er seine Freunde oft mehrfach am Tag mit diesem Kosenamen belegt. Offensichtlich hat er diese Gewohnheit über die Jahrzehnte hinweg beibehalten. Schafskopp. Was für ein schöner Kosename!

Einige Häuser in der Dorfstraße sind ansprechend und stilgerecht saniert. In einer Hauswand entdecken wir sogar einen Stein mit einer Jakobsmuschel. Als wir ihn fotografieren, öffnet sich ein Fenster und die junge Bewohnerin grüßt uns freundlich und fragt uns, ob wir ein Glas Waser möchten. Als sie es uns bringt, hat sie auch noch für jeden ein Stückchen köstlichen Rhabarberkuchen dabei. Oh, wie schön ist Panama!

Als wir Levécourt erreichen, hat es zu regnen begonnen. Dicke Tropfen fallen auf die staubige und heiße Dorfstraße und verdampfen sofort. Es riecht nach warmem Sommerregen. Alfons und Duda kehren um und werden das Auto holen, während ich weiter zur Ortsmitte gehe und dort auf einer Hausbank auf sie warte. Den Abend verbringen wir einige Kilometer weiter in einer alten Mühle. Das winzige Restaurant mit nur vier Tischen haben wir im Internet ausfindig gemacht und genießen eine leckere Lammkeule.

Als wir am nächsten Morgen zum Ausgangspunkt unserer Tagesetappe fahren, sehe ich aus dem fahrenden Auto heraus einen Wiedehopf. Nur eine oder maximal zwei Sekunden lang. Dann ist der Vogel wieder verschwunden. Aber Größe, Flugbild und Federzeichnung sind eindeutig. Das war einer! Jetzt habe ich auch meinen ersten Wiedehopf nördlich der Alpen gesehen.

Immer wieder regnet es. Die Natur lechzt nach Wasser. Nach drei Kilometern kehrt Alfons um: »Mein Knie beginnt weh zu tun. Geh du weiter und ich hole dich in etwa einer Stunde mit dem Auto ein.« Gesagt, getan! Fast zeitgleich kommen wir in Le Dardu an, einem großen Weiler mit Biogasanlage.

»Mein Knie muss operiert werden.«, erklärt mir Alfons. »Das eine habe ich bereits letztes Jahr machen lassen und jetzt ist das andere fällig. Lässt sich wohl nicht vermeiden.« Nach einer Weile fügt er hinzu: »Aber dann werde ich dich wieder ein Stück auf dem Jakobsweg begleiten!« Offensichtlich hat auch er am Pilgern Gefallen gefunden.

Anfang Juni bin ich wieder in Le Dardu. Die nächsten Tage werde ich wieder alleine pilgern. Als ich von dem Landsträßchen in den Feldweg abbiege, erlebe ich eine dicke Überraschung: Ein

Endlich mal wieder eine Wegmarkierung.

Wegweiser mit einer Jakobsmuschel. Ich kann es kaum glauben! Seit meinem Start in St. Élophe ist das die erste Markierung des Jakobsweges, der ich begegne. Das muss ich fotografieren. Was ich zu diesem Zeitpunkt noch nicht weiß: Es sollte für viele weitere Etappen auch die einzige bleiben. Aber immerhin bin ich auf dem rechten Weg.

Die Maas hat einen mehrere Kilometer breiten Talkessel geschaffen.

Vor mir liegt der Talkessel der Meuse, der mindestens drei Kilometer breit ist. Noch immer kann ich mir nicht erklären, wie ein Bach von gerade mal zwei Meter Breite eine solch ausgedehnte Aue schaffen konnte. Merkwürdig! Die einzige Erklärung, die mir in den Sinn kommt, ist, dass die Maas in und nach der Eiszeit deutlich mehr Wasser führte. Aber das kann eigentlich auch nicht sein; denn sie entspringt ja nicht in den Vogesen, sondern gar nicht weit entfernt auf dem Plateau von Langres und hat zudem nur ein kleines Einzugsgebiet.

Ich verstehe es nicht. Das wurmt mich, aber es hindert mich nicht daran, die wunderschöne Landschaft zu genießen. Kurz nachdem ich losmarschiert bin, fliegt ein Wiedehopf auf. Ich freue mich. So selten scheint mein Lieblingsvogel am Oberlauf der Maas offenbar gar nicht zu sein. Als ich an einem Pappelwäldchen vorbeigehe, werde ich von dem flötenden Ruf eines Pirols begleitet. In Frankreich heißt dieser Vogel »Loriot«. Lautmalerisch trifft das gut den melodischen Gesang dieses hübschen Vogels, den man aufgrund seines leuchtend gelben Gefieders eher in den Tropen als in Mitteleuropa vermuten würde. Kurz vor Meuvy zieht ein Kiebitz seine Flugbahnen über den Weiden und zwei Goldammern runden den ornithologisch ertragreichen Nachmittag ab. Bei mir zu Hause habe ich schon lange keine dieser Körnerfresser mehr gesehen. Dabei war die Goldammer bis vor wenigen Jahren noch ein Allerweltsvogel!? Die fünf Kilometer bis Meuvy habe ich in knapp zwei Stunden geschafft. Ich bin zufrieden! Bald hält auch schon ein erstes Auto an. Ich erkläre dem Fahrer, den ich auf ungefähr vierzig Jahre schätze, ich sei ein Jakobspilger und habe mein Auto in Le Dardu geparkt. Ich bitte ihn, mich ein Stück mitzunehmen. Er erklärt mir lapidar, Jakobspilger würden kein Auto fahren, kurbelt die Seitenscheibe hoch und fährt weiter. Naja!

Nach einer weiteren Stunde Warten hält ein freundlicher Franzose und bringt mich nach Le Dardu zurück. Bis zu meiner Herberge sind es jetzt nur noch wenige Kilometer. Über Airbnb habe ich ein Zimmer »Chez Marie-Claire« in Doncourt-sur-Meuse gebucht und fühle mich auf Anhieb sehr wohl. Marie-Claire lebt alleine in einem alten, stilvoll restaurierten Bauernhaus mit großem Garten. Sie hat, so erzählt sie mir, sechs Kinder groß gezogen, die jetzt in ganz Frankreich verteilt leben und nur an den Festtagen nach Hause kommen. Die früheren Kinderzimmer hat sie vor einigen Jahren zu Gästezimmern umgestaltet, die sie nun vermietet. Heute Abend bin ich der einzige Gast. Ich erzähle ihr von meinen ornithologischen Beobachtungen. Ja, dem Wiedehopf, der in Frankreich »Huppe« genannt wird, könne man auch in Doncourt begegnen. An gleich mehreren Stellen sei er im Umfeld des Dorfes zu hören. Wir plaudern eine ganze Weile und ich runde den Abend mit einem ebenso kühlen wie köstlichen Bier ab. »La Choue blonde«, das blonde Käuzchen, wird von einer kleinen Brauerei hier im Departement gebraucht. Köstlich! Die Marke werde ich mir merken.

Als ich am nächsten Morgen nach einem Frühstück mit Kirschen aus Marie-Claires Garten in Meuvy starte, werde ich von

Rotmilane. FOTO BERND KONRAD

einem kleinen Hund begleitet, der in einem Abstand von zehn Metern hinter mir her trottet. Aus den Gärten und Obstbäumen am Dorfrand höre ich gleich an zwei Stellen das dumpfe und tiefe Rufen des Wiedehopfs. Am strahlend blauen Himmel sind außer ein paar Schäfchenwolken in der Ferne wieder Milane zu sehen. Auch ein Bussard zieht seine Kreise. Auf der anderen Seite des Talkessels thront Clefmont auf einer Hügelkuppe.

Der Psalm »Der Herr ist mein Hirt. Er weidet mich auf grüner Au.« kommt mir in den Sinn und ich dichte ihn kurzerhand um: »Der Herr ist mein Hirt. Er lässt mich pilgern in grüner Au.« Weiter heißt es in diesem Psalm 23, der König David zugeschrieben wird: »Er erquickt meine Seele.« Auch das trifft meine Stimmung gut. Ich bin erquickt. Was für ein schönes Wort für einen ebenso schönen Seelenzustand! In diesem Moment empfinde ich eine große, ja grenzenlose Dankbarkeit: zu leben, hier zu sein, das alles erleben zu dürfen.
Es ist einer jener seltenen Momente, in denen es gelingt, Blickkontakt mit dem Unsichtbaren aufzunehmen. Im eigentlichen

Wortsinne paradiesische Augenblicke, die mir selten, aber immer mal wieder auf dem Pilgerweg geschenkt werden. Für einige Minuten bleibe ich einfach nur stehen, blicke in die vor mir liegende Weite des Tals, atme tief, sehr tief, durch und genieße, ohne zu denken.

Geduldig wartet der kleine Hund im Abstand von drei Metern. Näher traut er sich nicht an mich heran. Als ich weitergehe, heftet er sich an meine Fersen, bis ich Bassoncourt erreiche. Zu meiner Überraschung gibt es hier ein Restaurant, das Mittagessen anbietet. Nach den Autos auf dem Parkplatz zu schließen, ist es offensichtlich bei Handwerkern und Fernfahrern beliebt. »Man muss die Feste feiern, wie sie fallen!«, beschließe ich und esse außerplanmäßig sehr opulent zu Mittag. Als die Wirtin die Rechnung bringt, staune ich nicht schlecht: Für das dreigängige Menü einschließlich Getränken will sie gerade mal 13,50 Euro haben.

Als ich das Restaurant verlasse, ist mein kleiner Vierbeiner verschwunden. So gehe ich alleine weiter und erreiche nach etwa 2,5 Kilometern Lénizeul, mein Ziel für den heutigen Tag. Auch hier gibt es in der Ortsmitte ein Restaurant. Essen kann ich zwar nichts mehr, aber ein Eis geht immer. Als ich die stämmige Wirtin frage, ob sie eine Idee habe, wie ich nach Meuvy zurück kommen

Von Meuvy bis Bassoncourt begleitet mich ein kleiner struppiger Hund.

könne, bietet sie mir an, mich zu fahren, sobald die letzten Mittagsgäste das Lokal verlassen haben. Sie ziert sich, als ich ihr ein ordentliches Trinkgeld in die Hand drücken will, nimmt es aber schließlich doch. In einer so dünn besiedelten Gegend ein Restaurant zu betreiben, ist sicher alles andere als einfach.
Auf der Rückfahrt mache ich noch einen kleinen Umweg nach Clefmont, einem Bergstädtchen mit viel altem Gemäuer und Atmosphäre, aber wenig Einwohnern. Immerhin: Im Schloss ist neues Leben eingezogen. Stück für Stück wird es restauriert und vor dem weiteren Zerfall bewahrt.
Indessen ist bei Marie-Claire ein weiterer Gast eingezogen: Ein Amerikaner aus Alabama reist von Dijon nach Nancy. Die letzten Wochen habe ich ausschließlich französisch gesprochen. So dauert es ein paar Sätze, bis ich wieder mit der englischen Sprache klarkomme. Schnell zeigt sich, dass der neue Gast kein Anhänger des amerikanischen Präsidenten ist. Angeregt unterhalten wir uns, während Marie-Claire uns einen lothringischen Speckkuchen zum Abendessen serviert, wozu wir ein Glas Chardonnay aus dem Chablis trinken.
Vor meiner Abreise am nächsten Morgen schlendre ich noch einmal durch den Garten von Marie-Claire und bitte sie zu einem Foto. Blumen und Nutzpflanzen stehen in einem bunten Mix. Überall summt und brummt es. Ich brauche einige Überredungskunst und nur unter Aufbietung meines gesamten Charmes gelingt es, Marie-Claire zu einem Foto zu bewegen.
Dann mache ich mich auf den Weg. Die geplanten neun Kilometer bis Montigny-le-Roi werden mich sicher an meine Grenzen führen. Es ist warm, aber ein leichter Sommerwind erleichtert das Gehen. Gegen Mittag überquere ich auf einer kleinen Brücke die Maas, die jetzt nur noch anderthalb Meter breit ist und munter durch die Weiden plätschert. Ungeduldig warte ich auf Nachrichten aus der Heimat und schaue immer wieder aufs

Marie-Claire in ihrem Gartenparadies.

Handy: Moritz steckt in der mündlichen Abiturprüfung. Und wie die ganze Zeit schon, macht er es auch dieses Mal spannend. Während ich im Schatten einer mächtigen Eiche Mittagspause mache, kommt endlich eine WhatsApp-Nachricht an. Wie immer schreibt er kurz und knapp: »Bin durch!« Ich jubele! Doch

Oberlauf der Maas, im Hintergrund Le Damphal bei Montigny-le-Roi.

dann kommen Zweifel: Bedeutet »Bin durch!« durchgekommen oder durchgefallen? Ich rufe meine Frau Birgit an, die gerade bei Oma Liesel zu Tisch sitzt. Sie hat die gleichen Zweifel.

Alle Versuche, Moritz selbst zu erreichen, bleiben vergeblich. Er hat sein Handy ausgeschaltet. Aus Frust oder einfach nur so? Es dauert eine weitere quälende Stunde, bis ich die Gewissheit habe, dass er es geschafft hat! In den zurückliegenden Monaten hatte ich immer wieder mal scherzhaft gesagt: »Elisabeth wird ein sehr gutes Abitur machen und Mo wird vielleicht ein Abitur machen.« Und genauso ist es nun gekommen: sehr knapp. Aber geschafft ist geschafft! Eine zentnerschwere Last ist von mir abgefallen und solchermaßen erleichtert schaffe ich die letzten Kilometer und den Aufstieg bis nach Montigny-le-Roi.

Fünfhundert Meter vom Hotel, in dem ich ein Zimmer für die Nacht reserviert habe, lege ich noch eine Rast ein. Vor einem kleinen Straßencafé, das leider geschlossen hat, stehen einige Tische und Stühle. Ich ruhe mich ein paar Minuten aus, als ein

Auto neben mir hält und ein Mann, wohl ein paar Jahre älter als ich, mich freundlich anspricht. Er sei schon heute Morgen an mir vorbei gefahren und habe die Muschel an meinem Rucksack gesehen. Jakobspilger seien hier herzlich willkommen. Ob er mich ein Stück mitnehmen oder mir sonst wie helfen könne?
»Danke, mein Hotel ist gleich um die Ecke,« antworte ich, »aber wenn Sie vielleicht heute noch nach Lénizeul fahren, könnten Sie mich mitnehmen. Ich habe dort mein Auto geparkt.«
»Selbstverständlich bringe ich Dich nach Lénizeul, wenn Du willst, am besten gleich«.
Eine Minute später sitze ich in seinem Auto; im Fußraum jede Menge Werkzeug, Hammer und Nägel, Zange. Offensichtlich hat Jean-Michel – inzwischen kenne ich seinen Namen – Weidezäune repariert. Wir fahren genau das Sträßchen zurück, das ich heute gegangen bin, und ich staune über meine Tagesleistung von neun Kilometern. An meinem Auto angekommen, will Jean-Michel mir etwas auf der Landkarte zeigen: »Das Dorf hier, Chauffourt, ist mein Heimatdorf.«

Jean-Michel bringt mich zurück nach Lenizeul.

»Wie schön, das wird mein nächstes Etappenziel sein, aber erst in drei Wochen.«, entgegne ich. «Dann ruf mich an, wenn du da bist!«, bittet Jean-Michel und wir tauschen die Telefonnummern aus. Im Kofferraum liegt eines meiner Bücher, das ich meinem neuen Bekannten als Dankeschön in die Hand drücke.
»Ich habe auch ein Buch für dich!«, überrascht mich Jean-Michel »ich bringe es dir ins Hotel, sagen wir in einer halben Stunde.«
Ich bin gespannt und gerade als ich mein Zimmer bezogen habe, meldet sich Jean-Michel am Empfang und übergibt mir ein Heimatbuch über Chauffourt. »Wenn du Lust hast, zeige ich dir heute Abend mein Dorf!?«, bietet er mir an. Natürlich habe ich großes Interesse, aber ich bin heute neun Kilometer gelaufen und ziemlich erschöpft. Ich erkläre ihm die Situation.
»Dann machen wir eben nur die kleine Tour.« schlägt er vor. »Du brauchst nicht mehr zu gehen, wir fahren einfach mit meinem Auto rum.« Wir verabreden uns für 19 Uhr auf dem Hotelparkplatz und ich kann mich noch eine knappe Stunde entspannen. Während ich in dem Heimatbuch schmökere, schlafe ich ein. Glücklicherweise habe ich den Wecker gestellt und so bin ich pünktlich zu meiner Verabredung wieder wach.
Als wir die Käsefabrik am Ortsrand von Montigny passieren, erzählt mir Jean-Michel aus seinem Leben: Früher habe er als Lkw-Fahrer hier in der Käsefabrik gearbeitet und davor in einer kleinen Käserei in der Herstellung. Doch seit einigen Jahren sei er im Ruhestand. Er erzählt mir von seinem Vater, der hier in Montigny im Seniorenheim lebe und inzwischen 92 Jahre alt sei. In seiner Jugend habe er ein paar Jahre in München gearbeitet und schwärme bis heute von den deutschen Mädchen. Noch auf der Hochfläche biegen wir nach Norden in die Felder ab und halten an einer Granitstele: Hier stürzte Mitte April 1944, also drei Wochen vor Kriegsende, ein englisches Flugzeug ab, das seine tödliche Bombenfracht über Schweinfurt abgeworfen hat-

te. An Bord der Lancaster waren drei Kanadier, die unter großer Anteilnahme der Bevölkerung auf dem Friedhof von Chauffourt bestattet wurden. Genau diesen Abschnitt hatte ich vor einer Stunde zufällig gelesen und gebe das noch ganz frische Detailwissen zum Besten. Wie nicht anders zu erwarten war, ist Jean-Michel baff erstaunt. »Wenn man mir ein Buch schenkt, dann muss man auch damit rechnen, dass ich es lese!«, scherze ich.

Weiter geht es auf Feldwegen auf die Höhe östlich von Chauffourt. Von hier haben wir einen guten Blick auf das Dorf, das jetzt vor uns im Tal liegt, und auf die Ebene von Langres. »Hier war im Krieg ein Militärlager der Deutschen,«, erklärt er mir, »heute feiern wir an jedem ersten Wochenende im August ein großes Champion-Fest, zu dem viele Menschen aus der gesamten Umgebung kommen.« Und fast entschuldigend fügt er hinzu: »Aber gefeiert wird in Chauffourt fast immer.« Das Dorf wird mir immer sympathischer. Wir steigen aus und stehen mitten in einem Kalkmagerrasen. Zwischen den Fieder-Zwenken leuchten an mehreren Stellen Knabenkräuter. Am höchsten Punkt eines Schlehenbusches hat sich ein Neuntöter-Weibchen niedergelassen. Ich schaue mich um und entdecke auch das Männchen mit seinem roten Rücken. Auch diese Vogelart ist in den letzten Jahren bei uns selten geworden. Hier profitiert sie von den lückigen Magerrasen mit ihrem Insektenreichtum.

Es reicht für heute! Ich bin am Ende meiner Kraft und bitte Jean-Michel mich zurück ins Hotel zu bringen. Bei der Fahrt durch das Dorf halten wir noch einmal an. An einem Brunnen hat er gemeinsam mit seinem Bruder eine Pilgerrast eingerichtet. Ein buntes Mosaik zeigt einen Pilger. In einem kleinen Kasten liegt ein Büchlein, in das sich die Wallfahrer eintragen können. Kühles und sauberes Quellwasser zur Labsal und eine Sitzbank. Alles was ein Pilger braucht! Zurück im Hotel, verabschieden wir uns herzlich: »À bientôt, in drei Wochen werde ich wieder hier sein!«

Achtes Kapitel

in dem ich den Heiligen Norbert
und die Raupen des Jakobskrautbären entdecke
und mir in Langres ein Pilgeralmosen zuteil wird …

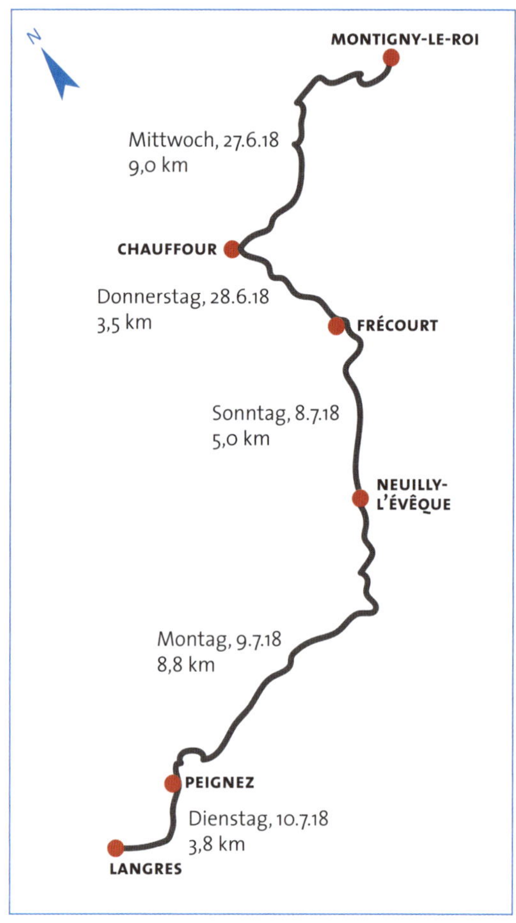

Meinem Freund Heinz geht es wie allen Rentnern: Er hat keine Zeit! Die Arbeit an seinem Stevenson-Buch nimmt ihn gefangen. Aber wenigstens die nächsten Tage wird er mich begleiten und ich freue mich schon auf die anregenden und humorvollen Gespräche. Vor unserem Start in Montigny rufe ich wie versprochen Jean-Michel an und spreche ihm eine Nachricht auf den Anrufbeantworter. Jetzt weiß er, dass ich im Lande bin und am Nachmittag in seinem Heimatdorf Chauffourt sein werde. Von Montigny, das auf einer Hügelkuppe thront, geht es hinab ins Tal. Jetzt haben wir das Einzugsgebiet der Meuse verlassen. Die Traire, die Chauffourt durchfließt, gehört bereits zum Flusssystem der Marne. Obwohl das Plateau von Langres nur eine geringe Höhe von 300 bis 400 Metern über dem Meeresspiegel aufweist, ist die Hochfläche Teil der europäischen Hauptwasserscheide. Hier entspringen die Meuse, die in die Nordsee entwässert, und die Marne, die über die Seine dem Ärmelkanal zufließt. Ihre Quellen liegen nur wenige Kilometer voneinander entfernt.
An diesem Nachmittag fällt mir das Gehen schwer, ohne dass ich hierfür einen besonderen Grund ausmachen kann. Ich bin ausgeruht, das Wetter stimmt, der Untergrund auch und trotzdem ist die Spastik hoch. Es gibt solche Tage. Aber ich lasse mir nichts anmerken und konzentriere mich aufs Gehen. Etwa einen Kilometer, bevor wir Chauffourt erreichen, hält Jean-Michel neben uns: »Soll ich Euch mitnehmen?« »Nein, den letzten Kilometer werde ich auch noch schaffen!«, lehne ich dankend ab und überwinde meinen inneren Schweinehund. »Wir treffen uns in einer halben Stunde am Brunnen«.
Auf den letzten Metern erreicht mich die Information, dass unsere Nationalmannschaft im letzten Spiel der Vorrunde der Fußball-Weltmeisterschaft gegen Südkorea verloren hat und die Heimreise antreten muss. Schade, ich hatte gehofft, hier in Frankreich ein Spiel unserer Jungs gegen die französische

Equipe in einer französischen Kneipe erleben zu dürfen. »Verschüttete Milch!«

Am Brunnen warten Jean-Michel, sein Bruder und dessen Freundin auf uns. Für den nächsten Morgen laden sie uns zu einem Frühstück ein. Dann bringt Jean-Michel uns zurück zu unserem Auto und wir fahren zu Marie-Claire, bei der ich Zimmer und Abendessen vorbestellt habe. Da das Auto von Jean-Michel keine Rückbank hat, krabbelt Heinz in das Innere des Kastenwagens und macht es sich zwischen Weidepfählen und Eimern auf dem Fußboden bequem.

Nach dem Abendessen, bei dem ein junges holländisches Paar mit einem Baby mit am Tisch sitzt, genießen wir die Abendsonne in Marie-Claires Garten. Heinz entdeckt zwischen den Stauden eine Schieferplatte mit dem Spruch Ciceros: »Si vous possedez une bibliothèque et un jardin, vous avez tout ce qu'il vous faut.« (Wenn ihr eine Bibliothek und einen Garten besitzt, habt ihr alles, was ihr braucht.) Heinz und ich schauen uns an

Cicero hatte Recht!

und sind uns einig, dass Cicero ein kluger Mann war.
Das Frühstück in Chauffourt ist schon unser zweites für heute, aber Kaffee und Croissant gehen immer. Nur mit Mühe gelingt es uns, den selbstgebrannten Mirabell abzulehnen. Jean-Michel hat einen weiteren Gast hinzugebeten: Eine Journalistin der Regionalzeitung möchte einen Artikel über einen leibhaftigen saarländischen Pilger schreiben. Gerne beantworte ich ihre Fragen und posiere vor der Pilgerstation zum Foto. Jean-Michel und Heinz bringen unser Auto nach Frécourt, dem Ziel des heutigen Tages.
Jean-Michel begleitet uns das erste Stück des Weges. Über dem kleinen Friedhof neben der Kirche weht eine kanadische Flagge im Wind. Seit meinem ersten Besuch vor drei Wochen weiß ich, was es damit auf sich hat. Jean-Michel erzählt uns Geschichte und Geschichten des Dorfes: »In meiner Jugend gab es viele Handwerker und Geschäfte sowie Gasthäuser im Dorf, sogar einen Messerschmied. Und natürlich viele Bauern.« Und fügt hinzu: »Damals war richtig viel Leben im Dorf.« Und heute? »Ohne Auto geht nix mehr. Zum Einkaufen oder zum Arbeiten muss man fahren.« »Und wie hat sich die Bevölkerungszahl entwickelt?«, frage ich nach. »Jetzt leben knapp 200 Menschen im Dorf. Im 19. Jahrhundert waren es fast 600.« Immer wieder bleiben wir stehen und Jean-Michel erzählt und erzählt. »Trotz allem lebe ich gerne hier, das ist schließlich meine Heimat!« »Gibt es im Winter Schnee?«, will ich wissen. »Selten,« antwortet er, »aber die Winter sind lang und nass und hier im Tal ist es dann wochenlang trüb und nebelig.«
Nach einer Weile kehrt Jean-Michel um. Heinz und ich gehen alleine weiter und erreichen Frécourt bereits gegen 13 Uhr. »Sollen wir über die Autobahn oder wollen wir über Land fahren?«, frage ich eher rhetorisch. Natürlich tuckern wir gemütlich entlang der Meuse zurück. Reisen statt rasen! Und prompt

werden wir durch eine unerwartete Entdeckung belohnt: Der nächste Ort hinter Saint Thiaubault ist Goncourt. Dieses kleine 300-Seelen-Dorf hat dem ältesten und wichtigsten französischen Literaturpreis den Namen gegeben. Benannt wurde er nach den Schriftsteller-Brüdern Edmond und Jules de Goncourt.

Die Brüder, die aus dem kleinen Dörfchen stammten, aber in Paris lebten, verkörpern den im 19. Jahrhundert gar nicht so seltenen Typ des Autoren-Tandems. Sie gelten als Begründer der literarischen Strömung des französischen Naturalismus. Edmond de Goncourt legte in seinem Testament 1896 die Gründung einer Académie Goncourt und die Stiftung des Prix Goncourt fest. Seit 1903 wird jeweils im November der Preis für das beste erzählerische Werk, das im laufenden Jahr in französischer Sprache erschienen ist, vergeben. Obwohl er nur mit zehn Euro dotiert ist und das Preisgeld damit nur knapp für eine Pizza reicht, ist der Prix Goncourt bei den Schriftstellern sehr begehrt, weil er die Verkaufszahlen in die Höhe schnellen lässt.

Das nächste Ziel ist Langres. Von diesem Städtchen habe ich schon einiges und nur Positives gehört. Auch Norbert hat mir von Langres erzählt. Umso schöner, dass er mich die nächsten Tage begleiten wird! Vor dem Bau der Autobahn fuhren die Saarländer auf dem Weg in den Süden Frankreichs wohl alle durch das mittelalterliche Städtchen. Heute lässt man es links liegen. Auch ich war noch nie da und bin deshalb einigermaßen neugierig. Doch bis dahin sind noch einige Kilometer zu bewältigen. Wir starten in Frécourt, von wo aus es zunächst stramm bergaufwärts geht. Wir erreichen den Weiler »Fermes de Lavigny«, der aus einem alten Gehöft und einem neuen Aussiedlerhof besteht.

In der Karte ist eine Kapelle eingezeichnet – und zu unserer Freude ist sie geöffnet. Als wir uns in dem winzigen Gotteshaus

Hofkapelle bei Frécourt mit naiver Schnitzkunst. Unter den Heiligenfiguren: Saint Renorbert.

umschauen, entdecke ich unter den in naiver Schnitzkunst gefertigten Holzfiguren ein Schild, das den Heiligen als Saint Norbert ausweist. Der Heilige Norbert! Noch nie zuvor habe ich eine Darstellung von ihm gesehen. »Norbert, guck mal, da ist dein Namenspatron!« Auch der zeitgenössische Norbert ist verwundert und ich wiederhole mein Kurzreferat über den Ordensgründer Norbert von Xanten und die Prämonstratenser. Zufall oder Fügung? Jedenfalls sind wir beide über die Entdeckung begeistert. Aus voller Kehle lasse ich meinen Pfingstpsalm erschallen. Norbert kennt ihn ja bereits und stellt lapidar fest, dass ich jedes Mal eine andere Melodie verwende…

Ich kläre ihn auf: »Psalmen sind Gebete, die keine feste Melodie haben! Das kommt meinen bescheidenen musikalischen Talenten sehr entgegen.«, erkläre ich Norbert. »Ich finde es jedenfalls faszinierend, dass einige der Psalmen sogar älter als das babylonische Exil (597 v. Chr.) und trotzdem brandaktuell sind.« Der Evergreen »By the Rivers of Babylon« von Boney M. besteht aus den ersten vier Versen des Psalms 137 und handelt vom babylonischen Exil der Juden. Musikalisch ist er genauso richtig oder falsch wie mein zugegebenermaßen leicht schräger Gesang.

Auf dem weiteren Weg über eine Hochfläche mit Weizen- und Sonnenblumenfeldern sehen wir nun am Horizont Langres. Eine »Akropolis«, eine Stadt auf einer Bergspitze. Noch klein und sehr weit weg, aber wunderschön im Gegenlicht der Abendsonne zeichnet sich das Weichbild ab. Ob wir in den nächsten Tagen dieses Ziel erreichen, frage ich mich. Jetzt aber geht es erst mal in dieses Dorf mit dem ungewöhnlichen Namen Neuilly-l'Evêque, von wo aus Norbert wieder ein Stück zurückläuft und dann mitgenommen wird. Jedenfalls liest er mich nach einer guten Stunde mit unserem Auto wieder auf. Wir übernachten in Bannes.

Die Hotelzimmer haben die Größe eines Wandschrankes und ein Restaurant gibt es auch nicht. Ein mobiles Pizza-Auto in der Ortsmitte stillt unseren Bären-Hunger! Norbert ist immer für eine Überraschung gut: Schon wieder hat er ein sauberes T-Shirt angezogen, das dritte in nur zwei Tagen. Offensichtlich hat er sich meine Schilderung unserer gemeinsamen Etappe vom Wintringer Hof nach Hanweiler im vorangegangenen Buch zu Herzen genommen. Damals trug er die ganze Zeit sein Schneeleoparden-T-Shirt auf seinem voluminösen Leib. Nun trägt er auf, was sein Kleiderschrank hergibt. »Norbert, wenn das so weitergeht, werde ich in meinem neuen Buch eine Doppelseite nur mit deinen T-Shirts gestalten!«, flachse ich und mache ein Dokumentationsfoto.

Am nächsten Morgen starten wir in Neuilly-l'Eveque. Wer dieser Bischof war, der im Ortsnamen seinen Niederschlag gefunden hat, bleibt uns unbekannt. Auch eine Internet-Recherche bringt keine brauchbaren Ergebnisse. Es geht weiter nach Peigney über das Plateau auf Langres zu. Wieder sind wir auf der alten Römerstraße unterwegs, die schnurstracks auf die »Akropolis« von Langres zuläuft. So haben wir vor uns die Stadtsil-

Eine kleine Auswahl aus Norbert's T-Shirt-Varianten. Ich vermisse das Schneeleoparden-T-Shirt von damals.

Calvaire auf der Hochebene von Langres.

houette ständig im Blick. Mit jeder Stunde kommen wir näher. Jetzt ist schon die Stadtmauer deutlich zu erkennen. Norbert und ich führen intensive und gute Gespräche über Gott und die Welt, natürlich wie immer unter besonderer Berücksichtigung des Neunkircher Zoos. Heute geht beides: Gehen und gleichzeitig reden. Ein echter Fortschritt!

Bei brütender Hitze laufen wir über die schattenlose Hochfläche. Es ist so heiß, dass der Asphalt unter unseren Füßen klebt. Trotz der Hitze habe ich die Spastik einigermaßen im Griff. Mein Hut schützt mich vor der stechenden Sonne und wir haben ausreichende Wasservorräte im Rucksack. Obwohl erst Mitte Juni, ist hier Hochsommer. Das satte Grün ist aus der Landschaft verschwunden; die Gelb- und Brauntöne bestimmen das Bild der ausgedörrten Landschaft. Die wenigen Schatten spendenden Bäume am Wegrand nutzen wir jedes Mal zu einer kurzen Pause und trinken reichlich Wasser. Wir kommen an einem weiteren Calvaire vorbei inmitten einer Baumgruppe. Ein idealer

Brütende Hitze auf dem Plâteau de Langres.

Platz für unser Mittagslager, zumal wir von hier aus einen besonders schönen Ausblick in die umgebende Landschaft haben. Als wir Peigney erreichen, liegen bereits 8,8 Kilometer hinter uns. An den Armen habe ich mir einen ordentlichen Sonnenbrand eingefangen. Norbert trampt alleine zurück, während ich im Schatten eines Baumes in der Ortsmitte auf ihn warte. Wir verbringen den Abend in Langres, wo wir auch übernachten und uns mit einem leckeren Abendessen mit Jakobsmuscheln für den nächsten Tag stärken.

Von Peigney geht es zunächst hinab ins Tal und wir überqueren den Marne-Kanal und die Marne, die hier parallel verlaufen. Letztere ist hier in ihrem Oberlauf eher ein Rinnsal als ein Bach. Wir erreichen die Gemarkungsgrenze von Langres und voller Stolz schicke ich ein Doppelselfie mit Ortsschild an Familie und Freunde. Nun gilt es, den lang gezogenen Aufstieg zu dem bezaubernden mittelalterlichen Bergstädtchen zu bewältigen. Jetzt, wo es selbst einem Blinden mit Krückstock schwerfallen dürfte, den Weg nach Langres zu verpassen, finden wir plötzlich wieder eine Markierung des Jakobsweges. Das ist die dritte in diesem Pilgerjahr überhaupt. Und während ich sie fotografiere, bemerke ich am Straßenrand einige Stauden des Jakobskreuzkrautes (Senecio jacobaea).

Ich mache Norbert darauf aufmerksam und als wir genau hinschauen, entdecken wir einige Raupen des Jakobskrautbären (Thyria jacobaea)! Diese tagaktive Nachtfalterart gehört zur Unterfamilie der Bärenspinner und erinnert mit ihrer schwarz-roten Warntracht an die Blutströpfchen oder Widderchen, die früher in unseren Wiesen häufig zu sehen waren, inzwischen jedoch selten geworden sind. Die rote Farbe dominiert und so heißt der hübsche Nachtfalter auch »Blutbär«. Mit seiner Farbe zeigt er an, dass er giftig ist und die im Jakobskreuzkraut enthaltenen Akaloide gespeichert hat. Die Raupen sind hingegen schwarz-gelb geringelt, als seien sie Fans von Borussia Dortmund.

Die Raupen des Jakobskrautbären tragen die Vereinsfarben von Borussia Dortmund. FOTO RAINER ULRICH

Jakobskrautbären gehören zu den tagaktiven Nachtfaltern.
FOTO RAINER ULRICH

Wie schön, am Jakobsweg am Fuß einer Jakobsmuschel-Markierung sind die Stauden des Jakobsgreiskrautes mit Raupen des Jakobskrautbären zu finden! Alles Jakob oder was?
»Mein« Jakob, zu dessen Grab ich nun im dritten Jahr unterwegs bin, ist bei weitem nicht der einzige, den die Bibel kennt. Da gibt es bereits im Alten Testament den dritten der drei Stammväter Israels, Sohn von Isaak und Rebekka. Jakob war der jüngere Zwillingsbruder von Esau und damit nicht der erstgeborene Sohn. Gewieft wie er war, erschlich er sich jedoch das Erstgeburtsrecht, musste jedoch vor seinem deswegen verfeindeten Bruder ins Zweistromland fliehen. Als Jakob nach vielen Jahren in die alte Heimat zurückkehrt, versöhnen sich die beiden Brüder wieder und Gott gibt ihm einen neuen Namen: Von nun an heißt Jakob Israel.
Im Neuen Testament begegnen wir Jakobus, dem Sohn des Alphäus und einem der Jünger Jesu. Um eine Verwechslung mit »meinem« Jakobus zu vermeiden, wird er auch Jakobus minor,

der kleine Jakobus, genannt. Weiter hieß der älteste der vier Brüder Jesu ebenfalls Jakobus. Als Petrus seine Missionstätigkeit aufnahm und aus Jerusalem fortging, übernahm dieser Jakobus die Leitung der noch jungen Jerusalemer Gemeinde. Als eine der wenigen Personen des Neuen Testamentes ist dessen Leben auch von nichtchristlichen Quellen belegt: Josephus Flavius, der im großen Aufstand die Seiten gewechselt hatte und zum römischen Geschichtsschreiber geworden war, schildert die Ermordung Jakobs im Jahr 62 durch den Hohepriester.

Mit dem Vater des Apostels Judas wird ein weiterer Jakobus in der Apostelgeschichte erwähnt.

Während wir bergan gehen, überlege ich, wie wohl die korrekte Mehrzahl von Jakobus lautet? »Jakobusse«? Wohl kaum! »Jakobi oder Jakobes?« Ich weiß es nicht; jedenfalls war der Name bei den Juden durchaus beliebt. Der »wahre Jakob« ist jedenfalls Jakobus der Ältere oder Jakobus maior, einer der Donnersöhne, Bruder des Johannes, von Beruf Fischer im See Genezareth. Bleibt noch zu erwähnen, dass mein Vater mit zweitem Vornamen Jakob hieß und der Mädchenname meiner Frau Birgit ebenfalls Jakob lautete….

Langres gehört nicht zu den Städten, die sich leicht erobern lassen und nur mit Mühe erklimmen wir den Berg. Ich gerate ins Schwitzen. Auch das ist eine neue Entwicklung. Bisher war es die Spastik, die meine Mobilität begrenzte; jetzt ist es die Kondition. Aber daran lässt sich bekanntlich arbeiten und nach kurzem Verschnaufen gehe ich auch das letzte Stück beherzt an. Wir erreichen die Stadtmauer, die komplett erhalten geblieben ist und die historische Stadt mit einem Wehrgang vollständig umschließt.

Schon die Kelten siedelten hier auf diesem Berg, der sich beachtliche 150 Höhenmeter aus der Umgebung abhebt. Der keltische Volksstamm der Lingonen hatte hier seinen Sitz. »Norbert, die solltest du nicht mit den Klingonen von Raumschiff Enterprise verwechseln!«, scherze ich. Die Lingonen haben sich im gallischen Krieg mit Cäsar verbündet und waren als »Foederati« vertraglich mit Rom verbunden. Tacitus berichtet, dass alle Lingonen 69 n. Chr. das römische Bürgerrecht erhielten. Zur römischen Kaiserzeit hieß Langres Andematunnum und zählte etwa 8.000 Einwohner, fast genau so viel wie heute.

Mit den Einfällen der Germanen und Alemannen in der zweiten Hälfte des 3. Jahrhunderts erhielt die Stadt wieder eine Stadtmauer, die den nördlichen Teil des Bergspornes umfasste und in Teilen erhalten blieb. Im Mittelalter platzte die Stadt dann aus allen Nähten und die Stadtmauer wurde erneuert und nach Süden hin ausgedehnt. Im 17. Jahrhundert schließlich erfolgte eine weitere Ausdehnung und Verstärkung nach Süden hin. Glücklicherweise blieb Langres von den Zerstörungen der Weltkriege des 20. Jahrhunderts verschont, so dass wir eine komplett erhaltene historische Stadt vorfinden.

Bevor wir in die eigentliche Stadt gelangen, gehen wir durch die »Faubourg de sous-murs«. Früher war hier das Gerberviertel. Da Tierhäute zu Leder zu gerben eine geruchsintensive, man könnte auch sagen bestialisch stinkende Angelegenheit war, wurden die Gerber außerhalb der Stadtmauer angesiedelt. Heute ist von dem Gerberviertel nichts mehr zu sehen oder zu riechen. Stattdessen stehen hier jetzt schmucke Einfamilienhäuser.

Durch die Porte Henri IV. betreten wir die eigentliche Stadt. Dieses malerische Stadttor, das in der Regierungszeit des ersten Bourbonenkönigs, einem Hugenotten, erbaut wurde, weist zwei Durchlässe auf: einen für Gespanne, durch den heute der Autoverkehr wie durch ein Nadelöhr rollt, und einen für Fußgänger. Der vorgelagerte Graben ist zugeschüttet; aber die Vorrichtungen für die Zugbrücke sind noch zu erkennen. Wir erklimmen den Wehrturm, mit dem das Tor zusätzlich gesichert wurde.

Durch die Porte Henri IV. betreten wir die historische Altstadt von Langres.

Von hier oben haben wir einen weiten Blick nach Osten und versuchen, unseren Anmarschweg aus der Vogelperspektive zu rekonstruieren. Kaum zu glauben, dass ich in den vergangenen drei Tagen diese große Distanz bewältigt habe!

Nach einer kurzen Ruhepause gehen wir weiter zur Kathedrale. Die Fassade stammt aus dem 18. Jahrhundert und passt so gar nicht zur restlichen Kirche, die nach dem Vorbild der Abteikirche von Cluny im Stil der burgundischen Romanik im Übergang zur Frühgotik gebaut wurde. Die im 12. Jahrhundert fertiggestellte Kirche hat beeindruckende Ausmaße: 100 Meter lang und im Querschiff vierzig Meter breit. Bei einer Gewölbehöhe von 40 Metern besitzt das Gotteshaus eine Akustik, die das Psalmodieren geradezu herausfordert. Aus Rücksicht auf die

Die Kathedrale von Langres war im Mittelalter eine wichtige Station auf dem Jakobsweg.

anderen Besucher singe ich meinen Psalm jedoch nur mit gedämpfter Lautstärke.

Im Eingangsbereich der Kirche hängt eine Karte, die den Verlauf des Jakobsweges und die Kathedrale von Langres als wichtige Stationen zeigt. Trotz sorgfältiger Suche finden wir jedoch keine Jakobusstatue in der Kirche. Auch die Postkartenverkäuferin kann uns nicht weiterhelfen.

Als wir uns vor dem Portal orientieren, um ein Restaurant für das Mittagessen zu finden, spricht uns eine elegant gekleidete Dame an: »Ich sehe, ihr seid Jakobspilger und ich habe mitgekriegt, dass ihr euch nach einer Jakobusfigur umgeschaut habt. Ich kann euch auch nicht weiterhelfen, aber wenigstens kann ich euch ein warmes Essen spendieren!« Mit diesen Worten hält sie Norbert einen Zwanzig-Euro-Schein hin, den dieser völlig perplex entgegennimmt. »Das ist sehr freundlich, gnädige Frau,« reagiere ich geistesgegenwärtig, »aber das können wir nicht annehmen! Spenden Sie das Geld bitte für den Unterhalt der Kathedrale!«. Norbert gibt ihr das Geld zurück und wir erklären ihr, dass wir keine Not leiden und uns auch ohne ihre Unterstützung ein warmes Essen leisten können. Doch die hilfsbereite Dame lässt nicht locker: »Dort hinten die Bäckerei, die hat Backwaren vom Vortag, die ihr zum halben Preis bekommen könnt.«, rät sie uns.

Wir nicken höflich und gehen schmunzelnd zum Platz Diderot, wo wir unmittelbar neben dem Denkmal einen freien Tisch finden. Hier herrscht reges Treiben. Der Platz ist eigentlich eine Verbreiterung der Rue Diderot, der Hauptverkehrsachse, die es als »cardo maximus« wohl schon in gallo-römischer Zeit gegeben hat. Das Mittelalter hat dann durch seine städtebaulich eher wilde Tätigkeit für enge Gassen und ein buntes Durcheinander gesorgt. Die Stadt gefällt mir! Es gibt ungeheuer viel zu entdecken, deutlich mehr als an einem Nachmittag möglich ist. Nach kurzer Beratung beschließen wir, uns auf das Diderot-Museum zu konzentrieren. Immerhin ist Denis Diderot der bedeutendste Sohn der Gemeinde. Hier an diesem Platz verbrachte er seine Kindheit.

Das Museum liegt jedoch am anderen Ende der Stadt. Wir folgen der Beschilderung und durch enge Straßen und Gassen erreichen wir nach einer guten halben Stunde das Musée des Lumières, das Museum der Aufklärung, das in einem herrschaftlichen Gebäude aus dem 17. Jahrhundert untergebracht ist. Es hat den Rang eines »Musée de France«, das heißt der französische Staat engagiert sich finanziell und dem Museum fehlt es an nichts. Denis Diderot wurde am 5. Oktober 1713 in Langres geboren und pünktlich zu seinem 300. Geburtstag wurde das einzigartige Museum eröffnet.

Schon an der Kasse erwartet mich eine Überraschung: Als ich die Tickets lösen will, nimmt die freundliche Kassiererin kein Geld entgegen. Ich sei ja offensichtlich behindert und für Menschen mit Behinderung sei der Eintritt frei. Als ich dann wenigstens eine Eintrittskarte für Norbert erstehen will, weigert sie sich ein zweites Mal, Geld anzunehmen. Auch für eine Begleitperson von Behinderten sei der Eintritt frei, erklärt mir die Dame.

Das Museum ist angenehm übersichtlich und nicht überladen mit Ausstellungsobjekten. Die Besucher werden auf didaktisch geschickte Weise an das große Thema der französischen Aufklärung herangeführt. Leben und Schaffen von Denis Diderot werden übersichtlich dargestellt. Im Mittelpunkt der Ausstellung steht die vielbändige »Enzyklopädie« als Werk der Aufklärung. In einer Vitrine liegt einer der großen Folianten aufgeschlagen und zeigt die Zeichnung eines Flohes. Das Mikroskop stand erst seit wenigen Jahrzehnten zur Verfügung und hatte den Menschen des 18. Jahrhunderts den bislang verschlossenen Blick in den Mikrokosmos geöffnet. Die »Enzyklopädie« fasziniert mich. Was für ein Schatz! Diderot und seine Freunde haben darin das Wissen ihrer Zeit akribisch zusammengetragen und kunstfertig dargestellt. Quasi der Vorläufer von Wikipedia! Wäre ich nicht ohnehin schon ein Bücher-Narr, spätestens jetzt wäre ich einer geworden.

Wieder einmal reichen Zeit und Kraft nicht aus, um mich mit all dem Sehenswerten in diesem Museum zu beschäftigen und so fassen wir – angeregt und begeistert – den Entschluss, irgendwann bald wieder zu kommen, jetzt aber die Heimreise anzutreten. Ein Taxi bringt uns zu unserem Auto nach Peigney zurück. Der Taxameter zeigt elf Euro an und Norbert will den Fahrpreis entrichten, gibt dem Fahrer einen Zehn-Euro-Schein und kramt in seinem Geldbeutel nach Münzgeld. Der Fahrer nimmt den Schein: »Zehn Euro sind genug.«, sagt er zu unserer Überraschung. »Ihr seid Pilger, die ich sehr gerne mitnehme.« Wir reiben uns die Augen und erleben beide zum ersten Mal in unserem Leben, dass ein Taxifahrer kein Trinkgeld erwartet, sondern sogar den Fahrpreis mindert.

NEUNTES KAPITEL

in dem sich Christiane trotz Schutzanzugs
mit dem Pilgervirus infiziert, ich gemeinsam mit Anne in
Burgund ankomme, wir beim Frühstück auf Philipp den Guten
treffen und ich am Ende der Pilgersaison
beinahe auf einem Acker im Schlamm steckenbleibe …

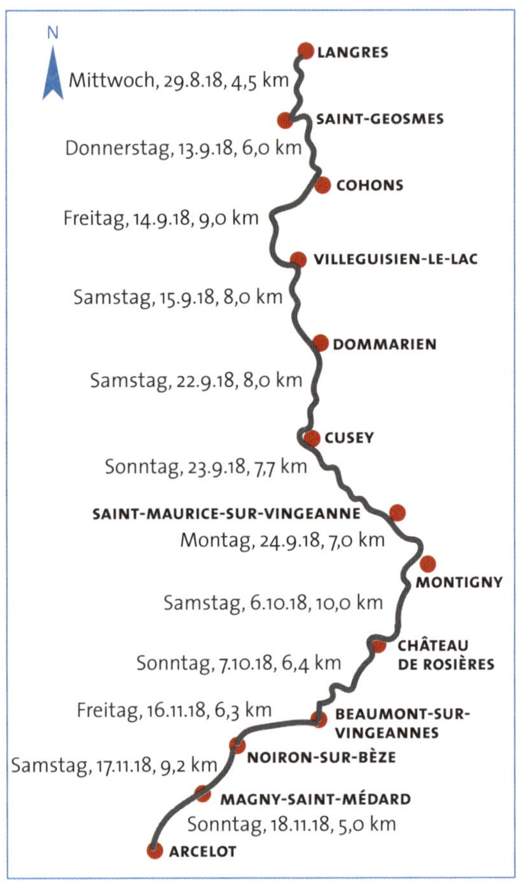

In den vergangenen Wochen war es heiß, an manchen Tagen fast unerträglich. Der geschmolzene Asphalt auf dem Weg nach Langres ist mir in Erinnerung geblieben und so habe ich eine hochsommerliche Pilgerpause eingelegt. Angeregt durch meine Begegnung mit Diderot, habe ich die Zeit genutzt und mich mit dem großen Sohn Langres' beschäftigt, von dem ich bis zum Besuch seiner Geburtsstadt kaum mehr als den Namen kannte. Auch habe ich eines seiner Bücher gelesen: In »Die Nonne« beschreibt er das Leben und Leiden einer jungen Ordensfrau, vermutlich seiner Schwester.

Doch jetzt ist es Zeit, weiter zu pilgern. Und nachdem ich die letzten Etappen in Begleitung unterwegs war, will ich nun wieder einmal alleine wandern. Beides hat seine eigenen und besonderen Reize. Mit Freunden gemeinsam zu pilgern heißt Zeit zu haben für Gespräche und Begegnung. Bedeutet Beobachtungen und Erlebnisse zu teilen. Wann und wo findet man mehr Zeit und bessere Gelegenheit, um Freundschaft zu pflegen, als auf dem Jakobsweg?

Aber auch alleine zu pilgern besitzt einen großen Reiz. Alleine zu sein, stört mich kein bisschen. Langeweile ist mir unbekannt und Zeitvertreib brauche ich nicht. Zeitvertreib, was für ein Wort!? Ich will die Zeit nicht »vertreiben«, sondern ich will sie nutzen und genießen. Ich bin von Herzen froh und dankbar, leben zu dürfen. Nie käme ich auf die Idee, die Zeit, die mir geschenkt wurde, »vertreiben« oder gar »totschlagen« zu wollen. Und ich komme gut mit mir alleine zurecht. Pilgern heißt nicht nur, anderen Menschen und der Fremde zu begegnen, sondern auch sich selbst. Kein Mauseloch, in dem man sich verstecken könnte! Manche Menschen haben Schwierigkeiten, mit sich alleine zu sein. Glücklicherweise gehöre ich nicht dazu. Alleine unterwegs zu sein heißt die Chancen zu erhöhen, in »Blickkontakt mit dem Unsichtbaren« zu kommen. Eine Begegnung, die sich nicht planen lässt und mit der ich das Gefühl der maximalen Geborgenheit und die Nähe zu Gott umschreibe. »Von guten Mächten wunderbar geborgen«, hat Dietrich Bonhoeffer dieses Gefühl beschrieben, als er in seiner Todeszelle alleine war.

Dieses Mal hat das Alleinepilgern einen weiteren Grund: Noch immer ist es eine große Herausforderung für mich, die Fahrt von inzwischen 300 Kilometern zu bewältigen, die kleinen und großen organisatorischen Herausforderungen zu bestehen und ohne fremde Hilfe zurecht zu kommen. Ich habe gelernt, Hilfe anzunehmen. Bis zu meiner Hirnblutung war ich derjenige, der stark war und keine Schwächen zeigte. Ich brauchte keine Hilfe, sondern half anderen. Ich war das Alphatier, das sagte, wo es lang ging. Und plötzlich war alles komplett anders. Von einem auf den anderen Tag. Und jetzt, wo ich so vieles wieder kann, vielmehr als ich je zu hoffen wagte, will ich mich vergewissern, dass es tatsächlich so ist. Theoretisch weiß ich, dass ich alleine pilgern kann, praktisch will ich diese Erfahrung aber ein weiteres Mal machen. Um diese Selbstvergewisserung geht es vor allem bei dieser Etappe.
Zentral an der Hauptachse von Langres habe ich wieder ein Zimmer im Hotel l'Europe gebucht. Das Parken im Innenhof des Hotels bereitet mir Kopfzerbrechen: Die Einfahrt in den Innenhof ist äußerst eng und an den Wänden sind überall Lackspuren zu sehen. Langsam und vorsichtig komme ich ohne Schramme in den Innenhof. Die erste Hürde ist erfolgreich genommen! Ich halte einen kurzen Mittagsschlaf; dann will ich noch eine Etappe bis Saint Geosmes pilgern. Vor dem Hotel spricht mich eine Frau an: »Ei, do es jo unsa alda Umweltmischda!«, sagt sie in unverkennbarem saarländisch. »Ich hann Sie die Wuch im Fernsehn gesiehn. Ernschd, guck emol schnell, do is de Herr Mörsdorf!« Verdutzt schaue ich aus der Wäsche.

Schon zu Zeiten der Römer war die »Rue Diderot« die Hauptstraße von Langres.

Schnell stellt sich heraus, dass zwei Ehepaare aus dem Saarland gemeinsam zu einem Urlaub in Frankreich unterwegs sind und mich erkannt haben. Vor einigen Tagen war ich als Studiogast in der beliebten Rentnersendung »Tee oder Kaffe« zu Gast und stellte dort mein Buch vor. Seither werde ich ständig auf die Sendung angesprochen und jetzt also auch in Langres. Unglaublich, wer alles schon am Nachmittag fernsieht. Wohl weil er sich im französischsprachigen Ausland befindet, bemüht sich »Ernschd« hochdeutsch mit mir zu sprechen und erklärt betont und langsam: »Mir sind von Dengbert.«

Als ich weitergehe, schmunzele ich. Hat nur noch gefehlt, dass er mir die Grüße von Heinz Becker überbringt! Die Sendung im SWR-Studio in Baden-Baden geht mir durch den Kopf: Als der smarte und eloquente Moderator mich in der Live-Sendung fragt, wie man sich denn fühle, wenn man plötzlich halbseitig gelähmt sei, antworte ich kurz und knapp: »Scheiße!« Kameramann und Tontechniker hinter mir können ihr Kichern nicht mehr unterdrücken und dem Moderator fällt das Lächeln für einen Moment aus dem Gesicht. Ich aber grinse innerlich. Schon immer mal wollte ich im öffentlich-rechtlichen Fernsehen in einem Live-Gespräch laut und vernehmlich »Scheiße« sagen! Jetzt war die Gelegenheit dazu. Wozu so eine Hirnblutung nicht alles gut ist …

Ich verlasse Langres durch das Burgunder-Tor im Süden der Stadt. Hier ist die Stadtmauer durch vorgelagerte Bastionen zusätzlich geschützt, da die Geländeform keinen zusätzlichen Schutz bietet. Eine von alten Schatten spendenden Bäumen gesäumte Promenade führt aus der Stadt hinaus talwärts. Bereits Mitte des 17. Jahrhunderts ließ der Stadtrat hier eine Linden-Allee als Spazierweg anlegen, die zur »Fontaine blanche«, dem weißen Brunnen, führte. Die jungen Bäume wurden jedoch von hungrigen Schafen und Ziegen niedergefressen und mussten ersetzt werden. Schon bald war die Allee der beliebteste Spazierweg der Stadtbevölkerung, die den erfrischenden Schatten und den Blick ins Tal zu schätzen wusste. Der Weg führte am Feenbrunnen vorbei zu dem »Weißen Brunnen« mit seiner Grotte und den Wasserbecken, die zeitgleich mit der Allee entstanden sind.

Auch heute, mehr als 300 Jahre später, sind zahlreiche Menschen auf der Promenade unterwegs: Mütter mit Kinderwagen, Jogger, Alt und Jung flanieren zwischen den Alleebäumen oder ruhen sich auf den zahlreichen Sitzbänken aus. Nur der »Weiße Brunnen« kümmert vor sich hin und scheint den Verantwortlichen der Stadt in Vergessenheit geraten zu sein. Da er von Gebüschen und Wildkräutern überwuchert ist, muss man ihn erst suchen. Er präsentiert sich wie im Dornröschenschlaf. Die Bausubstanz scheint auf den ersten Blick noch vollständig

und intakt zu sein und mit geringem Aufwand ließe sich der verloren gegangene Zauber dieses Ortes zurückgewinnen. Ein Projekt, mit dem man arbeitslosen Jugendlichen Lohn und Brot geben und sie gleichzeitig an die reiche Geschichte von Langres heranführen könnte!?
Ich schlage mich eine steile Böschung hinunter durch das Gebüsch und erreiche den Radweg. Mittlerweile ist der Himmel mit Wolken verhangen. Die zweieinhalb Kilometer bis Saint Geosmes gehe ich durch leichten Nieselregen. Der Mensch besteht zu mehr als 98 Prozent aus Wasser; da machen die wenigen Tropfen auf der Haut auch nix aus, denke ich mir. Aber wirklich Spaß macht es mir nicht, an diesem Nachmittag durch den Regen zu stapfen. Als ich die Kirche in der Ortsmitte von Saint Geosmes erreiche, regnet es immer noch und es beginnt schon zu dämmern. Ich beschließe, mir ein Taxi zu rufen. Vergeblich versuche ich, im Internet einen Fahrdienst ausfindig zu machen.

Dann rufe ich an der Hotelrezeption an und bitte darum, mir ein Taxi zu schicken. »Wohin soll das Taxi kommen?«, will die Empfangsdame verständlicherweise wissen. »An die Kirche nach Saint Geosmes!«, antworte ich und spreche Geosmes aus wie man als Geograf Geografie ausspricht. Auch nach wiederholtem Versuch versteht sie mich nicht und erst als ich den Namen buchstabiere, weiß sie, wohin sie das Taxi schicken soll. Und ich habe gelernt, dass Geosmes nichts mit Geografie zu tun hat, sondern »Scheom« ausgesprochen wird. Zwanzig Minuten später bin ich in meinem Hotel, dessen Küche gerade geschlossen hat. Ich kann allerdings noch ein Stück Pâté ergattern und, besonders lecker, eine Creme brulée, zu der ich mir einen Calvados gönne.
Am nächsten Morgen fahre ich bereits wieder nach Hause. Die Ökobilanz ist miserabel: Um viereinhalb Kilometer zu pilgern,

bin ich 600 Kilometer gefahren. Das werde ich künftig ändern müssen! Dieses Mal ist entschuldbar. Schließlich ging es ja vor allem um die Selbstvergewisserung, dass ich wieder in der Lage bin, solche Reisen zu unternehmen.

»Pilgern ist hoch infektiös. Wenn Du erst einmal eine Etappe hinter Dir hast, dann kann es leicht sein, dass dich der Pilger-Virus befallen hat und du immer weiter wallfahren willst.« So oder so ähnlich hatte ich auch Christiane vorgewarnt. Trotzdem hatte sie sich entschlossen, mich ein paar Tage zu begleiten.

»Können wir zuerst unsere Unterkunft beziehen, bevor wir losgehen? Ich würde mich noch gerne umziehen.«, will sie wissen, kurz bevor wir Langres erreichen. »Selbstverständlich!«, antworte ich, wundere mich aber ein wenig. Früher, als wir uns kennenlernten, hätte Christiane sich problemlos neben dem Auto umgezogen und jetzt will sie einen Umweg fahren, nur um sich umzuziehen. Versteh mal einer die Weiber!?

Schnell bringen wir unser Gepäck in das Häuschen in der Dorfmitte von Saint-Broingt-le-Bois und stellen die Lebensmittel in den Kühlschrank. »Zwei Minuten, ich komme sofort!«, ruft mir Christiane zu und verschwindet im Badezimmer. Als sie wieder herauskommt, staune ich nicht schlecht: Sie trägt jetzt einen weißen Schutzanzug und eine Gesichtsmaske. »Ich habe mir überlegt, so ein Ganzkörperkondom schützt vor dem Pilger-Virus!«, erklärt sie mir schelmisch. Das ist Christiane, wie ich sie seit Jahrzehnten kenne und mag: fantasie- und humorvoll. Wie schön, dass wir die nächsten Tage gemeinsam verbringen werden!

Nachdem sie ihr Outfit, das auch einer mittleren Ebola-Epidemie standgehalten hätte, abgestreift hat, fahren wir nach Saint Geosmes zum Startpunkt unserer Pilgerwanderung. Das erste Wegstück führt entlang der Straße an ausgedehnten Gewerbegebieten vorbei, die wenigstens einige Arbeitsplätze in dieser dünn besiedelten und strukturschwachen Region bieten. Nach zwei Kilometern verlassen wir die Teerstraße und biegen auf einen Feldweg ein. Sofort wird es ländlich. »Wir sind hier nicht mehr in Lothringen, aber auch noch nicht in Burgund.«, erkläre ich Christiane. »Diese Gegend gehört zur Champagne.« Christiane ist auch Geografin und so erläutere ich, dass die Grenzziehung nicht naturräumlich begründet ist, sondern historische Wurzeln hat.

Nach zwei weiteren Kilometern erreichen wir das erste »Calvaire«, bei dem wir auf einem liegenden morschen Baumstamm eine Sitzgelegenheit finden und rasten. Das Wort »Calvaire« ist für Christiane neu und flugs tauft sie die Kalksteinkreuze in »Calamares« um. Eselsbrücken verselbstständigen sich manchmal und

Ein Schutzanzug gegen das Pilgervirus.

so reden wir in den nächsten Tagen immer wieder von Calamares, wenn wir einem der zahlreichen Wegekreuze begegnen.
Wir sind gut vorangekommen! Zwischenzeitlich hat es einen kurzen Regenschauer gegeben. Das letzte Stück führt von der Kalkhochfläche durch einen Hohlweg, der sich tief in den Buntsandstein eingeschnitten hat, nach Cohons. Der Weg ist abschüssig und die Steine sind feucht und glitschig. Das erfordert nun höchste Konzentration: Vorsichtig und bedächtig setze ich jeden einzelnen Schritt und nach einer weiteren halben Stunde haben wir den Ortsrand von Cohons erreicht. Nun ist meine Spastik kräftig angestiegen und ich bin froh, als wir bei einem Haus einen Gartenstuhl finden und ich mich für eine Weile hinsetzen kann. Christiane verwöhnt mich mit einem Käsebrot und einem Apfel aus ihrem Rucksack. Nach dieser Stärkung setzen wir unseren Weg fort. Lange und hohe Kalksteinmauern prägen das Dörfchen. In den Mauerritzen hat sich die typische Mauerfugen-Vegetation breitgemacht.

An einer Hauswand lesen wir den Hinweis, dass Cohons zwei Gärten besitzt: den Jardin de Silière und Les Jardins Suspendus, die hängenden Gärten von Cohons. Für heute sind meine Kräfte jedoch erschöpft. Ein Taxi bringt uns nach Saint Geosmes zurück. Unsere Ferienwohnung ist alt und eingestaubt; die Töpfe in der Küche sind verkrustet und schmutzig. Wir haben den Eindruck, als ob die Vermieter nach dem Tod der Oma nur deren Pantoffeln und Zahnbürste entsorgt hätten und dann den Haushalt unverändert als Ferienwohnung vermieten würden. Na ja, für die wenigen Tage wird es schon gehen!? Und nachdem Christiane eine Stunde lang in der Küche gewirbelt und geschrubbt hat, gibt es auch wieder zwei saubere Töpfe, in denen wir leckere Spaghetti zubereiten. Als die Haustür für einen Augenblick offensteht, stattet uns eine Katze ihren Besuch

Durch einen steilen und glitschigen Hohlweg geht es von der Kalkhochfläche in den Buntsandstein.

ab. Offenbar gehört sie zum Anwesen und ist irgendwie übrig geblieben.

Was haben die Menschen früher nur ohne Smartphone gemacht? Mein Ladekabel habe ich zu Hause liegen lassen und so fahren wir am nächsten Morgen erst mal in das Gewerbegebiet von Saint Geosmes. Während ich ein Ladekabel kaufe, besorgt Christiane noch ein paar Lebensmittel und einen Sixpack Bier für den Abend.

Wir parken unser Auto vor dem Eingangstor des Jardin de Silière. So früh am Tag sind wir die ersten und einzigen Gäste. Ein hagerer Mann mit einer Zigarette im Mund empfängt uns freundlich. Wie sich herausstellt, ist er der Gärtner des Landschaftsparkes. Ob wir alleine sein wollen oder ob er uns führen soll, will er wissen, und natürlich entscheiden wir uns für die exklusive Führung. Der Garten sei mit dem Bau des Schlösschens Mitte des 17. Jahrhunderts entstanden und damit etwa genauso alt wie die Gärten von Versailles und in der Denkmalliste eingetragen, erläutert uns der Gärtner stolz. Anwesen und Garten seien in privatem Besitz. Das Schloss sei jedoch nur während weniger Wochen im Jahr bewohnt. Die meiste Zeit verbringe die Familie des Eigentümers in Paris.
Er sei Gärtner, Verwalter, Hausmeister, Fremdenführer und Wachdienst, alles in einem. Insgesamt sei der Garten drei Hektar groß. Allein sei die Arbeit kaum zu schaffen, beklagt sich der Gärtner. »In diesem Jahr habe ich den Kampf gegen den Buchsbaum-Zünsler verloren.« In der Tat: die fein säuberlich geschnittenen Buchsbaum-Hecken, die die geometrischen Flächen einfassen, sind abgestorben und vertrocknet. Eine schnurgerade Wegeachse verbindet das kreisrunde Wasserbecken mit Neptun in der Mitte mit dem höchsten Punkt des Parkes. Hier thront eine Büste des Sonnenkönigs Ludwig XIV. über allem und lädt den Landschaftspark symbolisch auf. Zurück zum Schloss führt ein romantischer Pfad, gesäumt von 170 Jahre alten Baumriesen. Auch wenn die Besichtigung des Landschaftsparkes Kraft gekostet hat, gelohnt hat sie sich allemal! Wir verabschieden uns von dem Gärtner-Faktotum mit einem ordentlichen Trinkgeld.

Nach einem kurzen Stück Landstraße geht es über einen Feldweg vorbei an Viehweiden nach Heuilley-Cotton. Jetzt haben wir den »Canal entre Champagne et Bourgogne« erreicht. Auf

Gärtner und Gartenanlage von Cohon.

dem Treidelpfad gelangen wir nach Villegusien-le-Lac, wo uns in der Ortsmitte eine Kneipe mit einigen Tischen im Freien erwartet. Wir belohnen uns mit einem kühlen Bier. Insgesamt haben wir heute neun Kilometer und 24.300 Schritte geschafft. Als wir uns beim Wirt erkundigen, ob es Busverbindungen zurück nach Cohons gebe, hört ein junger Jäger, der mit seinen Freunden an der Theke steht, unsere Frage. Spontan erklärt er sich bereit, uns zu unserem Auto zu bringen.

Christiane zeigt sich von der Hilfsbereitschaft überwältigt. Mehrfach bedankt sie sich von der Rückbank aus bei dem Fahrer mit den Worten: »Vous êtes très joli, vous êtes très joli!«

»Weißt du, dass du dem jungen Mann ständig gesagt hast, er sei sehr hübsch?«, frage ich Christiane. »Oh nein, ich habe nicht joli gemeint, sondern gentil.«, korrigiert sich Christiane. Aber da ist der »hübsche« Kerl schon über alle Berge.

Abends dann ein mittelgroßes Desaster! Den ganzen Tag schon haben wir uns auf ein kühles Bier gefreut und dann das: Christiane hat alkoholfreies Bier gekauft. Ich fasse es nicht! Nicht,

Die Baumriesen im Schlosspark sind 170 Jahre alt.

dass es schon frevelhaft genug wäre, in der Champagne an der Grenze zu Burgund Bier zu trinken. Jetzt ist es auch noch alkoholfrei! Ob dieser Minderleistung muss Christiane nun die nächsten Tage meine Frotzeleien ertragen. »Du wirst diesen Vorfall, doch hoffentlich nicht in deinem neuen Buch schildern!?«, bittet mich Christiane. Doch, genau das tue ich!

Zum Auftakt des nächsten Pilgertages gönnen wir uns vor unserer Kneipe in Villegusien bei strahlend blauem Himmel einen Espresso. Heute sind wir den ganzen Tag auf dem Treidelpfad entlang des Kanales unterwegs, den wir über eine Brücke überqueren. Nun gilt es, über eine mit Gras bewachsene steile Böschung auf das Niveau des Kanals hinunter zu klettern. Vor einem Jahr wäre das noch nicht denkbar gewesen. Passieren kann nichts, außer dass ich schlimmstenfalls auf dem Hosenboden hinunter rutsche. Vorsichtig und langsam klettere ich seitwärts Schrittchen für Schrittchen die Böschung hinab. Es kann weitergehen! Besser könnte das Pilgerwetter nicht sein. Die Bäume, die den Kanal säumen, beginnen bereits, sich einzufärben.

Immer wieder begegnen uns Radfahrer oder Spaziergänger, die uns freundlich grüßen.

Der Kanal wurde im Jahr 1907 fertiggestellt. Heute hat er seine Funktion als Transportweg weitgehend verloren und wird wie die meisten der französischen Kanäle nur noch als Freizeitgewässer genutzt. Doch dann geschieht das Unerwartete: Ein Frachtkahn taucht in einer Biegung auf und schwimmt gemächlich auf uns zu. Er liegt tief im Wasser, transportiert also offenbar eine tonnenschwere Fracht. Als er näher kommt, traue ich meinen Augen kaum: Auf dem Rumpf des Schiffes prangt zu beiden Seiten in großen Lettern der Name »Christiane«. »Na? Wie habe ich das gemacht?«, will ich lobheischend von meiner verdutzten Begleiterin wissen und rühme mich – ebenso unberechtigt wie selbstbewusst – einer wahrhaft meisterlichen Orga-

Auf dem Treidelpfad entlang des Canal entre Champagne et Bourgogne.

nisationsleistung. Es sollte die einzige Peniche bleiben, die uns auf diesem Kanal begegnete.
Wir kommen gut voran. Auch wenn es keine Schleusenwärter mehr gibt und die Schleusen elektronisch ferngesteuert werden, deren malerischen Häuser sind erhalten geblieben. Für uns sind sie an diesem Tag beliebte Zwischenziele, an denen wir kleine Pausen einlegen. Am Nachmittag erreichen wir unser Tagesziel Dommarien, das etwas erhöht am Hang in der Nachmittagssonne liegt. Über eine kleine Brücke überqueren wir die »Vingeanne«. Jetzt sind wir bereits im Einzugsgebiet der Saône. »Wenn wir dem Bächlein weiter folgen, kommen wir irgendwann im Mittelmeer an,« vermerke ich nicht ohne Stolz, es bis hierher geschafft zu haben, »aber leider müssen wir morgen ja wieder nach Hause.« Nun wollen wir wieder zu unserem Auto zurück. Im Dorf gehe ich auf eine ältere Dame zu, die mit einer Gießkanne und einer Hacke in der Hand augenscheinlich gerade auf dem Weg zum Friedhof ist. »Nein, Busse gibt es hier nicht. Und

Die Peniche Christiane – eine alte Fregatte?

ich habe kein Auto, sonst würde ich Euch fahren.« In diesem Moment verlässt ein Auto das Dorf. Resolut stellt sich die Oma mitten auf die Straße und beginnt mit dem Mann, den sie offensichtlich kennt, zu verhandeln, er solle uns nach Villegusien bringen. Wild gestikulierend redet sie durch das geöffnete Seitenfenster auf ihn ein. Nur teilweise kann ich der heftigen Diskussion folgen, kriege aber mit, dass der Mann nach Cusey, also in die entgegengesetzte Richtung will. Die Straße ist blockiert. Als auch noch ein zweites Auto anhält, lässt die resolute Oma von ihrem ersten Opfer ab und wendet sich der jungen Frau in ihrem Kleinwagen zu. Auch sie will nach Cusey, doch erklärt sie sich nach kurzer Intervention unseres Schutzengels bereit, uns nach Villegusien zu bringen.

Unseren letzten Abend verbringen wir in Langres. Christiane ist zum ersten Mal in dieser wundervollen Stadt. Nach einem – diesmal nicht alkoholfreien – Bier in der Abendsonne auf dem Platz Diderot essen wir im Cheval blanc zu Abend. Am kommenden Morgen brechen wir schon früh auf. Der Herbstnebel in der Talniederung der Vingeanne liegt in der Morgensonne. Ein Abschied, wie er stimmungsvoller kaum sein könnte!

Schon eine Woche später bin ich wieder unterwegs. Dieses Mal mit Anne. Meine weltbeste Ergotherapeutin hat sich drei Tage Zeit genommen, um mich zu begleiten. Jeden Dienstagnachmittag liege ich auf ihrer Therapiebank, seit mehr als fünf Jahren. In dieser Zeit hat sich aus der Patienten-Therapeuten-Beziehung ein freundschaftliches Verhältnis entwickelt. Ihre in vier Jahrzehnten Berufserfahrung gewonnene Professionalität, in Verbindung mit ihrem Interesse an und ihrer Liebe zu den Menschen im Allgemeinen und zu ihren Patienten im Besonderen, haben mir sehr geholfen. Und tun es immer noch, aber wohl nur noch für eine begrenzte Zeit. Ihre Pläne, in den wohlverdienten Ruhestand einzutreten, werden zunehmend konkreter. Einstweilen ist sie jedoch noch viel beschäftigt und so empfinde ich es als ein besonderes Geschenk, dass sie sich drei Tage freigeschaufelt hat.

»Anne, diese ganze lange Strecke habe ich zu Fuß zurückgelegt und noch ein paar Kilometer mehr. Hättest du je gedacht, dass ich es mal soweit schaffe?«, frage ich meine Begleiterin, als wir über die Autobahn durch die Weite Lothringens anreisen. »Ich kann mich noch sehr genau daran erinnern, als du zum ersten Mal bei uns in der Praxis warst. Damals war deine gesamte linke Seite steinhart wie ein einziger Felsblock,« erwidert Anne »und ich erinnere mich an deine erste Etappe vor zwei Jahren auf dem Jakobsweg. Zwischen damals und heute liegen Welten.« Ohne deine Hilfe wäre ich nie so weit gekommen. Ich habe Dir viel, sehr viel zu verdanken!« »Der Spastik in deinem Arm und deiner Schulter habe ich den Kampf angesagt. Eine Weile werde ich dich ja auch noch weiter quälen. Und du weißt, lieber Stefan, ich habe dir nie einen Rosengarten versprochen.«

Morgenstimmung im Tal der Vingeanne.
FOTO CHRISTIANE NAGEL

Nach der obligatorischen Pause in Pont-à-Mousson erreichen wir zügig unseren Zielort Saint-Maurice-sur-Vingeanne. In einer mittelalterlichen Burg, die zwei Kilometer außerhalb des Ortes liegt, habe ich im Internet eine Ferienwohnung für die nächsten Tage gebucht. Wir überqueren den Kanal. Durch eine malerische Allee mit uralten Kastanienbäumen fahren wir an einem modernen Hofgebäude vorbei auf ein mittelalterliches Tor mit Turm zu. »Hier scheinen wir richtig zu sein. Genauso ist unser Schloss auch im Internet abgebildet.« Langsam rollen wir durch den Torbogen, stellen unser Auto ab und schauen uns nach dem Eingang um. Die uralte Eichentür zum Turm ist nicht verschlossen. Aber es ist keine Menschenseele zu sehen. Durch Klopfen und Rufen versuchen wir, uns bemerkbar zu machen, doch offenbar ist niemand da. Wir gehen zum Schlösschen, das im benachbarten Park liegt. Aber auch hier öffnet niemand die Tür. »Vermutlich sind wir zu

früh.«, rätsele ich »und der Schlossherr macht noch ein paar Besorgungen?« Neben dem Mühlenteich steht ein Tischchen mit Stühlen. Wir setzen uns und packen unseren Reiseproviant und die Landkarte aus. »Vielleicht schaffen wir es, heute noch von Dommarien nach Cusey zu laufen? Dann dürfen wir aber nicht mehr allzu viel Zeit verlieren. Lass uns mal schauen, ob wir da vorne in dem Bauernhof jemanden antreffen!«, schlage ich vor.
Wir gehen durch die Allee zu dem Hof zurück und tatsächlich hören wir Stimmen aus der Scheune. Drei Halbwüchsige nehmen sich unseres Problems an und verschwinden im Haus. Wenige Minuten später kehren sie mit der Telefonnummer des Schlossherren zurück. Ich rufe an: »Ich komme gleich. Aber wieso seid ihr heute schon da? Ich habe erst morgen mit Euch gerechnet.« Kurze Zeit später stellt sich der Schlossherr als Xavier vor und es zeigt sich, dass ich mich bei der Buchung um einen Tag vertan habe. Ein lösbares Problem, denn die Ferienwohnung ist glücklicherweise nicht anderweitig vermietet. Schnell räumen wir unser Gepäck ein und fahren nach Dommarien, wo Anne vor dem Rathaus einparkt. Wieder geht es auf dem Treidelpfad entlang des Kanals. Es ist sonnig, aber herbstlich frisch. Wiederum ideale Bedingungen zum Pilgern!
Im Frühjahr habe ich Anne zum Geburtstag den Kosmos-Pflanzenführer »Was blüht denn da?« geschenkt. Immer wieder bleiben wir stehen und ich erläutere ihr die Merkmale der wichtigsten Pflanzenfamilien. »Wie weit willst du heute noch gehen?«, will Anne wissen, als wir uns an einer Schleuse auf die Treppenstufen setzen und eine Banane und Schokoladenkekse essen. »Bis Cusey sind es noch etwa vier Kilometer. Das könnten wir vielleicht noch schaffen!?«, antworte ich. Die Dörfchen Choilley und Dardenay lassen wir auf der anderen Seite des Kanals liegen. Als wir eine weitere Pause an der »Ecluse du jardin« einlegen, ist meine Spastik stark angestiegen.

Übernachtung in der Commanderie de la Romagne, einer Tempelritterburg.

»Es wird jetzt ja schon früher dunkel. Vielleicht ist es besser, wenn wir nach Dardenay zurückgehen und von dort trampen.«, schlage ich vor. »Du bist der Chef, wenigstens heute!«, nimmt Anne meinen Vorschlag auf. Natürlich hat sie längst bemerkt, dass meine Spastik angestiegen ist. Während wir zurückgehen, werde ich immer langsamer. »Ich kann ja schon mal vorgehen und das Auto holen.« Bereitwillig lasse ich mich auf Annes Vorschlag ein. »Wir treffen uns dann an der Kirche in Dardenay.« Inzwischen fällt mir jeder Schritt schwer; das Gehen wird zur Qual. Als ich das Ortsschild von Dardenay erreiche, ist es bereits dunkel. Auf einer kleinen Mauer – die erste Sitzgelegenheit seit langem! – raste ich ein weiteres Mal und versuche, die Spastik zu senken. Das Dorf ist finster; nur durch ein offenstehendes Scheunentor fällt Licht. Ein paar junge Leute bereiten gerade ein Fest vor. Als ich sie frage, wo die Kirche im Dorf sei, kichern die Mädels und fragen zurück, ob ich dort heiraten wolle. Dann schicken sie mich weiter Richtung Ortsmitte. Als ich die kleine Kirche erreiche, ist Anne noch nicht angekommen. Ich setze mich auf eine Mauer und warte. Mein Handy-Akku ist leer. Ich kann sie also nicht anrufen um nachzuhören, wo sie bleibt.
Nach einer Weile muss ich aufstehen um zu verhindern, dass mein Hinterteil auf der Steinmauer festfriert. In Sichtweite der Kirche setze ich mich in einer Bushaltestelle auf eine Holzbank. Hier sitze ich wärmer und kriege trotzdem mit, wenn ein Auto zur Kirche kommt. Da mein Handy außer Betrieb ist, kann ich auch keine Uhrzeit ablesen. Inzwischen dürfte es Mitternacht sein und Anne müsste längst wieder zurück an ihrem Auto angelangt sein. Selbst wenn sie den ganzen Weg zu Fuß gehen musste. Seltsam, es wird doch nix passiert sein!? Nach einer weiteren Stunde quälenden Wartens taucht sie endlich wohlbehalten auf. »Irgend so ein Typ hatte mich zugeparkt.«, berichtet sie genervt. »Ich musste warten, bis der Knabe auftaucht und

mich rauslässt. Was ist mit deinem Handy?« Zurück in unserer Burg, vertilgen wir mitten in der Nacht eine ordentliche Portion Spaghetti und freuen uns, dass alles noch mal gut gegangen ist.

Am nächsten Morgen erwartet uns ein für französische Verhältnisse opulentes Frühstück. Xavier serviert uns regionalen, leckeren Käse, hausgemachte Marmeladen, Saft und sogar Eier von frei laufenden Hühnern. Dabei erzählt er von seinem Schloss: Die »Commanderie de Romagne« habe er vor zwei Jahrzehnten erworben. Er restauriere sie jetzt Stück für Stück, soweit sein Geldbeutel und seine Arbeitskraft reichten. Seine Frau arbeite und lebe die Woche über in Dijon, während er das Schloss hüte und sich um die Gäste kümmere.

»Sind wir eigentlich schon in Burgund angekommen?«, will ich von unserem Schlossherrn wissen. Xavier lacht: »Wie man's nimmt! Bis zur Französischen Revolution war das Schloss der äußerste Vorposten der Champagne. Seit der napoleonischen Aufteilung in Departements gehören wir jetzt zur »Côte d'Or«, also zu Burgund. Genau genommen bilden wir sogar ein Drei-Länder-Eck. Die große Wiese auf der anderen Seite der Vingeanne ist bereits dem Franche Comté zuzurechnen.« Na, so was!

»Auch wir kommen aus einem Drei-Länder-Eck.«, erläutere ich Xavier die Lage des schönsten aller Bundesländer.

Nachdem wir eine weitere Kanne Kaffe getrunken haben, brechen wir auf. Heute wollen wir von Cusey weiter entlang des Kanals bis zu unserer Commanderie. Kaum sind wir gestartet, kommt Anne auf den gestrigen Tag zu sprechen: »Das war einfach zu anstrengend. Du mutest Dir zu viel zu!«, ermahnt mich Anne. »Mit Absicht habe ich dich gestern nur beobachtet und nicht korrigiert. Dabei habe ich einiges gesehen, woran wir arbeiten müssen. Vor allem aber musst du lernen, besser auf deinen Körper zu hören und deine Kräfte einzuteilen.« Diese Sätze sind

nicht neu für mich. Auch meine Frau Birgit spricht in fast gleichem Wortlaut immer wieder die gleiche Ermahnung aus. Ob die beiden sich absprechen? Jedenfalls haben sie Recht.
Ich neige dazu, an meine Leistungsgrenze zu gehen, und das treibt meine Spastik in die Höhe. Andererseits kann ich die Grenze nur dann weiter hinausschieben, wenn ich sie auch immer wieder überschreite. Hätte ich das nicht getan, würde ich womöglich immer noch meinen Rollator in einem Radius von hundert Metern ums Haus schieben. In Burgund wäre ich jedenfalls nie angekommen! Die Ratschläge nehme ich ernst. Kein übermäßiger Ehrgeiz! Und dennoch weiter die Leistungsgrenze hinausschieben. Dem benediktinischen Prinzip folgen und Maß und Mitte finden. Perfekt werde ich das nie hinkriegen, aber besser schon. Jedenfalls will ich daran arbeiten!
Es ist trocken, aber kühl und windig. Eine gute Gelegenheit, meinen grünen Lieblingspullover zum Einsatz zu bringen. Vor fast dreißig Jahren habe ich das gute Stück auf Island erworben; im Laufe der Jahre ist die Schafwolle dünner geworden. Am Kragen und an den Ärmeln war es ausgefranst. Gerade hat eine geschickte Freundin von Anne meinen Pulli generalüberholt und ausgebessert. Jetzt wird er mich bis nach Santiago di Compostela begleiten. Am Nachmittag überqueren wir die Departementsgrenze und sind jetzt endgültig in Burgund angekommen. Bald haben wir auch das letzte Stück bis zu unserer Burg und damit weitere 7,7 Kilometer geschafft.
Der Sturm hat in der Nacht einen der uralten Kastanienbäume umgeworfen und so werden wir von dem lauten Geknatter der Motorsäge geweckt: Xavier schneidet die Zufahrt zur Burg frei, bevor er uns das Frühstück serviert. Im Frühstücksraum entdecke ich ein Ölbild. Die markante Nase und die Kopfbedeckung lassen mich vermuten, dass es sich um einen der burgundischen Herzöge handelt. Xavier klärt mich auf: »Ja, das ist Philipp der

Gute. Ihm haben wir viel zu verdanken. Er hat Burgund, insbesondere Dijon, durch seine Bauten geprägt und sehr bereichert. Deshalb hat er hier an der Wand auch einen ehrenvollen Platz verdient.«

Während der Sommerpause habe ich mich intensiv in die burgundische Geschichte eingelesen. Wie schön, dass mir jetzt schon ganz zu Beginn meiner Burgund-Etappe eine der bedeutendsten historischen Figuren gegenüber hängt. Philipp war im späten Mittelalter ein Modename und so ist es ist nicht ganz einfach, die ganzen Philippes auseinander zu halten. Philipp hatte seinen Vornamen von seinem Opa Philipp le Hardi erhalten. Seinen Beinamen, der Tapfere, hatte sich der Großvater redlich verdient, weil er in der Schlacht bei Poitiers, in der die Franzosen einmal mehr von den Engländern auf die Mütze bekamen, tapfer und unerschrocken an der Seite seines Vaters Johann II. gekämpft hatte. Dabei war er zum Zeitpunkt der Schlacht erst vierzehn Jahre alt. Johann geriet dabei in die Hand der Engländer und kam erst nach vier Jahren wieder frei. Danach übertrug er das Herzogtum Burgund seinem Sohn, der Margarete von Flandern heiratete und damit die Valois-Dynastie begründete, die zur europäischen Großmacht aufstieg.

Ich schreibe diese Passage an einem sonnigen Septembertag. Vor exakt 600 Jahren, am 10. September 1419, an einem sonnigen Sonntag, wurde Philipps Vater, Jean sans Peur, auf der Brücke von Montereau von den Schergen seines Cousins, dem französischen König, erschlagen. Dabei traf es kein Unschuldslamm. Jean sans Peur hatte einige Jahre zuvor seinen Cousin, Ludwig von Orléans, den Bruder des Königs in eine Falle gelockt und umbringen lassen. Man ging damals nicht gerade zimperlich miteinander um, auch nicht mit der Verwandtschaft.

Jedenfalls als Philipp durch diese Bluttat Herzog von Burgund wurde, war er gerade erst 24 Jahre alt und hielt sich mit seiner dritten Frau in Flandern auf. An Frauen hat es ihm nie gefehlt. Allein dreißig Mätressen sind offiziell verbürgt, mit denen er siebzehn uneheliche Kinder hatte. Selbst für einen Fürsten des 15. Jahrhunderts grenzt dies an Vielweiberei!

So ein Leben kostet Geld. Nachdem die Burgunder Jeanne d'Arc festgenommen hatten, verkaufte Philipp der Gute das lothringische Bauernmädchen für 10.000 Goldtaler an die Engländer, die ihr den Prozess machten und sie auf dem Scheiterhaufen verbrannten. Ob Enkel Philipp seinen Beinamen »der Gute« zu recht erhielt? Jedenfalls war er ein schillernder Tausendsassa, der in der Geschichte Spuren hinterlassen hat.

Nach dem Frühstück bringt uns Xavier zu unserem Auto, das wir gestern in Cusey haben stehen lassen. Ich nutze die kurze Fahrt, um mir von Xavier den Grenzverlauf zur Franche-Comté zeigen zu lassen. »Die Franche-Comté ist der östliche Teil Burgunds, der zum Heiligen Römischen Reich Deutscher Nation gehörte, nachdem sich Maria von Burgund für einen habsburgischen Ehemann entschieden hatte, statt ihren Verlobten, den französischen König, zu heiraten.«, erkläre ich Anne. »Aber die Territorial-Geschichte und die Verwandtschafts- und Heiratsbeziehungen Burgunds sind kompliziert. Die kann man nicht in zwei Sätzen zusammenfassen. Im Vergleich dazu geht es bei den Grimaldis übersichtlich zu.«, scherze ich. »Erst mit dem Frieden von Nimwegen, der auch der Saarregion Frieden brachte, kam die Frei-Grafschaft 1678 zu Frankreich.«

Am Rande des Tales der Vingeanne geht es nach Saint-Maurice-sur-Vingeanne. In der Ortsmitte steht ein Schlösschen zum Verkauf. Der Preis von 170.000 Euro scheint mir günstig zu sein. Ein echtes Schnäppchen, zumal das Dach des Hauptgebäudes intakt aussieht und ein großes Grundstück mit ansehnlichen Parkbäumen zu dem Anwesen gehört! Doch haben wir nicht genügend Kleingeld in der Tasche und so setzen wir unseren

Weg fort. Anne kehrt um und holt das Auto, während ich alleine nach Montigny weitergehe. Die Dörfchen an der Vingeanne sind hübsch und malerisch, doch fehlt jegliche Versorgungs-Infrastruktur. Erst nach zwei Stunden vergeblichen Suchens finden wir einen Supermarkt, in dem wir uns mit Brot, Käse und Wurst für die Heimreise eindecken.

Sibylle und Paul sind nun schon das dritte Mal mit von der Partie. Im Internet habe ich eine weitere Schloss-Unterkunft gefunden und gebucht. Wir erreichen das Château-de-Rozières erst am Abend. In der Dunkelheit wirkt der mächtige Burgturm beeindruckend und geheimnisvoll. Wir haben eine ganze Etage mit Küche für uns allein, müssen jedoch etliche Stufen hochsteigen, bis wir unsere Turmsuite erreichen. Das mittelalterliche Gemäuer ist behaglich warm. Bertrand, unser Schlossherr, hat eine Fußbodenheizung eingebaut. Voller Stolz erzählt er uns von seiner Burg. Wir erfahren staunend, dass er Eisenbahnschaffner bei der SNCF im Schichtdienst war und nun seit mehr als einem Vierteljahrhundert in seiner Freizeit die Burg in Eigenleistung restauriert. »Der Turm ist fertig;«, erläutert er uns, »als nächstes kommt das Torgebäude dran.« Bertrand lacht fröhlich: »Ein paar Jahre habe ich sicher noch zu tun. Und wenn ich fertig bin, fange ich wieder von vorne an.«

Am nächsten Morgen frühstücken wir eine Etage tiefer in einem nett und stilsicher eingerichteten Turmzimmer. Bertrand bringt uns eine Mappe, die die Restaurierung der letzten Jahrzehnte dokumentiert. Auf vergilbten Schwarz-Weiß-Fotos lässt sich erkennen, dass der Turm nur noch eine Ruine war. »Und das hast du alles alleine gemacht?«, frage ich tief beeindruckt. »Manchmal hatte ich ein paar ehrenamtliche Helfer vom Denkmalpflege-Verein.«, antwortet Bertrand »Vor allem aber braucht man eine Frau, die so etwas mitmacht.« Was für eine Leistung!

Wir übernachten in einer geräumigen Kemenate des Burgturmes.

Wir parken in Montigny an der Kanalbrücke und gehen die ersten Kilometer entlang des Kanals über den Treidelpfad durch den kühlen Herbstmorgen. Das letzte Stück vor dem Ort führt dann wieder über eine Landstraße und wir erreichen Saint-Seine gegen Mittag. In der Ortsmitte steht auf einer kleinen Anhöhe eine romanische Kirche aus weißem Kalkstein. Wir besuchen sie, bevor wir uns zur Mittagsrast niederlassen. Im Eingang liegen kopierte Handzettel mit einigen Informationen über die Kirche. Nicht nur das Dorf, sondern auch die Kirche trägt den Namen des oder der Heiligen Seine. Ich weiß noch nicht einmal, ob es ein Mann oder eine Frau war! Der Handzettel verschafft Klarheit: Er (!) gründete im 8. Jahrhundert das Kloster Saint-Seine-l'Abbaye im Westen von Dijon und wird häufig auf einem Esel reitend dargestellt. Wenn es an Regen mangelte, wurde Saint-Seine um Hilfe gebeten.

Der Legende nach stammte er von Sequana ab, einer keltischen Quellgöttin der Seine und des keltischen Volksstammes der Sequaner, der im Tal der Saône und ihrer Nebenflüsse siedelte. Von den Römern weiß ich, dass sie die keltischen Götter bereitwillig in ihren Pantheon aufnahmen und romanisierten. Hier aber vermischen sich katholische Volksfrömmigkeit und keltische Mythologie. Und das auf dem Jakobsweg!

Nach einem Vaterunser und meinem Pfingstpsalm widmen wir uns unserem Mittagsimbiss auf einer grob behauenen Kalksteinbank vor der Kirche. Sibylle hat Kuchen gebacken, Paul seine Wildsalami mitgebracht und ich steuere kräftigen Hunger bei. Gegenüber der Kirche befindet sich ein kleines Schloss. Reicher Blumenschmuck zeigt, dass es offensichtlich bewohnt ist. Hier scheint jedes Dorf nicht nur eine romanische Kirche, sondern auch ein Schloss zu haben.

Als wir weitergehen, entdecken wir eine Jakobsmuschel als Wegezeichen. Das vierte in diesem Jahr und das erste, seit ich Lan-

gres verlassen habe. Der Weg führt jetzt aus dem Dorf hinaus durch das Tal der Vingeanne über einen Feldweg an Viehweiden vorbei, auf denen weiße Charolais-Rinder idyllisch weiden. Ich spüre, dass ich an diesem Tag schon eine ordentliche Strecke zurückgelegt habe. Meine Schritte werden langsamer und die Spastik steigt an. Dann taucht plötzlich unser Schloss vor uns auf. Der Weg führt schnurstracks an zahlreichen Nussbäumen vorbei auf es zu. Eine geradezu surreal traumhafte Situation, die ich bewusst und dankbar genieße!
Im Innenhof des Schlosses ist Bertrand in seinem Werkstatt-Schuppen zugange. Herzlich lädt er uns auf eine Flasche Bier ein. Das kommt jetzt gerade recht! Ob ich bis Santiago di Compostela pilgern möchte, will er wissen. »Ja!«, antworte ich. »Ich gehe soweit, wie Gott mich führt.« Die französische Formulierung »bâtir des châteaux en Espagne« fällt mir ein. Übersetzt heißt das sinngemäß: »Wolken-Kuckucksheime bauen.« Noch vor zwei Jahren wäre es verrückt gewesen, auch nur darüber nachzudenken. In diesem Moment aber stehe ich mit zwei Beinen mitten in Burgund und weiß, dass ich eine Chance habe. Und mit dem Blick auf Bertrand und sein Schloss habe ich ein Beispiel vor Augen, was man mit Ausdauer und Zielstrebigkeit erreichen kann: »bâtir des châteaux en Bourgogne«. Bertrand bringt Paul zu unserem Auto. Währenddessen strecke ich meine Beine aus und finde für eine halbe Stunde tiefen Schlaf. Bertrand hat uns ein Restaurant in Bèze empfohlen. Dort entspringt mitten im Dorf der Fluss gleichen Namens. Es handelt sich um einen Karstfluss, der in einem großen Quelltopf nicht als Rinnsal, sondern als wahrhaftiger Fluss aus dem Dunkel des Erdinnern an die Oberfläche tritt. Solche Flussquellen sind charakteristische Erscheinungen für Karstlandschaften. Die Kalkschichten können nur wenig Wasser speichern und durch Lösungsverwitterung sind unterirdische Kluftsysteme und -höhlen

Das Tagesziel ist fast erreicht.

sowie unterirdische Flüsse entstanden, die dann an einer Stelle ans Tageslicht kommen. Der »Blautopf«, die Donauquelle auf der Schwäbischen Alb, ist ein in Deutschland bekanntes Beispiel für dieses Karstphänomen.
Doch auch hier wirkt sich der lange trockene Sommer aus: Der beeindruckende Quelltopf mitten im Ort ist fast ausgetrocknet. Man kann nur erahnen, wie viel Wasser hier normalerweise aus der Erde strömt. Irgendwo lese ich, dass aus dieser Quelle in wasserreichen Zeiten 17 Kubikmeter Wasser pro Sekunde ausströmen. Jetzt dürfte es nicht einmal ein Hundertstel dieser Menge sein! Aber auch in nahezu ausgetrocknetem Zustand hat der Ort einen besonderen mystischen Reiz. Und in der Höhle selbst soll es Tropfsteine und einen unterirdischen kristallklaren See geben. Kein Wunder, dass im Glauben unserer keltischen Vorfahren Quellgötter eine besondere Rolle spielten!
In der Nacht hat es geregnet. Zum ersten Mal seit vier Monaten, wie uns Bertrand erzählt. Aber als wir unsere Burg verlassen, hat sich der Regen bereits wieder verzogen. Paul hat zusammen mit Bertrand unser Auto nach Beaumont gebracht und wir gehen durch das Tal der Vingeanne an einer alten Mühle vor-

Die Bèze hat als typischer Karstfluss stark schwankende Wasserstände.

bei zum Kanal. Über der menschenleeren Landschaft herrscht eine himmlische Ruhe; keinerlei Zivilisationslärm ist zu hören. Beaumont liegt – wie der Name bereits verrät – auf einem Berg. Zuvor muss ich jedoch noch eine weitere Prüfung bestehen und einen kleinen Seitenarm der Vingeanne überwinden, über den ein morscher und glitschiger Holzsteg führt. Einige Planken sind bereits weggefault und fehlen. Die Absturzhöhe beträgt nicht einmal einen halben Meter und so wage ich mich vorsichtig und bedächtig an die Überquerung. Paul sichert mich so gut es eben geht, aber ich schaffe es ohne Zwischenfall auf die andere Seite.

Auch im November 2018 bleibt es noch lange trocken und warm und so starte ich zu einer letzten Etappe in dieser Pilgersaison mit meinem Klassenkameraden Andreas Lambert. Seit dem Abitur hatte ich ihn höchstens zwei- oder dreimal gesehen. Dann aber hatte er von meiner Buchvorstellung in der Zeitung gelesen und war nach Tholey gekommen. Schnell waren wir übereingekommen, dass er mich auf einer Etappe begleitet. Mit Sibylle und Paul war ich vor wenigen Tagen aus dem Tal auf die Höhe von Beaumont aufgestiegen. Jetzt überqueren Andreas und ich den Höhenzug, der die beiden Flüsschen Vingeanne und Bèze trennt. Die schmale und verkehrsarme Landstraße führt durch ausgedehnte, abgeerntete Weizenfelder, über denen vereinzelt Feldlerchen aufsteigen. Das ist ungewöhnlich für diesen Zugvogel. Schließlich haben wir bereits Mitte November.

Auf der Höhe kreuzt die Straße den Römerweg, den ich auf meiner Pilgerwanderung in den letzten Jahren immer wieder streifte. Im Mittelalter war er sicher noch durchgehend vorhanden und ich kann mir gut vorstellen, dass die Pilger damals auf dieser Achse Richtung Süden unterwegs waren. Zwischen den Weizenfeldern kommen wir an vereinzelten Johannisbeerplantagen vorbei. Hier wird der Rohstoff für Cassis angebaut, wofür

Dijon neben seinem Senf und seinem Wein bekannt ist. Die Novembersonne schafft es nicht, durch den Hochnebel zu dringen. Es ist kalt, aber trocken. Kurz vor Noiron-sur-Bèze trampt Andreas zurück und holt das Auto.

Wir übernachten in einem kleinen Hotel in Arc-sur-Tille. Im Frühstücksraum läuft der Fernseher und wir hören zum ersten Mal in den Nachrichten von den Protesten der französischen Gelbwesten. »Das Auto, das mich gestern mitgeholt hat, hatte auch eine gelbe Warnweste hinter der Windschutzscheibe liegen.«, war Andreas aufgefallen. Ich übersetze ihm die französischen Nachrichten. Die Proteste richten sich gegen die beschlossene Erhöhung der Benzinpreise. Gerade auch die Landbevölkerung, die auf das Auto angewiesen ist, beteiligt sich an den Protesten. Und tatsächlich sehen wir am nächsten Tag zahlreiche Autos, hinter deren Windschutzscheibe eine gelbe Warnweste liegt.

Der Weg nach Magny-Saint-Médard verläuft unspektakulär. Wieder gelingt es Andreas, in kürzester Zeit ein Auto anzuhalten. Wieder liegt eine Gelbweste hinter der Windschutzscheibe. Abends essen wir in Arc-sur-Tille in einem vornehmen Restaurant zu Abend. Allein durch den Verzehr des Desserts nehmen wir vermutlich mehr Kalorien zu uns, als wir auf der Tagesetappe von Noiron nach Magny-Saint-Médard verbraucht haben. Aber man muss auch mal auf ein Opfer verzichten können!

So eine Sch…Schlammschlacht! Aber wer konnte das wissen? Andreas und ich hatten die Sonntagsmesse in Mirebeau-sur-Bèze besucht und waren bei strahlendem Sonnenschein in Magny-St.-Medard gestartet und durch die Felder bis zur D 70 gelaufen. Bis dahin hatte alles gut geklappt. Auf der Landstraße gab es auch am Sonntag einigen Autoverkehr und wir beschlossen, uns einen Weg durch den Wald zu suchen. Wir hatten uns aber irgendwie verlaufen und waren dann querwaldein gelaufen und

Die Via agrippiensis verläuft schnurgerade auf der Höhe.

doch wieder an die Landstraße gelangt. Das hatte einiges an Kraft gekostet! Abkürzungen gehören nicht gerade zu meinen Stärken. Meine Familie weiß davon ein Lied zu singen! Wir sind froh, als wir nach knapp einem Kilometer entlang der Straße wieder in einen Feldweg abbiegen können, der genau in die richtige Richtung führt. Doch nach rund 700 Metern ist der Weg verschwunden. Untergepflügt. Jetzt müssen wir entweder wieder zurück und an der Straße weiter oder über den Acker. Nach kurzer Beratung entscheiden wir uns, querfeldein zu gehen. Ein Blick auf die Karte zeigt, dass wir nach etwa einem Kilometer eine kleine Landstraße erreichen müssten, die direkt nach Arcelot führt.

Das erste Stück ist unproblematisch zu bewältigen. Der Acker ist abgeerntet, aber noch nicht umgepflügt. Doch dann stehen wir vor einem frisch umgepflügten Acker. Sollen wir jetzt so kurz vor dem Ziel nochmals umkehren? Wir entscheiden uns weiterzugehen und stapfen über den frisch gepflügten Acker.

Bei jedem Schritt sinken wir einige Zentimeter in den schweren und feuchten Kalk-Lehm-Boden ein. Der zähe tonreiche Boden saugt sich an unseren Schuhen fest. Und umgekehrt. Jeder Schritt erfordert einen erhöhten Kraftaufwand und auch mein Gleichgewicht muss ich immer wieder neu finden. Ist es mir dann gelungen, den Fuß vom Boden zu lösen, bleiben dicke Erdklumpen an meinem Schuh kleben.
Jeder Schritt erfordert hohe Konzentration und Anstrengung und nach einem kurzen Stück brauche ich die erste Pause. Ich verlege mich wieder auf meine erprobte Zähl-Technik: zwanzig Schritte, Verschnaufpause, dann die nächsten zwanzig Schritte. Doch schon nach wenigen Minuten muss ich die Pausenfrequenz erhöhen. Jetzt lege ich nach zehn Schritten eine kurze Pause ein. Bald reicht auch das nicht mehr und ich schaffe gerade mal noch fünf Schritte, bevor ich eine Pause brauche.
Die Situation ist bizarr: Mit dicken Erdklumpen an den Füssen stehe ich in Burgund mitten auf einem Acker und kämpfe mich mühsam, ganz mühsam vorwärts. Ungeplant, aber auch unverdrossen! »Peregrinatio«, Pilgerschaft – in dem Begriff stecken die lateinischen Worte per und agre. Gemeint ist: sich jenseits des eigenen Ackers aufmachen, von zu Hause aufbrechen, Gewohntes aufgeben, zu neuen Ufern streben, über den eigenen Tellerrand blicken. Weitere Metaphern ließen sich aufzählen. Aber das ist keine Metapher, sondern die Wirklichkeit im Hier und Jetzt. Augenblicklich wird mir klar: Wortwörtlicher könnte meine »Peregrinatio« nicht sein! Ich habe das sichere Terrain hinter mir gelassen und pilgere durch und über den fremden Acker!
Es dauert eine ganze Stunde, bis ich das rettende Ufer, die kleine Teerstraße, erreicht habe und die Lehmklumpen von den Schuhen streifen kann. Immer noch langsam, aber wenigstens ohne stehen zu bleiben, gehe ich jetzt auf Arcelot zu. Andreas

Peregrinatio: über den Acker hinweg.

macht sich derweil in die entgegengesetzte Richtung auf, um zur Hauptstraße zu gelangen und zurück zu trampen. Als Polizist weiß er, wie man vorbeifahrende Autos anhält. Jedenfalls sehe ich am Horizont, wie er, kaum dass er die Straße erreicht hat, in eines der ersten Autos einsteigt.

Meinen letzten Pilgertag in diesem Jahr hatte ich mir eigentlich anders vorgestellt, als mühsam durch tiefen Boden zu stapfen. Aber das Pilgern hält immer wieder Überraschungen und Herausforderungen bereit. Genau wie das Leben. »Vita est peregrinatio.« Das Leben ist eine Pilgerschaft. Dieser Satz soll von

Platon stammen. Und wo er Recht hat, hat er nun mal Recht! Genau wie im Leben hat auch jeder Pilgerweg einen Anfang und ein Ende. Mal bringt das Leben Sonnenschein, mal muss man durch trübe Zeiten. Es lässt sich nicht vermeiden, dass man sich verläuft oder in eine Sackgasse gerät. Manchmal muss man durchhalten, gelegentlich aber auch umkehren. Auf manchen Abschnitten ist man alleine unterwegs, dann aber auch wieder in Gemeinschaft.

Platons Erkenntnis gilt aber auch anders herum: »Peregrinatio est vita.« Pilgern ist Leben. Leben in seiner ganzen Fülle! Dieser Satz stammt von einem eher weniger bekannten Philosophen von der Schiffweiler Graulheck. Das macht ihn aber nicht weniger richtig. Und noch eine Erkenntnis, die ich in den zurückliegenden Jahren gewonnen habe: Hinterm Horizont gehts weiter. Beim Pilgern wie im Leben. Gott sei Dank!

Ende
Zweiter Teil

Stefan Mörsdorf   Schritt für Schritt
Festeinband 256 Seiten, farbig, ISBN 978-3-941095-50-2,
19,– EUR, im Buchhandel oder edition-schaumberg.shop

16. Juli 2012, ein warmer Sommertag. Stefan Mörsdorf, von 1999 bis 2009 saarländischer Umweltminister, freut sich darauf, in wenigen Tagen mit Familie und Freunden seinen 51. Geburtstag zu feiern. Dann verändert eine Hirnblutung sein Leben. Schlagartig ist alles anders: Tagelang liegt der Umweltpolitiker im Koma, ringt mit dem Tod, die Ärzte geben nur noch wenig auf sein Leben. Falls er es trotzdem schaffen würde, dann bliebe er ein Schwerstpflegefall.

Vier Jahre später, am 3. Oktober 2016, steht der Geograf, gestützt auf seinen Pilgerstab und mit Tränen in den Augen, vor dem eindrucksvollen Portal der gotischen Kathedrale von Metz. 120 lange Fußkilometer im Zeichen der Jakobsmuschel liegen hinter ihm. Vom pfälzischen Kloster Hornbach aus war er Monate zuvor aufgebrochen zu einer Pilgerwanderung ganz eigener Art. Unzählige kleine Schritte haben ihn auf seinem Sternenweg zurück ins Leben gebracht. Er schildert schonungslos und offen ein Pilgern, das ihn unendlich viel Mühe gekostet, ihm aber auch ganz viel Kraft zurückgegeben hat. An dieser Erfahrung lässt Stefan Mörsdorf uns teilhaben. Geprägt von tiefer Spiritualität und Gottvertrauen, nimmt der gläubige Katholik seine Leserinnen und Leser aber auch kenntnisreich mit zu einer Reise in die Geschichte und Kultur einer deutsch-französischen Grenzregion. Entstanden ist so ein Buch, das anderen Menschen, die ebenfalls durch einen Schicksalsschlag aus der Bahn geworfen worden sind, Mut machen will.

Metz ist für Stefan Mörsdorf zwar eine wichtige Etappe, doch sein Ziel heißt Santiago de Compostela. »Soweit ich auch gekommen bin – ich bin noch lange nicht am Ziel, wohl aber auf einem guten Weg. Und ich werde ihn weitergehen. Gemächlich, aber unverzagt. Schritt für Schritt!«